경록 떡
제조기능사 필기·실기

2025 ~ 2026 출제기준

임인숙 · 김경희 지음

대한민국 전문서적의 뉴패러다임을 이끈 경록 전문성

머리말

우리의 유구한 역사와 같이 성장, 발전해온 떡은 서양디저트의 유입과 급속한 산업화와 경제적 발전으로 인한 현대인들의 간편성과 편리성을 추구함에 따라 다소 침체기를 겪기도 하였지만 근래에 들어 건강에 대한 관심이 높아짐에 따라 사람들의 기호에 맞춘 다양한 떡들이 개발되면서 우리의 떡에 대해 많은 분들이 관심을 가지게 되었습니다.

이에 산업인력공단에서는 전통음식 시장의 인력부족 현상을 해결하고 떡에 대한 체계적이고 전문적인 교육을 통한 전문인을 양성하기 위해 2019년 처음으로 국가자격증이 신설되어 많은 분들이 관심을 가지고 시험을 준비하고 계시는 것으로 알고 있습니다.

떡제조기능사 시험을 준비하시는 수험생 여러분들을 위해 떡제조기능사 필기시험에 필요한 이론 및 출제예상문제, 2019년도 기출문제와 2020년 2회와 3회 문제를 복원하고 실전에 대비할 수 있는 모의고사를 수록 각 문제에 대한 자세한 해설을 달았고 공단에서 제시한 요구사항에 맞게 실기 시험을 준비하실 수 있도록 송편, 쇠머리찰떡, 콩설기, 경단, 무지개떡, 부꾸미, 백편, 인절미 등 8가지 품목의 레시피와 과정별 조리사진을 함께 담아 혼자서도 충분히 시험을 준비하실 수 있도록 이 교재에 필기와 실기를 모두 수록하게 되었습니다.

끝으로 이 책의 출판에 많은 도움을 주신 많은 분들께 깊은 감사를 드리며 이 책으로 떡 제조기능사 시험을 준비하시는 모든 분들의 합격을 진심으로 기원합니다.

저자 임인숙, 김경희 드림

떡제조기능사

출제기준(필기)

직무분야	식품가공	중직무분야	제과·제빵	자격종목	떡제조기능사	적용기간	2022.1.1.~2026.12.31.

○ 직무내용 : 곡류, 두류, 과채류 등과 같은 재료를 이용하여 식품위생과 개인안전관리에 유의하여 빻기, 찌기, 발효, 지지기, 치기, 삶기 등의 공정을 거쳐 각종 떡류를 만드는 직무이다.

필기검정방법	객관식	문제수	60	시험시간	1시간

필기과목명	문제수	주요항목	세부항목	세세항목
떡 제조 및 위생관리	60	1 떡 제조 기초이론	1. 떡류 재료의 이해	1. 주재료(곡류)의 특성 2. 주재료(곡류)의 성분 3. 주재료(곡류)의 조리원리 4. 부재료의 종류 및 특성 5. 과채류의 종류 및 특성 6. 견과류·종실류의 종류 및 특성 7. 두류의 종류 및 특성 8. 떡류 재료의 영양학적 특성
			2. 떡의 분류 및 제조도구	1. 떡의 종류 2. 제조기기(롤밀, 제병기, 펀칭기 등)의 종류 및 용도 3. 전통도구의 종류 및 용도
		2 떡류 만들기	1. 재료준비	1. 재료관리 2. 재료의 전처리
			2. 고물 만들기	1. 찌는 고물 제조과정 2. 삶는 고물 제조과정 3. 볶는 고물 제조과정
			3. 떡류 만들기	1. 찌는 떡류(설기떡, 켜떡 등)제조과정 2. 치는 떡류(인절미, 절편, 가래떡 등)제조과정 3. 빚는 떡류(찌는 떡, 삶는 떡)제조과정 4. 지지는 떡류 제조과정 5. 기타 떡류(약밥, 증편 등)의 제조과정
			4. 떡류 포장 및 보관	1. 떡류 포장 및 보관 시 주의사항 2. 떡류 포장 재료의 특성

필기과목명	문제수	주요항목	세부항목	세세항목
		3 위생·안전관리	1. 개인 위생관리	1. 개인 위생관리 방법 2. 오염 및 변질의 원인 3. 감염병 및 식중독의 원인과 예방대책
			2. 작업환경 위생관리	1. 공정별 위해요소 관리 및 예방(HACCP)
			3. 안전관리	1. 개인 안전 점검 2. 도구 및 장비류의 안전 점검
			4. 식품위생법 관련 법규 및 규정	1. 기구와 용기·포장 2. 식품등의 공전(公典) 3. 영업·벌칙 등 떡제조 관련 법령 및 식품의약품안전처 개별 고시
		4 우리나라 떡의 역사 및 문화	1. 떡의 역사	1. 시대별 떡의 역사
			2. 시·절식으로서의 떡	1. 시식으로서의 떡 2. 절식으로서의 떡
			3. 통과의례와 떡	1. 출생, 백일, 첫돌 떡의 종류 및 의미 2. 책례, 관례, 혼례 떡의 종류 및 의미 3. 회갑, 회혼례 떡의 종류 및 의미 4. 상례, 제례 떡의 종류 및 의미
			4. 향토 떡	1. 전통 향토 떡의 특징 2. 향토 떡의 유래

출제기준(실기)

직무분야	식품가공	중직무분야	제과·제빵	자격종목	떡제조기능사	적용기간	2022.1.1.~2026.12.31.

○ 직무내용 : 곡류, 두류, 과채류 등과 같은 재료를 이용하여 식품위생과 개인안전관리에 유의하여 빻기, 찌기, 발효, 지지기, 치기, 삶기 등의 공정을 거쳐 각종 떡류를 만드는 직무이다.

○ 수행준거 : 1. 재료를 계량하여 전처리한 후 빻기 과정을 거쳐 준비할 수 있다.
            2. 떡의 모양과 맛을 향상시키기 위하여 첨가하는 부재료를 찌기, 볶기, 삶기 등의 각각의 과정을 거쳐 고물을 만들 수 있다.
            3. 준비된 재료를 찌기, 치기, 삶기, 지지기, 빚기 과정을 거쳐 떡을 만들 수 있다.
            4. 식품가공의 작업장, 가공기계·설비 및 작업자의 개인위생을 유지하고 관리할 수 있다.
            5. 식품가공에서 개인 안전, 화재 예방, 도구 및 장비안전 준수를 할 수 있다.
            6. 고객의 건강한 간식 및 식사대용의 제품을 생산하기 위하여 재료의 준비와 제조과정을 거쳐 상품을 만들 수 있다.

실기검정방법	작업형	시험시간	3시간 정도

실기과목명	주요항목	세부항목	세세항목
떡제조실무	1 설기떡류 만들기	1. 설기떡류 재료 준비하기	1. 설기떡류 제조에 적합하도록 작업기준서에 따라 필요한 재료를 준비할 수 있다. 2. 생산량에 따라 배합표를 작성할 수 있다. 3. 설기떡류 작업기준서에 따라 부재료의 특성을 고려하여 전처리할 수 있다. 4. 떡의 특성에 따라 물에 불리는 시간을 조정하고 소금을 첨가할 수 있다.
		2. 설기떡류 재료 계량하기	1. 배합표에 따라 설기떡류 제품별로 필요한 각 재료를 계량할 수 있다. 2. 배합표에 따라 부재료 첨가에 따른 물의 양을 조절할 수 있다. 3. 배합표에 따라 생산량을 고려하여 소금·설탕의 양을 조절할 수 있다.

실기과목명	주요항목	세부항목	세세항목
떡제조 실무	1 설기떡류 만들기	3. 설기떡류 빻기	1. 배합표에 따라 생산량을 고려하여 빻을 양을 계산하고 소금과 물을 첨가하여 빻을 수 있다. 2. 설기떡류 작업기준서에 따라 제품의 특성에 맞춰 빻는 횟수를 조절할 수 있다. 3. 재료의 특성에 따라 체질의 횟수를 조절하고 체눈의 크기를 선택하여 사용할 수 있다.
		4. 설기떡류 찌기	1. 설기떡류 작업기준서에 따라 준비된 재료를 찜기에 넣고 골고루 펴서 안칠 수 있다. 2. 설기떡류 작업기준서에 따라 최종 포장단위를 고려하여 찜기에 안쳐진 설기떡류을 찌기전에 얇은 칼을 이용하여 분할 할 수 있다. 3. 설기떡류 작업기준서에 따라 제품특성을 고려하여 찌는 시간과 온도를 조절 할 수 있다. 4. 설기떡류 작업기준서에 따라 제품특성을 고려하여 면보자기나 찜기의 뚜껑을 덮어 제품의 수분을 조절 할 수 있다.
		5. 설기떡류 마무리하기	1. 설기떡류 작업기준서에 따라 제품 이동시에도 모양이 흐트러지지 않도록 포장할 수 있다. 2. 설기떡류 작업기준서에 따라 제품 특징에 맞는 포장지를 선택하여 포장할 수 있다. 3. 설기떡류 작업기준서에 따라 제품의 품질 유지를 위해 표기사항을 표시하여 포장할 수 있다.
	2 켜떡류 만들기	1. 켜떡류 재료 준비하기	1. 켜떡류 제조에 적합하도록 작업기준서에 따라 필요한 재료를 준비할 수 있다. 2. 생산량에 따라 배합표를 작성할 수 있다. 3. 켜떡류 작업기준서에 따라 부재료의 특성을 고려하여 전처리할 수 있다. 4. 켜떡류의 종류와 특성에 따라 물에 불리는 시간을 조정하고 소금을 첨가할 수 있다.
		2. 켜떡류 재료 계량하기	1. 배합표에 따라 제품별로 필요한 각 재료를 계량할 수 있다. 2. 배합표에 따라 부재료 첨가에 따른 물의 양을 조절할 수 있다. 3. 배합표에 따라 생산량을 고려하여 소금·설탕의 양을 조절할 수 있다.

실기과목명	주요항목	세부항목	세세항목
떡제조 실무	2 켜떡류 만들기	3. 켜떡류 빻기	1. 배합표에 따라 생산량을 고려하여 빻을 양을 계산하고 소금과 물을 첨가하여 빻을 수 있다. 2. 켜떡류 작업기준서에 따라 제품의 특성에 맞춰 빻는 횟수를 조절할 수 있다. 3. 재료의 특성에 따라 체질의 횟수를 조절하고 체눈의 크기를 선택하여 사용할 수 있다.
		4. 켜떡류 고물 준비하기	1. 켜떡류 작업기준서에 따라 사용될 고물 재료를 준비할 수 있다.
		5. 켜떡류 켜 안치기	1. 켜떡류 작업기준서에 따라 빻은 재료와 고물을 안칠 켜의 수만큼 분할 할 수 있다. 2. 켜떡류 작업기준서에 따라 찜기 밑에 시루포를 깔고 고물을 뿌릴 수 있다. 3. 켜떡류 작업기준서에 따라 뿌린 고물 위에 준비된 주재료를 뿌릴 수 있다. 4. 켜떡류 작업기준서에 따라 켜만큼 번갈아 가며 찜기에 켜켜이 채울 수 있다. 5. 켜떡류 작업기준서에 따라 찜기에 안칠 수 있다.
		6. 켜떡류 찌기	1. 준비된 재료를 켜떡류 작업기준서에 따라 찜기에 넣고 골고루 펴서 안칠 수 있다. 2. 켜떡류 작업기준서에 따라 최종 포장단위를 고려하여 찜기에 안쳐진 멥쌀 켜떡류는 찌기전에 얇은 칼을 이용하여 분할하고, 찹쌀이 들어가면 찐후 분할할 수 있다. 3. 켜떡류 작업기준서에 따라 제품특성을 고려하여 찌는 시간과 온도를 조절 할 수 있다. 4. 켜떡류 작업기준서에 따라 제품특성을 고려하여 면보자기를 덮어 제품의 수분을 조절 할 수 있다.
		7. 켜떡류 마무리하기	1. 켜떡류 작업기준서에 따라 제품 이동시에도 모양이 흐트러지지 않도록 포장할 수 있다. 2. 켜떡류 작업기준서에 따라 제품 특징에 맞는 포장지를 선택하여 포장할 수 있다. 3. 켜떡류 작업기준서에 따라 제품의 품질 유지를 위해 표기사항을 표시하여 포장할 수 있다.

실기과목명	주요항목	세부항목	세세항목
떡제조 실무	3 빚어 찌는 떡류 만들기	1. 빚어 찌는 떡류 재료 준비하기	1. 빚어 찌는 떡류 제조에 적합하도록 작업기준서에 따라 필요한 재료를 준비할 수 있다. 2. 생산량에 따라 배합표를 작성할 수 있다. 3. 빚어 찌는 떡류 작업기준서에 따라 부재료의 특성을 고려하여 전처리할 수 있다. 4. 빚어 찌는 떡의 종류와 특성에 따라 물에 불리는 시간을 조정하고 소금을 첨가할 수 있다.
		2. 빚어 찌는 떡류 재료 계량하기	1. 배합표에 따라 제품별로 필요한 각 재료를 계량할 수 있다. 2. 배합표에 따라 겉피와 속고물의 수분 평형을 고려하여 첨가되는 물의 양을 조절할 수 있다. 3. 배합표에 따라 생산량을 고려하여 소금·설탕의 양을 조절 할 수 있다.
		3. 빚어 찌는 떡류 빻기	1. 배합표에 따라 생산량을 고려하여 빻을 양을 계산하고 소금과 물을 첨가하여 빻을 수 있다. 2. 빚어 찌는 떡류 작업기준서에 따라 제품의 특성에 맞춰 빻는 횟수를 조절할 수 있다. 3. 배합표에 따라 겉피에 첨가되는 부재료의 특성을 고려하여 전처리한 재료를 사용할 수 있다.
		4. 빚어 찌는 떡류 반죽하기	1. 빚어 찌는 떡류 작업기준서에 따라 익반죽 또는 생반죽 할 수 있다. 2. 배합표에 따라 물의 양을 조절하여 반죽할 수 있다. 3. 배합표에 따라 속고물과 겉피의 수분비율을 조절하여 반죽할 수 있다.
		5. 빚어 찌는 떡류 빚기	1. 빚어 찌는 떡류 작업기준서에 따라 빚어 찌는 떡류의 크기와 모양을 조절하여 빚을 수 있다. 2. 빚어 찌는 떡류 작업기준서에 따라 겉편과 속편의 양을 조절하여 빚을 수 있다. 3. 빚어 찌는 떡류 작업기준서에 따라 부재료의 특성을 살려 색을 조화롭게 빚어낼 수 있다.
		6. 빚어 찌는 떡류 찌기	1. 빚어 찌는 떡류 작업기준서에 따라 제품특성을 고려하여 찌는 시간과 온도를 조절할 수 있다. 2. 빚어 찌는 떡류 작업기준서에 따라 제품특성을 고려하여 면보자기를 덮어 제품의 수분을 조절 할 수 있다. 3. 빚어 찌는 떡류 작업기준서에 따라 풍미를 높이기 위해 부재료를 첨가할 수 있다. 4. 빚어 찌는 떡류 작업기준서에 따라 제품이 서로 붙지 않게 간격을 조절하여 찔 수 있다.

실기과목명	주요항목	세부항목	세세항목
떡제조 실무	3 빚어 찌는 떡류 만들기	7. 빚어 찌는 떡류 마무리 하기	1. 빚어 찌는 떡류 작업기준서에 따라 찐 후 냉수에 빨리 식힌다. 2. 빚어 찌는 떡류 작업기준서에 따라 물기가 제거되면 참기름을 바를 수 있다. 3. 빚어 찌는 떡류 작업기준서에 따라 제품의 품질 유지를 위해 표기사항을 표시하여 포장할 수 있다.
	4 빚어 삶는 떡	1. 빚어 삶는 떡류 재료 준비하기	1. 빚어 삶는 떡류 제조에 적합하도록 작업기준서에 따라 필요한 재료를 준비할 수 있다. 2. 생산량에 따라 배합표를 작성할 수 있다. 3. 빚어 삶는 떡류 작업기준서에 따라 부재료의 특성을 고려하여 전처리할 수 있다. 4. 빚어 삶는 떡의 종류와 특성에 따라 물에 불리는 시간을 조정하고 소금을 첨가할 수 있다.
		2. 빚어 삶는 떡류 재료 계량하기	1. 배합표에 따라 제품별로 필요한 각 재료를 계량할 수 있다. 2. 배합표에 따라 떡류의 수분 평형을 고려하여 첨가되는 물의 양을 조절할 수 있다. 3. 배합표에 따라 생산량을 고려하여 소금의 양을 조절할 수 있다.
		3. 빚어 삶는 떡류 빻기	1. 배합표에 따라 생산량을 고려하여 빻을 양을 계산하고 소금과 물을 첨가하여 빻을 수 있다. 2. 빚어 삶는 떡류 작업기준서에 따라 제품의 특성에 맞춰 빻는 횟수를 조절할 수 있다. 3. 배합표에 따라 빚어 삶는 떡류에 첨가되는 부재료의 특성을 고려하여 전처리한 재료를 사용할 수 있다.
		4. 빚어 삶는 떡류 반죽 하기	1. 빚어 삶는 떡류 작업기준서에 따라 익반죽 또는 생반죽 할 수 있다. 2. 배합표에 따라 물의 양을 조절하여 반죽할 수 있다. 3. 배합표에 따라 빚어 삶는 떡류의 수분비율을 조절하여 반죽할 수 있다.
		5. 빚어 삶는 떡류 빚기	1. 빚어 삶는 떡류 작업기준서에 따라 빚어 삶는 떡류의 크기와 모양을 조절하여 빚을 수 있다. 2. 빚어 삶는 떡류 작업기준서에 따라 부재료의 특성을 살려 빚어낼 수 있다.
		6. 빚어 삶는 떡류 삶기	1. 빚어 삶는 떡류 작업기준서에 따라 제품특성을 고려하여 삶는 시간과 온도를 조절할 수 있다. 2. 빚어 삶는 떡류 작업기준서에 따라 풍미를 높이기 위해 부재료를 첨가할 수 있다. 3. 빚어 삶는 떡류 작업기준서에 따라 제품이 서로 붙지 않게 저어가며 삶을 수 있다.

실기과목명	주요항목	세부항목	세세항목
떡제조 실무	4 빚어 삶는 떡	7. 빚어 삶는 떡류 마무리 하기	1. 작업기준서에 따라 빚은 떡을 삶은 후 냉수에 빨리 식힐 수 있다. 2. 빚어 삶는 떡류 작업기준서에 따라 물기가 제거하여 고물을 묻힐 수 있다. 3. 빚어 삶는 떡류 작업기준서에 따라 제품의 품질 유지를 위해 표기사항을 표시하여 포장할 수 있다.
	5 약밥 만들기	1. 약밥 재료 준비하기	1. 약밥 만들기 제조에 적합하도록 작업기준서에 따라 필요한 재료를 준비할 수 있다. 2. 생산량에 따라 배합표를 작성할 수 있다. 3. 배합표에 따라 부재료를 필요한 양만큼 준비할 수 있다. 4. 약밥 만들기 작업기준서에 따라 부재료의 특성을 고려하여 전처리할 수 있다. 5. 약밥 만들기 작업기준서에 따라 찹쌀을 물에 불린 후 건져 물기를 빼고 소금을 첨가하여 찜기에 쪄서 준비할 수 있다. 6. 배합표에 따라 황설탕, 계피가루, 진간장, 대추 삶은 물(대추고), 캐러멜 소스, 꿀, 참기름을 준비할 수 있다.
		2. 약밥 재료 계량하기	1. 배합표에 따라 쪄서 준비한 재료를 계량할 수 있다. 2. 배합표에 따라 전처리된 부재료를 계량할 수 있다. 3. 배합표에 따라 황설탕, 계피가루, 진간장, 대추 삶은 물(대추고), 캐러멜 소스, 꿀, 참기름을 계량할 수 있다.
		3. 약밥 혼합하기	1. 약밥 만들기 작업기준서에 따라 찹쌀을 찔 수 있다. 2. 약밥 만들기 작업기준서에 따라 계량된 황설탕, 계피가루, 진간장, 대추 삶은 물(대추고), 캐러멜 소스, 꿀, 참기름을 넣어 혼합할 수 있다. 3. 약밥 만들기 작업기준서에 따라 혼합한 재료를 맛과 색이 잘 스며들도록 관리할 수 있다.
		4. 약밥 찌기	1. 약밥 만들기 작업기준서에 따라 혼합된 재료를 찜기에 넣고 골고루 펴서 안칠 수 있다. 2. 약밥 만들기 작업기준서에 따라 제품특성을 고려하여 찌는 시간과 온도를 조절할 수 있다. 3. 약밥 만들기 작업기준서에 따라 제품특성을 고려하여 면보자기를 덮어 제품의 수분을 조절 할 수 있다.
		5. 약밥 마무리하기	1. 약밥 만들기 작업기준서에 따라 완성된 약밥의 크기와 모양을 조절하여 포장할 수 있다. 2. 약밥 만들기 작업기준서에 따라 제품 특징에 맞는 포장지를 선택하여 포장할 수 있다. 3. 약밥 만들기 작업기준서에 따라 제품의 품질 유지를 위해 표기사항을 표시하여 포장할 수 있다.

실기과목명	주요항목	세부항목	세세항목
떡제조 실무	6 인절미 만들기	1. 인절미 재료 준비하기	1. 인절미 제조에 적합하도록 작업기준서에 따라 필요한 찹쌀과 고물을 준비할 수 있다. 2. 생산량에 따라 배합표를 작성할 수 있다. 3. 인절미 작업기준서에 따라 부재료의 특성을 고려하여 전처리할 수 있다. 4. 인절미의 특성에 따라 물에 불리는 시간을 조정하고 소금을 가할 수 있다.
		2. 인절미 재료 계량하기	1. 배합표에 따라 제품별로 필요한 각 재료를 계량할 수 있다. 2. 배합표에 따라 부재료 첨가에 따른 물의 양을 조절할 수 있다. 3. 배합표에 따라 생산량을 고려하여 소금의 양을 조절할 수 있다. 4. 배합표에 따라 인절미에 첨가되는 전처리된 부재료를 계량하여 사용할 수 있다.
		3. 인절미 빻기	1. 배합표에 따라 생산량을 고려하여 빻을 재료의 양을 계산하고 소금과 물을 첨가하여 빻을 수 있다. 2. 인절미 작업기준서에 따라 제품의 특성에 맞춰 빻는 횟수를 조절할 수 있다. 3. 제품의 특성에 따라 1, 2차 빻기 작업 수행 시 분쇄기의 롤 간격을 조절할 수 있다. 4. 인절미 작업기준서에 따라 불린 쌀 대신 전처리 제조된 재료를 사용할 경우 불리는 공정과 빻기의 공정을 생략한다.
		4. 인절미 찌기	1. 인절미류 작업기준서에 따라 찹쌀가루를 뭉쳐서 안칠 수 있다. 2. 인절미류 작업기준서에 따라 제품특성을 고려하여 찌는 온도와 시간을 조절하여 찔 수 있다.
		5. 인절미 성형하기	1. 인절미류 작업기준서에 따라 익힌 떡 반죽을 쳐서 물성을 조절할 수 있다. 2. 인절미류 작업기준서에 따라 제품을 식힐 수 있다. 3. 인절미류 작업기준서에 따라 제품특성에 따라 절단할 수 있다.
		6. 인절미 마무리하기	1. 인절미류 작업기준서에 따라 고물을 묻힐 수 있다. 2. 인절미류 작업기준서에 따라 포장할 수 있다. 3. 인절미류 작업기준서에 따라 표기사항을 표시할 수 있다.

실기과목명	주요항목	세부항목	세세항목
떡제조 실무	7 고물류 만들기	1. 찌는 고물류 만들기	1. 작업기준서와 생산량에 따라 배합표를 작성할 수 있다. 2. 작업기준서에 따라 필요한 재료를 준비할 수 있다. 3. 재료의 특성을 고려하여 전처리할 수 있다. 4. 전처리된 재료를 찜기에 넣어 찔 수 있다. 5. 작업기준서에 따라 제품특성을 고려하여 찌는 시간과 온도를 조절할 수 있다. 6. 찐 고물을 식혀 빻은 후 고물을 소분하여 냉장이나 냉동에 보관할 수 있다.
		2. 삶는 고물류 만들기	1. 작업기준서와 생산량에 따라 배합표를 작성할 수 있다. 2. 작업기준서에 따라 필요한 재료를 준비할 수 있다. 3. 재료의 특성을 고려하여 전처리할 수 있다. 4. 전처리된 재료를 삶는 솥에 넣어 삶을 수 있다. 5. 작업기준서에 따라 제품특성을 고려하여 삶는 시간과 온도를 조절할 수 있다. 6. 삶은 고물을 식혀 빻은 후 고물을 소분하여 냉장이나 냉동에 보관할 수 있다.
		3. 볶는 고물류 만들기	1. 작업기준서와 생산량에 따라 배합표를 작성할 수 있다. 2. 작업기준서에 따라 필요한 재료를 준비할 수 있다. 3. 재료의 특성을 고려하여 전처리할 수 있다. 4. 전처리하다 재료를 볶음 솥에 넣어 볶을 수 있다. 5. 작업기준서에 따라 제품특성을 고려하여 볶는 시간과 온도를 조절할 수 있다. 6. 볶은 고물을 식혀 빻은 후 고물을 소분하여 냉장이나 냉동에 보관할 수 있다.
	8 가래떡류 만들기	1. 가래떡류 재료 준비하기	1. 작업기준서와 생산량을 고려하여 배합표를 작성할 수 있다. 2. 배합표 따라 원·부재료를 준비할 수 있다. 3. 작업기준서에 따라 부재료를 전처리할 수 있다. 4. 가래떡류의 특성에 따라 물에 불리는 시간을 조정할 수 있다.
		2. 가래떡류 재료 계량하기	1. 배합표에 따라 제품별로 재료를 계량할 수 있다. 2. 배합표에 따라 부재료 첨가에 따른 물의 양을 조절할 수 있다. 3. 배합표에 따라 멥쌀에 소금을 첨가할 수 있다.

실기과목명	주요항목	세부항목	세세항목
떡제조 실무	8 가래떡류 만들기	3. 가래떡류 빻기	1. 작업기준서에 따라 원·부재료의 빻는 횟수를 조절할 수 있다. 2. 제품의 특성에 따라 1, 2차 빻기 작업 수행 시 분쇄기 롤 간격을 조절할 수 있다. 3. 빻은 맵쌀가루의 입도, 색상, 냄새를 확인하여 분쇄 작업을 완료할 수 있다. 4. 빻은 작업이 완료된 원재료에 부재료를 혼합할 수 있다.
		4. 가래떡류 찌기	1. 작업기준서에 따라 준비된 재료를 찜기에 넣고 골고루 펴서 안칠 수 있다. 2. 작업기준서에 따라 찌는 시간과 온도를 조절할 수 있다. 3. 작업기준서에 따라 찜기 뚜껑을 덮어 제품의 수분을 조절 할 수 있다.
		5. 가래떡류 성형하기	1. 작업기준서에 따라 성형노즐을 선택할 수 있다. 2. 작업기준서에 따라 쪄진 떡을 제병기에 넣어 성형할 수 있다. 3. 작업기준서에 따라 제병기에서 나온 가래떡을 냉각시킬 수 있다. 4. 작업기준서에 따라 냉각된 가래떡을 용도별로 절단할 수 있다.
		6. 가래떡류 마무리하기	1. 작업기준서에 따라 제품 특징에 맞는 포장지를 선택할 수 있다. 2. 작업기준서에 따라 절단한 가래떡을 용도별로 저온 건조 또는 냉동할 수 있다. 3. 작업기준서에 따라 제품별로 길이, 크기를 조절할 수 있다. 4. 작업기준서에 따라 제품별로 알코올 처리를 할 수 있다. 5. 작업기준서에 따라 제품별로 건조 수분을 조절할 수 있다. 6. 작업기준서에 따라 포장 표시면에 표기사항을 표시할 수 있다.
	9 찌는 찰떡류 만들기	1. 찌는 찰떡류 재료 준비하기	1. 작업기준서와 생산량을 고려하여 배합표를 작성할 수 있다. 2. 배합표에 따라 원·부재료를 준비할 수 있다. 3. 부재료의 특성을 고려하여 전처리할 수 있다. 4. 찌는 찰떡류의 특성에 따라 물에 불리는 시간을 조정할 수 있다.

실기과목명	주요항목	세부항목	세세항목
떡제조 실무	9 찌는 찰떡류 만들기	2. 찌는 찰떡류 재료 계량하기	1. 배합표에 따라 원·부재료를 계량할 수 있다. 2. 배합표에 따라 물의 양을 조절할 수 있다. 3. 배합표에 따라 찹쌀에 소금을 첨가할 수 있다.
		3. 찌는 찰떡류 빻기	1. 작업기준서에 따라 원·부재료의 빻는 횟수를 조절할 수 있다. 2. 1, 2차 빻기 작업 수행 시 분쇄기의 롤 간격을 조절할 수 있다. 3. 빻기된 찹쌀가루의 입도, 색상, 냄새를 확인하여 빻는 작업을 완료할 수 있다. 4. 빻는 작업이 완료된 원재료에 부재료를 혼합할 수 있다.
		4. 찌는 찰떡류 찌기	1. 작업기준서에 따라 스팀이 잘 통과 될 수 있도록 혼합된 원부재료를 시루에 담을 수 있다. 2. 작업기준서에 따라 찌는 시간과 온도를 조절할 수 있다. 3. 작업기준서에 따라 시루 뚜껑을 덮어 제품의 수분을 조절할 수 있다.
		5. 찌는 찰떡류 성형하기	1. 찐 재료에 대하여 물성이 적합한지 확인할 수 있다. 2. 작업기준서에 따라 찐 재료를 식힐 수 있다. 3. 작업기준서에 따라 제품의 종류별로 절단할 수 있다.
		6. 찌는 찰떡류 마무리하기	1. 노화 방지를 위하여 제품의 특성에 적합한 포장지를 선택할 수 있다. 2. 작업기준서에 따라 제품을 포장할 수 있다. 3. 작업기준서에 따라 포장 표시면에 표기사항을 표시할 수 있다. 4. 제품의 보관 온도에 따라 제품 보관 방법을 적용할 수 있다.
	10 지지는 떡류 만들기	1. 지지는 떡류 재료 준비하기	1. 지지는 떡류 작업기준서에 따라 재료를 준비할 수 있다. 2. 지지는 떡류 작업기준서에 따라 재료를 계량할 수 있다 3. 지지는 떡류 작업기준서에 따라 찹쌀을 불릴 수 있다. 4. 지지는 떡류 작업기준서에 따라 부재료의 특성을 고려하여 전 처리할 수 있다.
		2. 지지는 떡류 빻기	1. 지지는 떡류 작업기준서에 따라 반죽에 첨가되는 부재료의 특성에 따라 전처리한 재료를 사용할 수 있다. 2. 지지는 떡류 작업기준서에 따라 제품의 특성에 맞게 빻는 횟수를 조절하여 빻을 수 있다. 3. 재료의 특성에 따라 체눈의 크기와 체질의 횟수를 조절할 수 있다.

실기과목명	주요항목	세부항목	세세항목
떡제조 실무	10 지지는 떡류 만들기	3. 지지는 떡류 지지기	1. 지지는 떡류 작업기준서에 따라 익반죽 할 수 있다. 2. 지지는 떡류 작업기준서에 따라 크기와 모양에 맞게 성형할 수 있다. 3. 지지는 떡류 제품 특성에 따라 지진 후 속고물을 넣을 수 있다. 4. 지지는 떡류 제품 특성에 따라 고명으로 장식하고 즙청할 수 있다.
		4. 지지는 떡류 마무리하기	1. 지지는 떡류 작업기준서에 따라 포장할 수 있다. 2. 지지는 떡류 작업기준서에 따라 표기사항을 표시할 수 있다.
	11 위생관리	1. 개인위생 관리하기	1. 위생관리 지침에 따라 두발, 손톱 등 신체 청결을 유지할 수 있다. 2. 위생관리 지침에 따라 손을 자주 씻고 건조하게 하여 미생물의 오염을 예방할 수 있다. 3. 위생관리 지침에 따라 위생복, 위생모, 작업화 등 개인위생을 관리할 수 있다. 4. 위생관리 지침에 따라 질병 등 스스로의 건강상태를 관리하고, 보고할 수 있다. 5. 위생관리 지침에 따라 근무 중의 흡연, 음주, 취식 등에 대한 작업장 근무수칙을 준수할 수 있다.
		2. 가공기계 · 설비위생 관리하기	1. 위생관리 지침에 따라 가공기계·설비위생 관리 업무를 준비, 수행할 수 있다. 2. 위생관리 지침에 따라 작업장 내에서 사용하는 도구의 청결을 유지할 수 있다. 3. 위생관리 지침에 따라 작업장 기계 · 설비들의 위생을 점검하고, 관리할 수 있다. 4. 위생관리 지침에 따라 세제, 소독제 등의 사용 시, 약품의 잔류 가능성을 예방할 수 있다. 5. 위생관리 지침에 따라 필요시 가공기계 · 설비 위생에 관한 사항을 책임자와 협의할 수 있다.
		3. 작업장 위생 관리하기	1. 위생관리 지침에 따라 작업장 위생 관리 업무를 준비, 수행할 수 있다. 2. 위생관리 지침에 따라 작업장 청소 및 소독 매뉴얼을 작성할 수 있다. 3. 위생관리 지침에 따라 HACCP관리 매뉴얼을 운영할 수 있다. 4. 위생관리 지침에 따라 세제, 소독제 등의 사용 시, 약품의 잔류 가능성을 예방할 수 있다. 5. 위생관리 지침에 따라 소독, 방충, 방서 활동을 준비, 수행할 수 있다. 6. 위생관리 지침에 따라 필요시 작업장 위생에 관한 사항을 책임자와 협의할 수 있다.

실기과목명	주요항목	세부항목	세세항목
떡제조 실무	12 안전관리	1. 개인 안전 준수하기	1. 안전사고 예방지침에 따라 도구 및 장비 등의 정리·정돈을 수시로 할 수 있다.
			2. 안전사고 예방지침에 따라 위험·위해 요소 및 상황을 전파할 수 있다.
			3. 안전사고 예방지침에 따라 지정된 안전 장구류를 착용하여 부상을 예방할 수 있다.
			4. 안전사고 예방지침에 따라 중량물 취급, 반복 작업에 따른 부상 및 질환을 예방할 수 있다.
			5. 안전사고 예방지침에 따라 부상이 발생하였을 경우 응급처치(지혈, 소독 등)를 수행할 수 있다.
			6. 안전사고 예방지침에 따라 부상 발생 시 책임자에게 즉각 보고하고 지시를 준수할 수 있다.
		2. 화재 예방하기	1. 화재예방지침에 따라 LPG, LNG등 연료용 가스를 안전하게 취급할 수 있다.
			2. 화재예방지침에 따라 전열 기구 및 전선 배치를 안전하게 취급할 수 있다.
			3. 화재예방지침에 따라 화재 발생 시 소화기 등을 사용하여 초기에 대응할 수 있다.
			4. 화재예방지침에 따라 식품가공용 유지류의 취급 부주의에 따른 화상, 화재를 예방할 수 있다.
			5. 화재예방지침에 따라 퇴근 시에는 전기·가스 시설의 차단 및 점검을 의무화 할 수 있다.
		3. 도구·장비안전 준수하기	1. 도구 및 장비 안전지침에 따라 절단 및 협착 위험 장비류 취급시 주의사항을 준수할 수 있다.
			2. 도구 및 장비 안전지침에 따라 화상 위험 장비류 취급시 주의사항을 준수할 수 있다.
			3. 도구 및 장비 안전지침에 따라 적정한 수준의 조명과 환기를 유지할 수 있다.
			4. 도구 및 장비 안전지침에 따라 작업장 내의 이물질, 습기를 제거하여, 미끄럼 및 오염을 방지할 수 있다.
			5. 도구 및 장비 안전지침에 따라 설비의 고장, 문제점을 책임자와 협의, 조치할 수 있다.

차례

- 머리말 ·· 3
- 출제기준(필기) ······························· 4
- 출제기준(실기) ······························· 6

제1편 떡 제조 기초이론

제1장   떡류 재료의 이해 ················· 23
제2장   떡류 제조공정 ······················· 34
- 예상문제 ······································· 40

제2편 떡류 만들기

제1장   재료 준비 ····························· 59
제2장   떡류 만들기 ·························· 62
제3장   떡류 포장 및 보관 ················ 73
- 예상문제 ······································· 76

제3편 위생·안전관리

제1장   개인위생관리 ······················· 91
제2장   작업환경 위생관리 ··············· 112
제3장   안전관리 ····························· 115
- 예상문제 ····································· 117

제4편 우리나라 떡의 역사 및 문화

제1장   떡의 역사 ··························· 137
제2장   떡 문화 ······························· 142
- 예상문제 ····································· 146

부 록

- 모의고사(1~9회) ························ 157
- 기출문제 ····································· 245

실 기

- 실기시험안내 ······························ 277
- 콩설기떡 ····································· 281
- 부꾸미 ·· 285
- 송편 ·· 289
- 쇠머리떡 ····································· 293
- 무지개떡(삼색) ··························· 299
- 경단 ·· 305
- 백편 ·· 309
- 인절미 ·· 313
- 흑임자시루떡 ······························ 317
- 개피떡(바람떡) ··························· 321
- 흰팥시루떡 ·································· 325
- 대추단자 ····································· 330

kyungrok

Audio

Video

Physical

e-Book

제1편

떡 제조 기초이론

- 제1장 떡류 재료의 이해
- 제2장 떡류 제조공정
- 예상문제

제1장 떡류 재료의 이해

1. 주재료(곡류)의 특성

- 곡류는 탄수화물이 70~80%, 단백질과 지방 그 밖에 철, 인, 비타민 B 복합체와 지방을 함유하고 있어 비교적 영양소가 골고루 함유되어 좋은 영양소의 급원이 되고 있다.
- 곡류는 쌀, 맥류, 잡곡으로 분류하는데 쌀에는 멥쌀과 찹쌀 맥류에는 보리, 밀, 쌀보리, 귀리, 호밀 등이 속하고 잡곡에는 조, 기장, 피, 수수, 옥수수 메밀이 속한다.
- 곡류는 낱알 그대로 혹은 가루로 만들어 식용으로 사용한다.

(1) 쌀의 구조 및 도정에 따른 분류

벼는 현미 80%, 왕겨층 20%로 구성되어 있으며, 현미는 벼를 탈곡하여 왕겨층을 벗겨낸 것으로 과피, 종피, 호분층, 배유, 배아로 구성되어 있으며 호분층과 배아에는 단백질, 지질, 비타민이 많이 함유되어 있다.

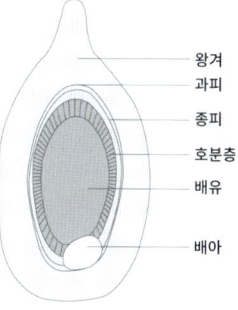

(2) 쌀의 도정률과 감량

도정도	도정률(현백률;%)	감량률(%)	소화율(%)
현 미	100	0	90
5분 도미(쌀겨층의 50% 제거)	96	4	90
7분 도미(쌀겨층의 70% 제거)	94	6	97
10분 도미(백미)	92	8	98

TIP
현미에서 10분 도미로 도정도가 높아질수록 영양가는 낮아지고 소화율, 당질의 양은 증가한다.

(3) 멥쌀과 찹쌀의 분류 ★

구 분	점 성	전분의 구조
멥 쌀	약 함	아밀로오스 20%, 아밀로펙틴 80%
찹 쌀	강 함	아밀로펙틴 100%

① 멥 쌀
- 멥쌀은 아밀로오스 함량이 많아 쌀가루를 빻을 때 기본적으로 방아에 2회 내린다.
- 멥쌀로 떡을 할 때 쌀가루를 체에 여러 번 치는 이유는 공기가 많이 들어가 떡의 질감이 부드러워지며 떡을 찔 때 수증기의 통과를 원활하게 하여 떡이 잘 익기 때문이다.

② 찹 쌀
- 찰떡, 인절미 등의 재료로 이용되는 찹쌀은 전분 구성성분이 아밀로펙틴만으로 되어 있어 약간 거친듯하게 빻아야 떡을 찔 때 재료사이로 수증기가 잘 통과하여 떡이 잘 익는다.
- 찹쌀가루 100%로 떡을 할 때는 쌀가루를 체로 치지 않지만 체에 내릴 경우는 굵은 체를 사용하여 내린다.

(4) 쌀의 보관방법
- 쌀은 건조한 장소에 곤충을 차단할 수 있는 용기에 담아 서늘한 장소에 보관한다.
- 쌀의 저장정도 : 백미 → 현미 → 벼(저장하기가 가장 좋음)

(5) 전분의 호화와 노화 현상

1) 전분의 호화(α화)

① 전분의 호화
- 가열하지 않은 천연상태의 전분에 물을 넣고 가열하면 익어서 투명해지고 부드럽게 연화되는 α전분의 상태를 전분의 호화라 한다.
- 호화된 전분은 소화가 잘 된다.
   예 쌀이 떡이나 밥이 되는 것, 빵, 찐 감자

② 전분 호화에 영향을 미치는 요인★
- 온도 : 가열온도가 높을수록 빨리 호화
- 수분 : 물이 많을수록 빨리 호화
- pH : pH가 높을수록(알칼리성일 때) 빨리 호화
- 전분입자 : 전분입자의 크기가 작을수록 빨리 호화
- 당류 설탕의 농도가 높아지면 빨리 호화가 되며 쌀의 도정률이 높을수록 빨리 호화가 된다.

2) 노 화

① 전분의 노화(β-화)★
- 호화된 전분의 수분이 빠져나가면서 (α-화)된 전분의 구조가 원래의 생전분(β-화)상태의 미셀 구조로 되돌아가는 현상을 노화라 말한다.
- 노화된 전분은 불투명해지고 소화율도 떨어지며 품질 또한 저하된다.

② 노화를 억제하는 요인★
- 수분함량이 10%이하의 건조 상태이거나 60% 이상일 때
- 온도가 60℃ 이상이거나 -20℃ 이하일 때 노화가 억제
- pH조건이 강산성일 때
- 설탕이나 무기염류를 첨가하면 호화를 촉진하고 노화는 억제한다.

③ 노화를 촉진하는 요인 : 전분입자의 크기가 작을 때 전분의 수분함량이 30~60%이거나, 0~5℃ 냉장온도에서 노화되기 쉽다.

④ 아밀로오스가 아밀로펙틴보다 노화가 빠르기 때문에 아밀로오스 비율이 높은 전분일수록 노화가 쉽게 일어난다.

3) 전분의 호정화(dextrinzatin)★

전분에 물을 가하지 않고 160~170℃ 정도 가열하면 가용성의 덱스트린이 형성되는데 이러한 현상을 호정화라고 한다(예 식빵으로 만든 토스트, 미숫가루, 뻥튀기, 팝콘, 비스킷 등).

4) 전분의 겔화

아밀로오스 함량이 높은 전분을 가열 호화시킨 후 식으면 굳어 수분이 빠져 나오지 못하고 반고체가 되는 현상을 전분의 겔화라 한다(예 묵종류).

2 부재료의 종류 및 특성

(1) 두 류

콩의 종류는 흑태, 팥, 녹두, 흰콩, 푸른 콩, 강낭콩, 완두콩 등이 있으며 단백질과 필수 지방산 등 쌀에 부족한 아미노산을 함유하고 있어 떡의 맛과 영양소 보충에도 중요한 역할을 한다.

1) 흑 태

① 검은콩으로는 흑대두, 서리태, 서목태(쥐눈이콩) 등이 있으며 비타민 B와 리신, 아스파라긴산 등 필수아미노산과 불포화지방산이 풍부하다.

② 서리태
- 서리태는 서리를 맞은 후 늦게 수확해 서리태라 부르며 검은콩과 모양이 같지만 서리태는 속이 파랗다.
- 서리태는 비타민 함량이 그리 높지 않지만 단백질과 식물성 지방질이 매우 풍부하고 신체 대사에 반드시 필요한 비타민 B군 특히 비타민 B_1, 비타민 B_2와 니아신 성분이 풍부하다.
- 여성호르몬인 에스트로겐과 유사한 작용을 하는 이소플라본이라는 콩 단백질도 함유되어 있다.

- 서리태의 영양성분

1회제공량	칼로리	탄수화물	단백질	지 방	칼 슘	인	비타민 B₁	비타민 B₂
100g	419kcal	30.45g	38.68g	15.86g	199g	653mg	0.17mg	0.68mg

- 흰콩의 영양 성분

1회제공량	칼로리	탄수화물	단백질	지 방	칼 슘	인	비타민 B1	비타민 B2
100g	418kcal	25.g	40g	17.6g	127mg	490mg	0.23mg	0.17mg

2) 팥

- 소두 또는 적소두라 하며 원산지는 중국으로 알려져 있다.
- 껍질의 색깔에 따라 붉은팥, 검정팥, 푸른 팥, 얼룩 팥 등으로 구별되며 탄수화물이 50% 이상이며, 이중 전분이 34%, 단백질은 약 20% 함유 비타민 B₁과 사포닌, 섬유소가 풍부하게 들어 있어 성인병 예방과 체내의 불필요한 수분을 배출시키는 이뇨작용이 뛰어나 신장염 및 붓기 제거에 효과가 있다.
- 붉은 팥에 있는 사포닌 성분은 설사를 유발하여 한번 끓인 후 새 물을 붓고 삶는다.
- 붉은 팥을 물에 불리면 삶을 때 껍질이 갈라지면서 붉은 색이 흐려져 붉은 팥은 물에 불리지 않고 삶는다.
- 팥은 팥소와 팥고물로 이용 떡의 주요 부재료로 쓰인다.
- 팥의 영양성분

1회제공량	칼로리	탄수화물	단백질	지 방	칼 슘	인	비타민 B1	비타민 B2
100g	351kcal	68.4g	19.3g	0.1g	124mg	413mg	0.56mg	0.13mg

3) 녹 두

- 주성분은 전분이 53%로 함량이 가장 높고 단백질이 25~26% 정도 함유 해독, 해열 작용과 종기 등 피부병 치료에 쓰이기도 한다.
- 떡고물과 빈대떡, 청포묵의 원료로 쓰인다.
- 녹두의 영양성분

1회제공량	칼로리	탄수화물	단백질	지 방	칼 슘	철 분	비타민 B1	비타민 C
100g	350kcal	60g	25g	2g	132mg	6.7mg	0.6mg	4.8mg

> **TIP 두류의 가열에 의한 변화**
> - 대두와 팥에는 사포닌(Saponin)이라는 용혈 독성분이 있지만 가열로 파괴된다.
> - 날콩속에는 단백질의 소화액인 트립신(Trypsin)의 분비를 억제시키는 안티트립신(Antitrypsin:단백질 소화를 방해하는 효소)이 들어있어 소화가 잘 되지 않지만 가열로 파괴가 된다.
> - 콩을 삶을 때 알칼리성인 중조(식용소다)를 첨가하면 빨리 무르지만 비타민 B₁(티아민)의 손실이 커진다.

(2) 부재료로 들어가는 채소와 과일류

떡에 들어가는 엽채류에는 쑥, 상추, 느티잎, 수리취가 있으며 과채류에는 딸기, 사과, 귤, 감, 살구, 단호박 등이 있고 근채류에는 감자, 고구마, 마, 무 등이 있다.

① 생 쑥, 시금치, 모싯잎과 같이 섬유질이 많은 채소를 사용할 경우 질긴 섬유질을 제거 후 데쳐서 쌀과 같이 분쇄를 한다.

② 생과일은 수분함량이 많으므로 쌀에 첨가하는 물의 양을 과일 첨가량에 따라 감소시킨다.

(3) 견과류

떡에 들어가는 견과류는 밤, 호두, 잣, 은행, 땅콩, 아몬드 등이 있으며 그 맛과 영양성분 때문에 떡의 재료로 다양하게 이용되고 있다.

(4) 소 금

① 정제염을 사용하면 항상 일정한 염도를 유지할 수 있어 사용이 간편하며 쌀가루 대비 약 1%를 사용한다.
② 여름철에는 식염량을 약간 늘리고 겨울철에는 감소시킨다.
③ 소금은 수소결합에 크게 영향을 주기 때문에 전분의 호화를 촉진시킨다.

(5) 감미료

감미료는 감미, 향료의 역할 외에도 영양소, 안정제, 발효조절제의 기능을 가지고 있으며 당의 감미정도는 당의 종류에 따라 다른데 설탕은 감미를 100으로 당의 감미 표준물질이며, 당의 감미정도는 과당(120~170) > 전화당(90~130) > 자당(100)(설탕, 서당) > 포도당(70~74) > 맥아당(35~60) > 갈락토오스(33) > 유당(16~28) 순이다. ★

① **설탕** : 주로 사탕수수나 사탕무를 원료로 하여 여러 단계의 과정을 걸쳐서 결정체를 만든 당이다.
② **꿀** : 감미가 높고 종류별로 독특한 향미가 있으며 수분 보유력이 뛰어나다.
③ **조청** : 여러 가지 곡류의 전분을 맥아(엿기름)로 삭힌 다음 오랫동안 가열하여 꿀처럼 농축하여 만든 감미료로 독특한 감미와 점조성을 가지고 있어 떡이나 약과의 집청으로도 쓰인다.
④ 기타 감미료는 물엿, 올리고당, 메이플시럽, 아스파탐 등이 있다.
⑤ **캐러멜화★** : 설탕을 180℃ 이상 가열하면 갈색물질인 캐러멜 색소를 형성 식품의 색과 향미에 영향을 준다.

> **TIP**
> 캐러멜화 반응에서 생성된 캐러멜은 간장, 소스, 청량음료, 양주, 약식 등의 착색료로 이용된다.

(6) 착색료

떡의 착색료는 건강에도 좋은 천연재료를 이용하는 것이 품질 좋은 떡을 생산하는데 적합하다.

1) 착색료의 종류

색	착색료의 종류
초록색	쑥, 시금치, 모싯잎, 녹차가루, 승검초 분말, 연잎분말, 보리새싹, 클로렐라분말
노랑색	치자, 단호박, 단호박가루, 송화, 울금
주황색	주황 파프리카(피멘톤), 황치즈가루
붉은색	딸기분말, 냉동딸기, 적파프리카, 비트
보라색	자색고구마, 흑미, 포도, 복분자, 블루베리
갈색	계핏가루, 코코아분말, 커피, 대추고, 송기, 도토리
검은색	흑임자, 석이버섯, 흑미

TIP
피멘톤 데 라 베라 – 피멘톤은 스페인어로 고추를 건조하여 가루 낸 향신료를 뜻한다.

2) 천연 착색료의 종류와 사용방법 ★

종 류	설 명
쑥, 모시 잎, 수리취	억세고 질긴 부분을 제거하여 깨끗이 씻어 끓는 물에 소금을 넣고 데쳐서 찬물에 헹군 후 물기를 제거하여 사용량만큼 소분하여 냉동실에 보관한다(베이킹 소다를 넣고 삶으면 파랗게 삶아지지만 비타민 B와 비타민 C가 파괴된다).
단호박	씨를 제거하여 찐 다음 껍질을 벗겨 쌀가루와 섞어 체에 내리거나 방앗간에서 쌀과 함께 빻아서 사용한다.
치 자	치자는 물에 씻어 칼집을 넣어 물에 담가 색이 우러나면 체에 밭쳐 물만 따라서 사용한다.
생과일	딸기, 수박, 포도, 복분자, 블루베리 등은 믹서기에 갈아 고운체에 내려서 사용한다.
분말가루	딸기주스분말, 포도주스분말, 복령가루, 단호박분말 등은 물에 녹여서 사용한다.

- 착색료는 형태와 성분에 따라 사용법을 달리하여야만 그 본래의 색을 살릴 수 있다.
- 가루로 된 착색료를 첨가할 경우 쌀가루에 먼저 색을 들인 다음 물을 조금씩 넣어 주며 손으로 잘 비벼 물과 착색료가 균일하게 분포 되도록 한다.

TIP 착색료의 색소성분

색	천연색소성분	색	천연색소성분
초록색	클로로필	붉은색	안토시아닌, 베타레인
노랑색, 황색	카로티노이드, 플라보노이드	갈 색	타닌

> **참고** 식품의 색

식품의 색은 크게 동물성 색소와 식물성 색소로 나뉜다.

식물성 색소	클로로필색소	• 녹색채소의 색, 마그네슘을 함유 • 열과 산(녹황색)에 불안정, 알칼리에는 안정적이다.
	안토시안색소	• 사과, 딸기, 포도, 가지의 적색 또는 자색 • 산성→적색, 중성→보라색, 알칼리→청색 • 수용성 색소로 가공 중에 쉽게 색이 변한다.
	플라보노이드색소	• 무, 옥수수, 연근, 감자, 밀가루 등의 색이 연한채소의 색소 • 산에는 안정적(흰색)이나 알칼리(진한 황색)에는 불안정하다.
	카로티노이드색소	• 식물계에 널리 분포 동물성 식품에도 일부 존재한다. • 당근, 늙은호박, 토마토 등 황색, 적색, 주황색채소에 존재 • 산이나 알칼리에 영향을 받지 않으나 빛에는 영향을 받는다.
동물성 색소	미오글로빈	육류의 근육에 함유된 적자색
	헤모글로빈	육류의 혈액 속에 함유된 적색
	일부카로티노이드	연어의 분홍색
	헤모시아닌	문어 오징어 등을 삶으면 적자색으로 변한다.
	아스타산틴	갑각류(새우, 가재, 게)에 포함되어 있는 색소

3 떡 재료의 영양학적 특성

(1) 백 미

① 백미는 현미를 도정하여 쌀겨층과 씨눈을 완전히 제거하여 식용으로 하는 배젖 부분만을 남긴 쌀로 백미의 정백도는 92%이다. 탄수화물이 75% 이상이고 6.5%정도의 단백질(오리제닌)과 인, 지질, 비타민, 아밀로펙틴과 아밀로오스로 구성되어 있다.

② 백미는 비타민 B_1 함량이 100g당 0.1mg밖에 되지 않아 백미만을 섭취했을 경우 비타민 B_1 결핍증인 각기병이 발생할 수 있다.

③ 백미는 현미보다 영양가가 떨어지지만 밥을 지었을 때 맛이 좋으며 소화 흡수가 잘 된다.

④ 백미는 저장 중 현미보다 변질되기 쉽기 때문에 온도가 낮고 습기가 적은 장소에서 저장을 해야 한다.

⑤ 백미의 영양성분

1회제공량	칼로리	탄수화물	단백질	지방	나트륨
백미100g	345kcal	79.5g	6.4g	0.4g	8mg

(2) 찹 쌀

① 찹쌀을 나미(糯米) 또는 점미(黏米)라 부르는데 보통 밥을 짓는 멥쌀은 배젖이 반투명한데 비해 찹쌀은 유백색으로 불투명하여 구별이 된다.
전분구성 성분이 대부분 아밀로펙틴으로 이루어져 있어 찰지고 멥쌀보다 소화가 잘되는 특성이 있다.
② 비타민 B_1의 함량이 백미보다 3배 니아신이 4배 가량 높으며 식이섬유가 풍부해 장 건강에도 좋다.
③ 비타민 E의 함량이 멥쌀보다 6배 가량 많고 비타민 D도 풍부하다.
④ 요오드 반응에는 적갈색을 띤다.
⑤ 찹쌀 영양성분

1회제공량	칼로리	탄수화물	단백질	지 방	나트륨
100g	359kcal	81.9g	7.4g	0.4g	3mg

(3) 보 리

보리는 쌀보리와 겉보리가 있으며 주된 단백질은 호르데인으로 약10% 정도 함유 쌀보다는 비타민(특히 비타민 B_1), 단백질, 지질의 함량이 높으나 섬유질이 많아서 소화율이 떨어진다.

(4) 밀가루

① 밀가루의 단백질은 글루텐(gluten)으로 글루테닌(glutenin)과 글루아딘(gliadin)으로 구성되어 있으며 글루텐 함량에 따라서 강력분(글루텐 함량 13% 이상), 중력분(글루텐 함량 9~10%), 박력분(글루텐 함량 9% 이하)으로 나뉜다.
② 밀을 제분하면 소화율이 백미와 거의 비슷하며 만들어진 밀가루를 일정기간동안 숙성시키면 흰 빛깔을 띠게 되어 제품에도 영향을 미친다.

> **TIP** 글루텐(gluten)의 형성
> 글리아딘(점성) + 글루테닌(탄성) → 글루텐(점탄성) 형성

(5) 메 밀

메밀은 아밀로오스 100%로 이루어져 있으며 루틴(nutin) 성분이 함유되어 있어 혈압이나 동맥경화를 예방하는데 효과적이며 메밀국수, 메밀묵, 메밀총떡 등에 사용된다.

> **TIP**
> 씻어서 말린 메밀을 맷돌에 타서 키로 까불어 알맹이만 곱게 갈아 백령도 김치떡, 빙떡, 총떡을 만들 때 쓴다.

(6) 조
조의 탄수화물은 대부분 전분이며 조는 메조와 차조가 있으며 차조는 단백질, 지방함량이 메조보다 많다.

(7) 수수
수수는 무기질과 수용성 식이섬유가 풍부하며 타닌이 많아 세게 문질러서 여러 번 헹구어야 떫은 맛이 없다. 대충 씻으면 너무 떫어서 먹기가 어렵다.

(8) 찰옥수수
찰옥수수는 아밀로펙틴(amylopectin) 100%로 이루어져 있다. 탄수화물은 주로 전분이며 옥수수 단백질은 제인이다.

> **TIP**
> 옥수수를 쪄서 알을 떼어 바싹 말려 쌀가루와 섞어 옥수수 설기를 만들기도 한다.

(9) 두류
① 콩의 종류로 검은콩, 흰콩, 팥, 녹두, 완두콩, 강낭콩 등이 있다. 팥과 녹두, 완두콩, 강낭콩 등은 50% 이상 탄수화물을 함유하고 있다.
② 콩은 곡류에 부족한 단백질과 필수지방산을 함유하고 있어 떡의 맛과 영양소 보강에도 중요한 역할을 하며 떡의 속 재료나 고물로 많이 이용된다.

> **참고** 영양과 영양소
> - **열량영양소** : 에너지원으로 이용되는 영양소로 탄수화물, 지방, 단백질이 있다.
> - **구성영양소** : 근육, 골격, 효소, 호르몬 등 신체의 구성성분이 되는 영양소로 단백질, 무기질, 물이 있다.
> - **조절영양소** : 체내 생리작용을 조절하고 대사를 원활하게 하는 영양소는 무기질, 비타민, 물이 있다.

① 탄수화물
  ㉠ 탄수화물의 기능
   • 에너지 공급원이다(1g당 4Kcal).
   • 거의 체내에서 이용되며 섭취에서 분해까지 시간이 짧아 피로회복에 매우 효과적이다.
   • 간장보호와 해독작용을 한다.
   • 간에서 지방의 완전대사를 돕는다.
   • 단백질 절약작용을 한다.
   • 중추신경 유지, 혈당량 유지, 변비방지 등의 기능과 감미료로도 이용된다.
  ㉡ 탄수화물의 분류
   • 단당류
     – 탄수화물의 가장 간단한 구성단위로 더 이상 가수분해 되지 않는다.
     – 포도당(Glucose) 탄수화물의 최종 분해산물
     – 과당(Frutose)
     – 갈락토오스(Galactose) 젖당의 구성성분, 포유동물의 유즙에 존재

- **이당류**(단당류 2개가 결합된 당)
  - 맥아당(엿당), 포도당 2분자로 결합
  - 서당(자당, 설탕), 과당과 포도당으로 결합
  - 유당(젖당), 포도당과 갈락토오스로 결합되어 포유류의 유즙에 존재 감미가 거의 없다.
- **다당류**(큰 탄수화물로 물에 용해되지 않고 단맛도 없다)
  - 전분, 글리코겐, 섬유소, 팩틴, 이눌린, 갈락탄, 덱스트린

② 단백질

㉠ 단백질의 기능
- 에너지 공급원(1g당 4Kcal)
- 체조직과 혈액 단백질, 효소, 호르몬 등을 구성한다.
- 체내 삼투압 조절로 체내수분 함량을 조절하고 pH를 일정하게 유지한다.
- γ-글로불린은 병에 저항하는 면역체 역할을 한다.

㉡ 단백질의 분류
- 화학적 분류
  - 단순단백질(알부민, 글로불린, 글루테닌, 프롤라민)
  - 복합단백질(인단백질, 당단백질, 색소단백질)
  - 유도단백질 : 변성단백질(젤라틴 응고단백질), 분해단백질(펩톤)
- 영양학적 분류
  - 완전단백질 : 동물의 성장과 생명유지에 필요한 필수아미노산(8가지)을 가지고 있는 단백질
  - 부분적 불완전 단백질(곡류의 리신)
  - **불완전단백질** : 생명을 유지하거나 어린이 성장에 충분한 양의 필수아미노산을 가지고 있지 못한 단백질(옥수수 제인)
  - 필수아미노산(체내에서 생성할 수 없어 음식으로 섭취해야 하는 아미노산), 발린, 루신, 이소루신, 리신, 트립토판, 트레오닌, 페닐알라닌, 메티오닌의 필수아미노산(8가지)+성장기 어린이에게 필요한 아르기닌, 히스티딘을 추가해서 10가지가 있다.

③ 지 방

㉠ 지방의 기능
- 에너지공급원(1g당 9Kcal)
- 피하지방은 체온조절을 한다.
- 복강지방은 외부의 충격으로부터 내장기관을 보호한다.
- 포만감을 주며 장내에서 윤활제 역할을 하여 변비를 막아준다.
- 지용성 비타민의 흡수와 운반을 도와준다.

㉡ 지방산의 분류
- **포화지방산** : 상온에서 고체로 존재하며 이중 결합이 없는 지방산이며 동물성 지방에 많이 함유되어 있다(팔미트산, 스테아르산).
- **불포화지방산** : 융점이 낮아 상온에서 액체상태로 존재, 식물성 지방에 많이 함유되어 있다(올렌산, 리놀레산, 리놀렌산, 아라키돈산).
- **필수지방산** : 체내에서 합성되지 않아 음식으로 섭취하며, 불포화지방산인 리놀레산, 리놀렌산, 아라키돈산으로 비타민 F로 부르며 식물성 기름에 다량 함유되어 있다.

④ 무기질

㉠ 무기질은 체내에서 직접적인 열량원은 되지 못하나 경조직과 연조직을 구성하고 생체기능을 조절하는 역할을 한다.

ⓒ 체내에서 합성되지 못하므로 음식으로부터 공급받아야 한다.

> **체내 무기질의 성질**
> - 골격 및 치아 구성(칼슘, 인, 마그네슘)
> - 티록신구성(요오드) 인슐린합성(아연)
> - 조절작용(철, 구리, 코발트)
> - 근육, 신경조직구성(황, 인)
> - 삼투압조절(나트륨, 염소, 칼륨)

⑤ 비타민

ⓐ 비타민의 기능
- 생리작용조절과 성장을 유지하는데 절대적으로 필요한 유기영양소이다.
- 탄수화물, 지방, 단백질의 대사에 조효소 역할을 한다.
- 호르몬과 마찬가지로 신체기능을 조절하지만 체내에서는 합성되지 않아 음식물로 섭취해야 한다.
- 부족하면 영양장애를 일으킨다.

ⓑ 비타민의 분류
- **지용성 비타민**
    - 기름에 용해되는 비타민
    - 섭취량 이상이 되면 체내에 저장한다.
    - 섭취 시 배설되지 않고 결핍증세가 서서히 나타난다.
    - 매일 식사에 공급되지 않아도 된다.

    예 비타민 A(레티놀), 비타민 D(칼시페롤), 비타민 E(토코페롤), 비타민 F, 비타민 K
- **수용성 비타민** : 물에 용해되는 비타민 여분은 뇨로 배출, 결핍증세가 빠르게 나타나 매일 식사에 공급되어야 한다.

    예 비타민 B_1(티아민), 비타민 B_2(리보플라빈), 비타민 B_6(피리독신), 비타민 B_{12}, 비타민 C, 니아신

⑥ 수 분

ⓐ 영양소운반, 장기보호, 노폐물 배출, 소화액구성, 체온조절, 윤활작용
ⓑ 체내에 정상적인 수분양보다 10% 이상 감소 : 열, 경련, 혈액순환장애
ⓒ 수분이 20% 이상 손실 : 사망
ⓓ 생물체나 식물에 들어 있는 물은 유리수와 결합수 형태로 존재한다.

유리수(보통물의 성분)	결합수
• 용질에 대한 용매로 작용 • 0℃ 이하에서 쉽게 동결 • 건조에 의해서 쉽게 제거 • 미생물 생육번식에 이용됨 • 융점이 높고 표면장력과 점성이 큼	• 용매로 작용하지 않음 • −30℃∼−20℃에서도 얼지 않음 • 압력에 의해서도 제거되지 않음 • 미생물 번식에 이용하지 못함 • 유리수보다 밀도가 큼

제2장 떡류 제조공정

1. 떡의 종류와 제조원리

(1) 떡의 종류 ★

떡의 분류	떡의 특징과 종류
찌는 떡 (蒸餅·증병)	• 멥쌀이나 찹쌀을 물에 불려 분쇄하여 시루에 안치고 수증기로 쪄내는 형태의 떡류이다. • 설기떡류 : 쌀가루만 넣어 찌거나 다른 부재료를 넣어 찐 떡으로 백설기, 콩설기, 쑥설기, 잡과병, 석탄병, 무지개떡 등이 있다. • 켜떡류 : 멥쌀이나 찹쌀가루를 시루에 안쳐 켜와 켜 사이에 고물을 얹어가며 구분이 되도록 하여 찐 떡으로 팥시루떡, 무시루떡, 녹두시루편, 깨찰편, 혼돈병 등이 있다. • 빚어 찌는떡 : 쌀가루를 익반죽하여 소를 넣어 빚은 후 찌는 떡으로 송편류가 있다. • 부풀려 찌는떡 : 증편과 상화병 • 모양을 만들어가며 찌는 떡 : 두텁떡 • 성호사설(星湖僿說, 1763)에는 가례에 쓰는 자고(瓷糕)가 이것이다. "멥쌀가루에 습기를 준 후 시루에 넣어 떡을 되도록 오래 익힌다. 이것이 백설기이다."라는 기록이 있다.
치는 떡 (搗餅·도병)	• 시루에 찐 떡을 절구나 안반 등에서 치는 떡으로 인절미류, 절편, 가래떡, 개피떡, 달떡, 단자류가 있다. • 단자류는 「증보산림경제」 1766년에 향애(香艾)단자란 이름으로 처음 기록되어 있다.
지지는 떡 (油煎餅·유전병)	• 화전 : 찹쌀가루를 익반죽하여 둥글넓적하게 빚어 계절별로 다양한 꽃(진달래나 국화, 대추와 쑥갓잎, 장미꽃잎)을 올려 기름에 지져낸 떡이다. • 부꾸미 : 찹쌀가루나 찰수수가루를 익반죽하여 둥글납작하게 빚어 기름에 지지면서 가운데 팥소를 넣어 반달모양으로 접어 만든 떡이다. • 주악 : 찹쌀가루로만 반죽을 해 대추, 깨, 유자 등 다진 소를 넣고 작은 송편모양으로 빚어 기름에 지져낸 떡이다. • 전병류 : 기타 지지는 떡류에는 메밀총떡, 토란병, 빙떡 등이 있으며, 마를 넣어 만든 서여향병과 녹두를 이용하여 만든 빈대떡도 있다. • 「도문대작」에 자병, 전화병, 유전병이라 하여 화전이 처음 기록되어 있다.
삶는 떡 (湯餅·탕병)	• 찹쌀을 익반죽하여 끓는 물에 삶아 건져내 고물을 묻힌 떡으로 경단류가 이에 속하며 고물에 따라 떡의 이름도 달라진다. • 각색경단, 수수경단, 두텁경단, 오메기떡 등이 있다. • 「요록」(1680)에 '경단병'이란 이름으로 처음 기록되어 있다.

TIP
- 잡과병은 멥쌀가루에 밤, 대추, 곶감, 호두, 잣 등 여러 견과류를 섞어 시루에 찐 무리떡을 말한다.
- 켜떡도 고사떡처럼 각 켜를 두툼하게 안친 것을 보통 '시루떡'이라 하고 켜를 얇게 안친 것을 보통 '편'이라 한다(백편, 꿀편, 승검초편).

(2) 떡의 제조원리★

① **쌀 세척 및 수침**
- 멥쌀과 찹쌀은 깨끗이 씻어서 이물질을 제거한 다음 물(20℃)에 불린다.
- 여름철에는 4~5시간, 겨울철에는 7~8시간 정도 불린다.

> **TIP**
> 쌀의 품종과 도정기일 수온에 따라서 수분의 흡수율이 달라진다.

② **물 빼기** : 불린 쌀은 소쿠리나 채반에 담아 물기를 30분 이상 충분히 빼준다.

③ **쌀가루 분쇄하기**
물을 뺀 쌀에 소금을 넣어 방아에 내린다. 멥쌀은 곱게 2번 빻고 찹쌀은 너무 곱게 빻으면 쌀가루가 잘 익지 않기 때문에 성글게 1회 빻는다.

④ **수분주기**
일반적으로 수침된 쌀의 수분은 30% 정도인데 쌀 전분이 호화되기 위해서는 50% 정도의 수분을 필요로하므로 쌀가루에 수분을 주어야 한다. 물의 양은 떡의 종류에 따라 조금씩 다른데 들어가는 부재료에 따라서 수분을 달리 주어야 한다.

⑤ **반죽하기**
빚어서 찌는 떡은 쌀가루를 호화시키기 위해서 뜨거운 물로 익반죽을 한다.

> **TIP 익반죽과 날반죽의 차이점★**
> - 익반죽은 곡류가루에 끓는 물을 넣어 반죽하는 것을 말한다.
> 익반죽을 하는 이유는 쌀에는 밀가루와 같은 글루텐 단백질이 없어서 전분의 일부를 호화시켜서 점성을 높이기 위해 끓는 물을 넣어 반죽을 하는 것이다.
> - 날반죽은 곡식의 가루에 찬물 넣어 반죽하는 것을 말하는데 날반죽으로 했을 때 반죽의 특징은 반죽이 잘 뭉쳐지지 않지만 많이 치대므로 식감이 더 쫄깃해 진다.

⑥ **부재료 넣기**
- 쌀에 부족한 영양소를 보충해 주고 특별한 맛을 내 주기 위해 쌀가루에 콩, 팥, 대추, 잣, 호박고지 등의 재료를 섞는 과정이다.
- 부재료는 재료의 형태에 따라 수분주기, 반죽하기, 찌기, 치기 과정 등에서 넣을 수 있다.

⑦ **찌기** : 쌀가루를 시루나 찜기에 넣어 증기로 찌는 방법이 가장 기본적인 방법이다.

⑧ **치기** : 인절미나 절편 등을 만들 때 떡의 점성을 증가시키는 과정이다.
오래 칠수록 점성이 높아져 떡의 맛과 식감을 좋게도 하지만 떡의 노화도 더디게 한다.

2. 도구·장비 종류 및 용도 ★

(1) 분쇄도구

① **방아** : 곡물을 절구에 넣어 찧거나 빻는 기구이다.
② **절구와 절굿공이** : 떡가루를 만들거나 떡을 칠 때 쓰는 도구이다.

디딜방아　　　　　　　　　절구

③ **키** : 곡식에 섞여있는 껍질 등 이물질을 골라낼 때 쓰는 기구이다.
④ **맷돌** : 2개의 넓적하고 둥근 돌이 포개져 있는 모양으로 중앙에 곡식을 넣는 구멍이 있고 손으로 잡고 돌리는 어처구니가 있어 마른 팥, 콩, 녹두 등 껍질을 벗기거나 불린 곡식을 갈 수 있다.
⑤ **돌확(확돌)** : 벼, 겉보리, 수수 등 껍질을 벗기거나 양념류를 찧거나 빻는 도구이다.

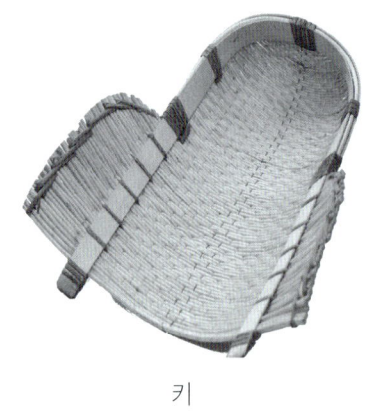 

키　　　　　　　　　맷 돌

(2) 세척도구

① **이남박** : 안쪽 면에 여러 줄의 골이 파여 있어서 쌀 등 곡물을 씻을 때나 곡식의 이물질을 골라내는데 사용하기 편한 도구이다.
② **조리** : 불린 쌀이나 곡식을 일어 돌을 골라내는 도구이다.
③ **체와 쳇다리** : 체는 분쇄된 곡물가루를 일정한 굵기로 내리거나 거르는 도구이고 쳇볼 구멍의 크기에 따라 가루체, 중거리, 도드미, 어레미가 있다. 쳇다리는 으깬 곡물 등을 내릴 때 그릇위에 체를 올려놓을 수 있도록 나뭇가지 모양이나 사다리꼴로 만든 받침대이다.

| 이남박 | 조리 | 체와 쳇다리 |

(3) 익히는 도구

① **시루** : 바닥에 작은 구멍이 여러 개 뚫려 있어 쌀이나 떡을 찔 때 사용하는 도구이다.

② **번철** : 부침개, 화전 등을 지져낼 때 쓰는 철판을 번철이라고 하는데 가마솥 뚜껑을 번철 대신 쓰기도 하였다.

| 시 루 | 번 철 |

(4) 성형도구

① **안반과 떡메** : 흰떡이나 인절미 같은 치는 떡을 만들 때 사용하는 떡 조리도구이다.

② **떡살** : 떡본 또는 떡손이라고도 하는데 떡을 눌러 문양을 새기는 도구이다.

③ **편칼** : 떡을 썰기 위한 조리용 칼로 시루칼이라고도 한다.

| 안반과 떡메 | 떡 살 |

(5) 기타 도구들

① **동고리와 석작** : 버들가지로 촘촘히 엮어 만든 도구로 동고리는 바닥을 둥글납작하게 석작(대나무)은 네모지게 생겨 주로 떡이나 한과를 담아 상하지 않게 하였다.

② **채반** : 재료를 널어 말리거나 물기를 뺄 때 기름에 지지는 화전이나 빈대떡을 식히기 위한 용도로 쓰인 도구이다.

동고리

석 작

(6) 현대적 떡 제조 설비류

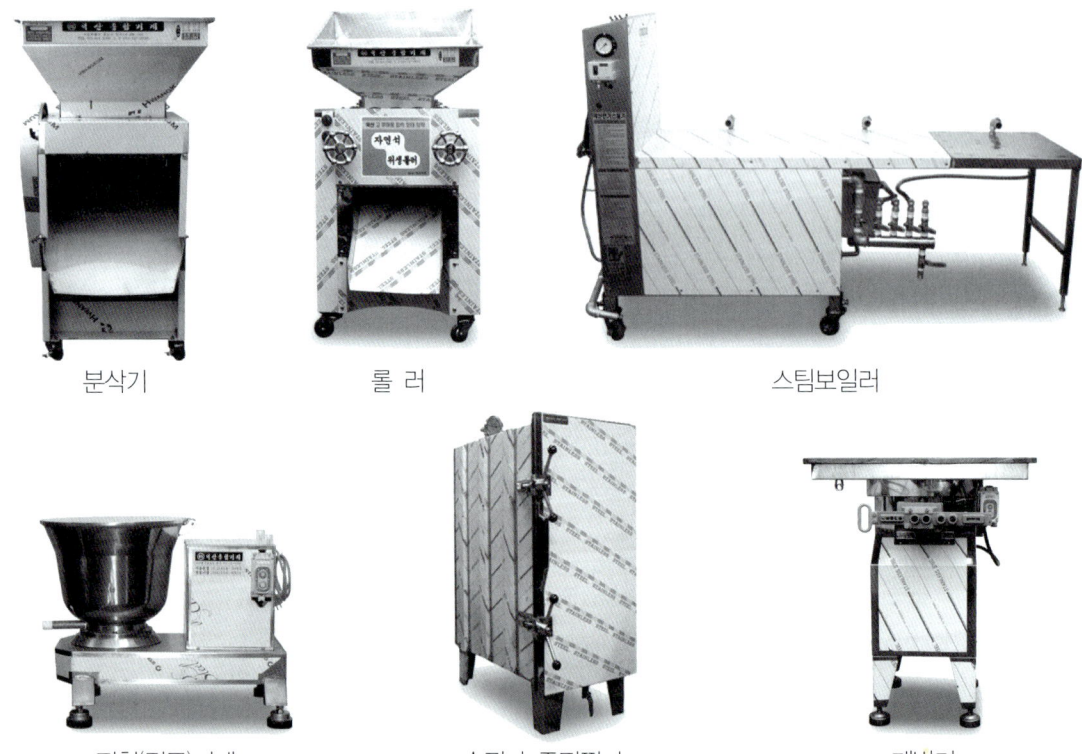

분삭기   롤 러   스팀보일러

펀칭(절구)기계   송편과 증편찜기   제병기

 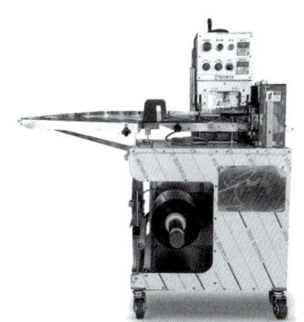

바람떡 기계   떡포장 기계

> **TIP**
> - **롤러** : 밀, 쌀가루 분쇄기계
> - **분삭기** : 쌀가루를 풀어주는 기계
> - **펀칭기** : 인절미, 송편반죽, 꿀떡, 바람떡 등을 반죽할 때 사용한다.
> - **제병기** : 시루에 찐 떡 반죽을 제병기에 넣으면 원하는 모양의 떡을 만들 수 있다. 제병기에 떡 반죽을 넣으면 성형틀로 밀어 내어 떡 모양을 잡는다.
> - 성형틀의 모양에 따라 절편, 가래떡, 떡볶이떡 등을 만들 수 있다.

예상문제

01 벼의 구성으로 알맞은 것은?
① 현미 80%, 왕겨층 20%
② 현미 75%, 왕겨층 25%
③ 현미 70%, 왕겨층 30%
④ 현미 50%, 왕겨층 50%

해설 벼는 현미 80%, 왕겨층 20%로 구성되어 있다.

02 곡류가 가장 많이 함유하고 있는 영양성분은?
① 단백질
② 지 방
③ 탄수화물
④ 비타민

03 다음 중 곡류에 속하지 않는 것은?
① 조
② 보 리
③ 옥수수
④ 콩

해설
- 곡류 : 쌀, 보리, 밀, 메밀, 조, 기장, 수수, 옥수수 등
- 콩 : 두류

04 현미 도정율이 증가함에 따라 영양성분의 변화로 틀린 것은?
① 비타민 손실이 많아진다.
② 소화율이 높아진다.
③ 탄수화물 비율이 감소한다.
④ 수분흡수율이 높아진다.

해설 도정도가 높아질수록 영양가는 낮아지고 소화율, 당질의 양은 증가한다.

정답 1. ① 2. ③ 3. ④ 4. ③

5 다음 중 아밀로펙틴으로만 구성된 전분은?
① 찹쌀 전분
② 멥쌀 전분
③ 옥수수 전분
④ 고구마 전분

6 다음 중 멥쌀이 찹쌀보다 노화가 빨리 일어나는 이유는?
① 멥쌀의 아밀로오스 때문에
② 멥쌀의 아밀로펙틴 때문에
③ 찹쌀의 아밀로오스 때문에
④ 찹쌀의 아밀로펙틴 때문에

7 다음 중 요오드용액에 의해 청색반응을 일으키는 것은?
① 아밀로펙틴
② 아밀로오스
③ 펙 틴
④ 덱스트린

8 전분이 호화되면 성질에 변화가 생긴다. 그 이유로 맞지 않는 것은?
① 부피의 팽창
② 전분의 겔화
③ 점도의 감소
④ 전분의 콜로이드화

9 다음 중 전분의 호화와 같은 뜻이 아닌 것은?
① 전분의 알파화
② 전분의 교질화
③ 전분의 호정화
④ 전분의 젤라틴화

> **해설** 전분의 호화
> 전분에 물과 열을 가하면 점도가 큰 투명 또는 유백색의 콜로이드의 용액이 되고 농도가 높거나 용액이 냉각되면 반고체의 겔을 형성하는 현상을 전분의 호화, 교질화, 젤라틴화라 한다.

10 전분의 호화가 시작되는 온도로 알맞은 것은?
① 40℃
② 60℃
③ 80℃
④ 100℃

> **해설** 전분이 호화되기 시작은 온도는 60~65℃이다.

정답 5. ① 6. ① 7. ② 8. ③ 9. ③ 10. ②

11 다음 중 전분의 호화에 영향을 주는 요인이 아닌 것은?

① 전분의 종류
② 단백질의 함량
③ 수분의 함량
④ pH

▎해설▎ 전분의 호화에 영향을 주는 요인
전분의 종류, 전분입자의 크기, 수분함량, 수침시간과 가열온도, 첨가물, pH조건

12 쌀을 불리는 특징으로 틀린 것은?

① 멥쌀의 최대 수분 흡수율은 25%이다.
② 찹쌀의 최대 수분 흡수율은 37~40%이다.
③ 찹쌀은 물에 불리기 전보다 불린 후 무게가 2배 이상 된다.
④ 쌀을 불릴 때 여름철에는 3~4시간 겨울철에는 7~8시간 불리는게 일반적이지만 흑미나 현미는 단단하여 12~24시간 정도 불려서 사용한다.

▎해설▎ 찹쌀은 물에 불리기 전보다 물에 불린 후의 무게가 1.4배 정도 된다.

13 다음 중 떡에 색을 내는 재료로 사용되는 것은?

① 착색제
② 보존제
③ 유화제
④ 피막제

14 착색료 사용에 대한 설명으로 틀린 것은?

① 분말과 생 채소는 입자의 형태와 섬유질 등 함량이 비슷해서 똑같이 사용한다.
② 기능성을 가진 착색료 사용으로 떡의 기능성이 증가된다.
③ 착색제의 성분에 따라 항산화 및 항암작용, 함염작용 등의 다양한 기능성의 떡이 있다.
④ 떡에 예쁜 색을 내어 떡의 기호성을 증진시키며 쌀가루 대비 2% 정도 첨가한다.

15 다음 중 식물성 천연색소가 아닌 것은?

① 클로로필
② 미오글로빈
③ 카로티노이드
④ 안토시아닌

▎해설▎ 동물성 색소에는 헤모글로빈, 미오글로빈 등이 있다.

정답 11. ② 12. ③ 13. ① 14. ① 15. ②

16 다음 곡물 중 단백질 함량이 가장 높은 것은?
① 찹쌀
② 보리
③ 수수
④ 좁쌀

해설 찹쌀 : 7.4%, 보리 : 8%, 수수 : 7.5%, 조 : 8.9%

17 떡의 부재료가 아닌 것은?
① 잣
② 쑥
③ 은행
④ 카카오

18 떡에 부족한 단백질을 보완해 주기 위해 넣으면 좋은 부재료는?
① 콩
② 호박
③ 곶감
④ 쑥

해설 쌀에는 아미노산이 부족하기 때문에 콩을 넣어주면 부족한 단백질과 맛을 보충할 수 있다.

19 다음 중 떡에 이용하는 버섯은?
① 석이버섯
② 건표고버섯
③ 새송이버섯
④ 느타리버섯

20 다음 중 떡에 함유되어 있는 탄수화물의 기능은 무엇인가?
① 열량생성
② 대사작용
③ 골격형성
④ 혈액구성

21 우리나라를 포함한 아시아동북부에서 재배되는 쌀의 종류는?
① 자바니카형
② 자포니카형
③ 인디카형
④ 장립종

정답 16. ④ 17. ④ 18. ① 19. ① 20. ① 21. ②

해설 쌀의 종류
① 일본형(자포니카형)은 한국, 일본, 중국의 동북부 및 중부아메리카 등에서 재배되며, 형태는 단립종, 원립종으로 길이가 짧고 둥글게 생겼으며 밥을 지었을 때 끈기가 있다.
② 자바형(자바니카형)은 필리핀, 중국의 북부, 서부지방에서 재배되며, 일본형과 인도형의 중간 형태로 밥을 지었을 때 끈기가 적다.
③ 인도형(인디카형)은 인도, 인도차이나반도, 중국의 남부, 타이완 등에서 재배되며 형태는 장립종으로 가늘고 길게 생겼으며 밥을 지었을 때는 끈기가 적어 밥알들이 서로 떨어진다.

22 다음 중 탄수화물의 기능이 아닌 것은?
① 단백질이 풍부한 식품이다.
② 에너지 공급원이다.
③ 1g당 4kcal 열량을 낸다.
④ 피로회복에 효과적이다.

해설 탄수화물 기능
① 에너지 공급원이다(1g당 4Kcal).
② 거의 체내에서 이용되며 섭취에서 분해까지 시간이 짧아 피로회복에 매우 효과적이다.
③ 간장보호와 해독작용을 한다.
④ 간에서 지방의 완전대사를 돕는다.
⑤ 단백질 절약작용을 한다.
⑥ 중추신경 유지, 혈당량 유지, 변비방지 등의 기능과 감미료로도 이용된다.
⑦ 탄수화물은 단백질이 풍부하지 않으며 당류, 당질이라고 부르며 탄수화물의 섭취열량은 65%를 차지한다.

23 부재료의 전 처리 방법으로 틀린 것은?
① 쑥을 삶을 때 소금을 넣고 삶아 찬물에 재빨리 씻어 식혀 주어야 쑥의 초록색을 잘 유지할 수 있다.
② 치자는 표면을 살짝 씻은 후 칼집을 내어 따뜻한 물을 부어 색이 잘 우러나게 한다.
③ 생쑥이나 모싯잎 같이 섬유질이 많은 채소를 이용할 경우 질긴 섬유질은 제거하고 불린 쌀과 같이 빻아 사용한다.
④ 건석이버섯은 먼지만 제거한 후 사용한다.

해설 건석이버섯은 물에 불려 비벼 씻어 안쪽에 있는 이끼를 깨끗하게 벗겨 내고 가운데 돌기를 떼어낸 후 사용한다.

24 현미 도정률이 증가함에 따른 변화 중 틀린 것은?
① 단백질 손실이 커진다.
② 총열량이 증가한다.
③ 소화율이 낮아진다.
④ 탄수화물의 양이 증가한다.

해설 현미를 도정함에 따라 단백질과 지방의 손실이 커지고 상대적으로 탄수화물양이 증가되어 소화율은 높아진다.

정답 22. ① 23. ④ 24. ③

25 다음 중 노란색을 내는 천연재료는?

① 송 기   ② 송 화
③ 흑 미   ④ 승검초분말

해설 색 내는 천연재료
- 노란색 : 송화, 치자, 단호박
- 초록색 : 쑥, 승검초분말, 녹차, 모싯잎
- 갈색 : 송기, 대추고, 계핏가루

26 다음 쌀의 종류 중 점성이 가장 높은 종류는?

① 단립종   ② 중립종
③ 비립종   ④ 장립종

해설 쌀은 단립종(원립종), 중립종, 장립종으로 구분 점성(찰기)이 가장 높은 품종은 단립종이다.

27 다음 대두의 성분 중 거품을 내며 용혈작용을 하는 성분은?

① 사포닌   ② 레 닌
③ 헤마글루티닌   ④ 프로테아제

해설 대두의 성분
- 레닌 : 단백질 가수분해 효소
- 헤마글루티닌 : 콩과식물에 천연적으로 존재하는 독성물질로 가열하면 분해되어 독성을 잃는다.
- 프로테아제 : 단백질분해 효소

28 다음 중 찬물을 넣어서 하는 떡 반죽은?

① 날반죽   ② 익반죽
③ 수타반죽   ④ 일반반죽

29 서류의 특징으로 틀린 것은?

① 서류의 일반적인 수분함량은 20~30%로 낮은 편이다.
② 서류의 종류에는 감자, 고구마, 토란, 마 등이 있다.
③ 고구마는 다른 서류에 비해 당분함량이 많은 편이다.
④ 솔라닌(solanin)은 감자가 햇빛에 노출되어 생긴 껍질의 녹색부분이나 발아 중인 싹에 함유되어 있는 유해독성물질이다.

정답 25. ② 26. ① 27. ① 28. ① 29. ①

해설 서류의 일반적인 수분함량은 70~80%로 높은 편이다.

30 떡을 찔 때 소금의 사용량으로 알맞은 것은?

① 쌀 무게의 2%
② 쌀 무게의 1%
③ 쌀 무게의 4%
④ 쌀 무게의 3%

31 다음 중 떡에 부재료를 첨가하는 이유로 틀린 것은?

① 떡의 맛을 더 좋게 하는 역할을 한다.
② 쌀에 부족한 단백질을 콩을 넣으면서 보충할 수 있다.
③ 떡을 찔 때 수증기가 잘 올라와 떡이 잘 익도록 해준다.
④ 부재료는 약리성이 있기 때문에 많이 넣어야 한다.

32 쌀가루를 익반죽 하는 이유로 틀린 것은?

① 쌀가루를 끓는 물로 익반죽하면 일부가 호화되어 잘 뭉쳐진다.
② 쌀가루 일부를 호화시켜 점성을 높이지 않기 위해 끓는 물로 반죽을 한다.
③ 멥쌀은 끈기가 적기 때문에 익반죽을 하면 반죽이 끈기가 생긴다.
④ 쌀에는 밀가루와 같은 글루텐이 없기 때문에 일반 반죽으로는 끈기가 생기지 않는다.

33 떡 재료의 보관법이 바르게 연결된 것은?

① 밤 : 껍질을 벗겨서 보관한다.
② 녹차분말 : 대량 구매하여 사용한다.
③ 팥 : 바람이 잘 통하지 않는 곳에 보관한다.
④ 멥쌀 : 습기가 적고 서늘하며 바람이 잘 통하는 곳에 보관한다.

해설 떡재료 보관 방법
- **밤** : 껍질 채 저온창고에 보관하다가 필요할 때마다 꺼내 쓴다.
- **녹차분말** : 직사광선을 피하고 건냉한 곳에 보관, 소량 구입하여 바로 쓴다.
- **팥** : 서늘하고 바람이 잘 통하는 곳에 보관한다.

정답 30. ② 31. ④ 32. ② 33. ④

34 쌀가루를 체치는 이유로 틀린 것은?

① 쌀가루와 천연 착색료를 섞었을 때 균일한 색상을 낸다.
② 큰 입자의 쌀가루를 선별하여 입자가 고른 쌀가루를 만든다.
③ 쌀가루 사이에 공기층이 들어가 떡을 찔 때 수증기가 잘 통과되어 떡이 잘 익는다.
④ 쌀가루를 체에 치면 오히려 공기의 흡입을 막을 수 있다.

35 떡 재료 선택 방법으로 틀린 것은?

① 서리태 : 콩을 깨물었을 때 청색이 많이 나는 것으로 선택한다.
② 쑥 : 줄기가 길고 굵은 것으로 늦은 봄에 채취한 것으로 선택한다.
③ 흑임자 : 검은색이 진하며 흰색이 섞이지 않은 것을 구입한다.
④ 백태 : 깨끗하며 색이 노랗고 윤기 나는 것을 선택한다.

해설 재료 선택 방법
- 쑥은 오래되지 않고 줄기가 가늘고 길지 않은 것이 좋고 이른 봄에 채취한 냄새가 진한 쑥이 좋다.
- 쑥의 보관 방법은 줄기가 익을 정도로 삶아 잘 손질하여 적당량씩 개별 포장하여 냉동 보관한다.

36 쌀가루를 체로 내릴 때 사용하는 체의 단위는 무엇인가?

① mesh　　　　　　　　　② mg
③ ml　　　　　　　　　　④ kg

해설 mg, kg은 무게, ml는 부피를 잴 때 사용하는 단위이다.

37 올이 가늘고 구멍이 작은 체로 술이나 간장 등을 거를 때 쓰며 쳇불을 말총 또는 나일론천으로 만든 것은 무엇인가?

① 깁 체　　　　　　　　　② 고운체
③ 겹 체　　　　　　　　　④ 가루체

해설 고운체는 지방에 따라 곰방체(보성), 술체(거문도), 풀체(경기), 접체(경기)라 부른다.

정답　34. ④　35. ②　36. ①　37. ②

38 체에 관한 설명으로 틀린 것은?

① 가루체 : 지역에 따라 신체, 설된체, 모시미리, 참체, 접체, 벤체라고 한다. 본래 쳇불은 말총을 썼으나 근래에는 나일론 천으로 메운다.
② 중거리 : 지방에 따라 반체, 중거리, 중체라고도 부른다. 시루 편을 만들 때 떡가루를 물에 비비며 내릴 때 주로 이용한다. 쳇불은 천으로 메우기도 한다.
③ 도드미 : 고운 철사로 올을 성글게 짠 구멍이 굵은 체지만 어레미보다 쳇불구멍이 크고 쌀의 뉘를 고를 때 쓴다.
④ 어레미 : 쳇불구멍이 가장 큰 체이고 떡고물을 내리는데 쓰인다.

▎해설▎ 도드미는 쳇불 구멍이 어레미보다 좁아 좁쌀이나 쌀의 뉘를 고를 때 쓴다.

39 맷돌 아래 받쳐서 갈려 나오는 재료들이 떨어지게 하거나 물이 있는 재료를 체로 거를때 그릇위에 걸쳐서 체를 올려놓을 수 있도록 만든 기구로 알맞은 것은?

① 쳇다리
② 채 반
③ 맷지게
④ 채받침

▎해설▎
• 쳇다리 : 체로 받거나 거를 때에 그릇 따위에 걸쳐 그 위에 체를 올려놓는 데 쓰는 기구
• 맷지게 : 맷돌을 돌릴 때 맷손을 긴 막대기에 걸어서 돌리게 만든 T자 모양으로 되어 여러 사람이 잡고 밀었다 당겼다 하면 맷돌이 돌아간다.

40 다음 기구에 대한 설명으로 틀린 것은?

① 안반 : 떡판이라고 하며 떡을 칠 때에 쓰는 두껍고 넓은 나무 판이다.
② 떡메 : 인절미나 흰떡을 만들기 위하여 찐 쌀을 치는 굵고 짧은 나무토막의 중간에 구멍을 뚫어 긴 자루를 박아 쓴다.
③ 밀판 : 떡반죽을 밀어서 넓고 얇게 펴는데 쓰는 판이다.
④ 이남박 : 솥뚜껑을 뒤집은 모양으로 부침개, 화전, 등을 지져낼 때 사용하는 조리용 도구이다.

▎해설▎ 이남박은 쌀을 씻거나 이물질을 골라내는데 쓰는 도구이다.

41 수증기가 새어 나가지 않도록 시루와 솥 사이에 바르는 것은?

① 시루밑
② 시루띠
③ 시루깔개
④ 시루번

정답 38. ③ 39. ① 40. ④ 41. ④

42 솥뚜껑을 뒤집은 모양으로 부침개, 화전, 등을 지져낼 때 사용하는 조리용 도구는?

① 채 반
② 번 철
③ 이남박
④ 겅그레

해설
① 채반 : 싸릿개비나 버들가지로 넓적하게 엮어 만든 그릇
② 번철 : 전을 부치거나 고기 따위를 볶을 때에 쓰는 솥뚜껑처럼 생긴 무쇠 그릇
③ 이남박 : 안쪽에 여러 줄로 고랑이 지게 돌려 파서 만든 그릇으로 쌀과 같은 곡식을 씻어 일 때에 돌과 모래를 가라앉게 한다.
④ 겅그레 : 솥에 음식물을 쪄 낼 때 재료가 물에 잠기지 않도록 솥 안쪽으로 댓조각 등으로 얼기설기 엮어서 걸쳐 놓는 물건

43 떡살의 문양 중 부귀수복을 기원하는 문양으로 알맞은 것은?

① 바퀴무늬
② 태극무늬
③ 길상무늬
④ 빗살무늬

해설 길상무늬
장수나 행복 따위의 좋은 일을 상징하는 무늬, 십장생이나 나비를 소재로 구성한다.

44 아밀로펙틴 100%로 이루어져 있는 것은?

① 서리태
② 찰옥수수
③ 보 리
④ 멥 쌀

45 떡의 제조원리 중 소금을 넣는 과정은?

① 쌀 불리기
② 찌 기
③ 치 기
④ 쌀가루 분쇄하기

해설 소금은 물기를 뺀 쌀을 방아에 넣고 빻을 때 함께 넣는다. 소금을 넣지 않은 쌀가루는 수분을 주기 전 체에 내릴 때 함께 넣는다.

46 다음 중 떡 재료의 연결이 틀린 것은?

① 주재료 : 쌀, 보리, 밀, 조, 수수
② 부재료 : 콩류, 채소류, 과일류
③ 감미료 : 치자, 송화, 울금
④ 향신료 : 계피, 유자

해설 감미료는 단맛을 주는 부재료이다. 감미료에는 설탕, 꿀, 물엿, 조청, 올리고당 등이 있다.

정답 42. ② 43. ③ 44. ② 45. ④ 46. ③

47 감미의 표준물질이 되는 식품은?
① 꿀
② 설탕
③ 올리고당
④ 조청

해설 설탕의 감미는 100으로 당의 감미 표준물질이다.

48 다음 당류 중 감미도가 가장 높은 것은?
① 과당
② 전화당
③ 설탕
④ 맥아당

해설 당질의 감미도
과당 > 전화당 > 설탕 > 포도당 > 맥아당 > 갈락토오스 > 젖당

49 수증기를 이용하여 멥쌀가루를 호화시킨 떡으로 알맞은 것은?
① 화전
② 부꾸미
③ 경단
④ 백설기

해설
- 화전과 부꾸미는 찹쌀가루를 반죽하여 모양을 만들어 기름에 지지는 떡이다.
- 경단은 찹쌀가루를 빚어 끓는 물에 삶아 건져서 고물을 묻힌 떡이다.

50 찹쌀가루와 찰수수가루를 익반죽 하여 반죽을 동그랗게 빚어 끓는 물에 삶아 고물을 묻힌 떡은?
① 경단
② 주악
③ 인절미
④ 우메기

51 다음 중 찰수수가루로 만든 떡이 아닌 것은?
① 노티떡
② 주악
③ 경단
④ 부꾸미

해설
- 찰수수가루로 만든 떡은 노티떡(찰수수로 만든 평안도 지방의 향토떡), 경단, 부꾸미 등이 있다.
- 주악은 찹쌀가루를 익반죽하여 작은 송편모양으로 만들어 기름에 지진 떡이다.

정답 47. ② 48. ① 49. ④ 50. ① 51. ②

52 밀가루에 막걸리를 넣어 발효시킨 후 팥소를 넣어 둥글게 빚어 찌는 떡은?

① 증 편
② 화 전
③ 상화병
④ 오메기떡

53 다음 중 쌀의 취급 및 보관 중 잘못된 것은?

① 쌀을 너무 세게 문질러 씻으면 쌀알이 으깨진다.
② 쌀의 저장 온도가 높으면 쌀의 품질이 저하된다.
③ 쌀을 보관할 때 습기가 없고 서늘하고 건조한 장소에 보관을 해야 한다.
④ 쌀가루를 만들 때 쌀을 물에 살짝 불려서 빻아야 떡의 질감이 좋아진다.

▎해설▎ 쌀은 충분히 불려야 호화가 잘되어 떡의 질감이 좋아진다.

54 떡의 부재료로 쓰이는 두류의 사용방법이 틀린 것은?

① 대두의 경우 1%의 소금물에 불리면 연화성과 흡수성이 높아진다.
② 0.3%의 소다를 첨가하여 콩을 삶으면 흡수성이 높아져 콩을 연하게 해준다.
③ 조리시간이 오래 걸리므로 삶기 전에 불려 사용한다.
④ 콩을 불릴 때는 연수보다 경수를 사용하면 흡수성이 좋아진다.

▎해설▎ 콩을 불릴 때 경수를 사용하면 경수 속의 칼슘과 마그네슘이 콩의 연화를 방해한다.

55 다음 중 고물의 역할이 아닌 것은?

① 시루떡의 경우 떡가루 사이에 공기층을 형성하여 김이 잘 스며들지 않아 떡이 질어지는 것을 막아준다.
② 떡에 맛과 부족한 영양을 보충해 준다.
③ 삶은 떡에 겉고물로 사용하며 떡이 서로 붙는 것을 막아준다.
④ 송편, 개피떡, 단자류의 속 고물로 사용된다.

56 송편을 찔 때 솔잎을 사용하는 이유로 틀린 것은?

① 송편에 향을 제공
② 방부제 역할
③ 떡이 서로 달라붙지 않게 하기 위해서
④ 떡에 영양성분을 함유시키기 위해

정답 52. ③　53. ④　54. ④　55. ①　56. ④

해설 송편을 찔 때 솔잎을 깔고 찌는 이유는 떡이 서로 달라붙지 않게 하고 떡에 솔잎향을 주며 상하지 않게 방부제 역할을 하기 때문이다.

57 다음 중 떡의 노화를 방지하기 위한 방법으로 틀린 것은?

① 수분이 노화의 가장 큰 원인이므로 수분을 고정할 수 있게 설탕을 넣는다.
② 설탕을 첨가하면 탈수제로 작용하기 때문에 노화가 억제된다.
③ 떡을 0~4℃ 냉장에서 보관하면 노화가 덜 된다.
④ 수분 양이 많으면 떡 노화가 지연되므로 장기간 냉동 보관할 떡은 수분을 더 첨가한다.

해설 0~4℃ 냉장고에 저장해 두면 노화가 촉진되어 빨리 굳는다.

58 뻥튀기, 누룽지 등 전분에 물을 가하지 않고 160~180℃로 가열하면 가용성의 덱스트린을 형성하는데 이 현상으로 알맞은 것은?

① 겔 화   ② 호정화
③ 호 화   ④ 노 화

해설 현 상
① **겔화** : 용액 속의 콜로이드 입자가 유동성을 잃고 엉겨서 굳어지는 현상 즉 호화전분을 냉각시키면 단단하게 굳는 현상을 겔화라고 한다.
② **호정화** : 전분에 물을 가하지 않고 160~180℃ 이상으로 가열하면 열분해 되어 가용성 전분을 거쳐 호정(dextrin)으로 변화하는 현상
③ **호화** : 전분에 물을 넣어 가열하면 부피가 늘어나고 점성이 생기는 현상
④ **노화** : 호화전분을 방치해 두었을 때 일부 전분분자의 재배열이 일어나 백탁, 이수 등을 일으키는 상태

59 떡을 만들 때 넣는 재료의 설명으로 맞는 것은?

① 소금 : 쌀을 불릴 때 넣으면 더 빨리 불릴 수 있다.
② 설탕 : 떡이 빨리 굳는 것을 지연시켜 준다.
③ 꿀 : 흑설탕을 대신 사용해도 된다.
④ 올리고당 : 설탕보다 칼로리가 높아서 적게 사용해야 한다.

해설
• 소금은 삼투압 현상으로 수분을 뺏는 역할을 하며 흑설탕은 색이 진하므로 색을 진하게 내주는 약식이나 수정과에 사용한다.
• 올리고당은 100g당 293kcal로 설탕(100g당 400kcal)보다 칼로리가 낮다.

정답 57. ③ 58. ② 59. ②

60 다음 중 떡의 제조원리 순서로 알맞은 것은?

① 쌀불리기 → 물빼기 → 분쇄·수분주기 → 부재료넣기 → 찌기와 치기
② 쌀불리기 → 분쇄·수분주기 → 물빼기 → 부재료넣기 → 찌기와 치기
③ 쌀불리기 → 분쇄·수분주기 → 물빼기 → 찌기와 치기 → 부재료넣기
④ 쌀불리기 → 물빼기 → 부재료넣기 → 분쇄·수분주기 → 찌기와 치기

61 떡 제조과정에서 떡의 노화를 늦추는 조리과정은?

① 물빼기　　　　　　　　　② 치 기
③ 찌 기　　　　　　　　　　④ 수분주기

┃해설┃ 떡을 치는 과정은 떡의 식감을 좋게 하고 떡이 딱딱해지는 노화속도를 늦추어 준다.

62 가래떡, 개피떡, 단자류는 어떤 방법으로 만든 떡인가?

① 쳐서 만든떡　　　　　　② 쪄서 만든떡
③ 지지는 떡　　　　　　　④ 삶는 떡

63 떡을 찔 때 필요한 도구로 알맞은 것은?

① 조 리　　　　　　　　　② 시 루
③ 떡 살　　　　　　　　　④ 안반과 떡메

┃해설┃ **도 구**
- **조리** : 불린 쌀을 일어 돌을 골라내는 기구
- **떡살** : 절편에 문양을 넣을 때 사용하는 기구
- **안반과 떡메** : 인절미, 가래떡, 절편을 만들 때 사용하는 기구

64 찌는 떡의 한 종류로 쌀가루에 막걸리를 넣어 발효시켜서 만든 떡은?

① 송 편　　　　　　　　　② 단 자
③ 증 편　　　　　　　　　④ 경 단

┃해설┃ 막걸리를 첨가하여 발효시킨 떡으로는 증편과 상화병이 있다.

정답　60. ①　61. ②　62. ①　63. ②　64. ③

65 떡을 제조하는 과정의 설명이 틀린 것은?

① 쌀씻기와 불리기 : 맑은 물이 나올 때까지 깨끗하게 씻어서 여름철에는 4~5시간, 겨울철에는 7~8시간 불린다.
② 쌀가루 분쇄하기 : 멥쌀은 성글게 빻고 찹쌀은 곱게 두 번 빻는다.
③ 반죽하기 : 송편과 경단류는 뜨거운 물을 넣어 익반죽한다.
④ 치기 : 절편과 인절미 같은 떡을 만들 때 필요한 제조과정이다.

▎해설▎ 멥쌀은 곱게 두 번 빻고 찹쌀은 성글게 한 번 빻는다.

66 다른 콩과 달리 붉은 팥을 조리할 때 불리지 않는 이유는?

① 팥의 사포닌 성분을 제거하기 위하여
② 붉은 색이 흐려져서 물에 불리지 않고 삶는다.
③ 팥의 섬유소를 분해하기 때문에
④ 수분흡수율이 너무 좋기 때문에

67 곡류의 전분을 당화시켜 오래 가열하여 수분을 증발시키면서 농축시키는 감미료는?

① 조 청   ② 꿀
③ 설 탕   ④ 올리고당

68 다음 중 서류의 종류가 아닌 것은?

① 고구마   ② 감 자
④ 카사바   ④ 비 트

▎해설▎ • 서류 : 감자나 고구마 등의 작물로서 덩이줄기나 덩이뿌리를 이용한 작물
• 카사바 : 고구마와 같은 외관을 가진 식물로 열대지방에서 훌륭한 탄수화물 공급원으로 활용

69 쑥에 식소다를 넣어 데칠 때 생기는 현상이 아닌 것은?

① 쑥의 섬유질을 연화시킨다.
② 쑥색을 파랗게 고정시킨다.
③ 쑥의 질감을 그대로 유지시킨다.
④ 비타민 C가 파괴된다.

정답 65. ② 66. ② 67. ① 68. ④ 69. ③

해설 녹색야채를 데칠 때 식소다를 넣으면 녹색은 선명해지나 채소가 물러지고 비티민C도 파괴된다.

70 식품의 갈변현상 중 성질이 다른 것은?
① 감자의 갈변현상
② 연근 절단면의 갈변현상
③ 사과의 갈변현상
④ 된장의 갈변현상

해설 갈변현상
①~③ 효소적 갈변현상(페놀화합물이 멜라닌으로 전환)
④ 아미노카르보닐반응(비효소적 갈변) : 식빵, 간장, 된장의 갈변

71 곡물 저장 시 수분함량에 따라 미생물에 변패되기 쉬운데 이를 방지하기 위해 수분의 함량을 몇 %로 저장을 해야 하는가?
① 15% 이하
② 20% 이하
③ 25% 이하
④ 30% 이하

해설 곡물은 수분이 15% 이하이면 미생물 발육이 어려워 변질을 방지할 수 있다.

72 미생물이 효소를 이용해 식품의 유기물을 분해하는 과정은?
① 부 패
② 후 란
③ 발 효
④ 변 패

해설 유기물 분해과정
- **부패** : 단백질이 혐기성미생물에 분해되어 악취가 나고 유해한 물질이 생성되는 현상
- **후란** : 호기성 세균이 단백질 식품을 변질시키는 현상
- **변패** : 단백질 이외의 식품이 변질되는 현상

73 다음 중 곡식에 있는 쭉정이 껍질 등의 이물질을 골라낼 때 쓰는 도구는?
① 이남박
② 키
③ 조 리
④ 방 아

74 다음 중 안반과 떡메는 어떤 종류의 떡을 만들 때 쓰는 도구인가?
① 증병류(蒸餠)
② 도병류(搗餠)
③ 탕병류(湯餠)
④ 유전병(油煎餠)

정답 70. ④ 71. ① 72. ③ 73. ② 74. ②

해설 안반과 떡메는 치는 떡인 도병류(搗餠)를 만들 때 필요한 도구이다.

75 지지는 떡(油煎餠) 종류가 아닌 것은?
① 화 전
② 부꾸미
③ 주 악
④ 단 자

해설 단자는 치는 떡(搗餠)류이다.

76 멥쌀가루를 쪄서 안반에 놓고 친 다음 길게 밀어서 만든 떡은?
① 가래떡
② 조랭이떡
③ 인절미
④ 단 자

해설 단자는 치는 떡(搗餠)류이다.

77 다음 중 곡식을 찧거나 가루를 빻을 때 또는 떡을 칠 때 쓰는 도구는?
① 방 아
② 안반과 떡메
③ 절구와 절굿공이
④ 돌 확

78 설탕을 높은 온도로 가열하면 갈색물질이 생성되어 식품에 색과 향미를 주는 현상은?
① 캐러멜화 반응
② 멜라닌 현상
③ 마이야르 반응
④ 산화반응

해설 비효소적 갈변
- 마이야르 반응(아미노카르보닐 반응)
  - 단백질과 당의 결합으로 인해 자연적으로 일어나는 반응이며 열에 의해 촉진된다.
  - 분유, 간장, 된장, 누룽지, 케이크, 쿠키, 오렌지주스 등의 갈변반응이 대표적이다.
- 캐러멜화 반응
  - 당류를 고온(180~200℃)으로 가열하였을 때 산화 및 분해산물에 의한 갈변을 말한다.
  - 카라멜화는 간장, 소스, 합성청주, 약식 등에 이용된다.
- 아스코르브산의 산화반응
  - 감귤류의 가공품인 오렌지쥬스나 농축물 등에서 일어나는 갈변반응이다(ph가 낮을수록 갈변현상이 크다).

정답 75. ④ 76. ① 77. ③ 78. ①

제2편

떡류 만들기

- 제1장 재료 준비
- 제2장 떡류 만들기
- 제3장 떡류 포장 및 보관
- 예상문제

제1장

재료 준비

1 재료의 계량

(1) 계량기구의 종류

저 울	• 저울은 무게를 측정하는 기구로 g, kg으로 표시한다. • 저울을 사용할 때는 평평한 곳에 수평으로 놓고 바늘은 0에 고정시킨다. • 아날로그식과 디지털식이 있다.
계량컵	• 계량컵은 부피를 측정하는데 사용한다. • 우리나라의 경우 1컵을 200ml로 사용한다. • 외국에서는 1컵을 240ml로 사용하고 있다.
계량스푼	• 양념 등의 부피를 측정하는데 사용한다. • 1큰술 = 1Ts(Table spoon, 15ml) • 1작은술 = 1ts(tea spoon, 5ml)
온도계	적외선 온도계, 알코올 온도계, 수은 온도계
시간 측정	타이머워치, 스톱워치

(2) 재료 계량방법★

① 쌀가루, 밀가루, 설탕, 소금 등 가루 재료는 흔들거나 누르지 말고 수북이 담아 윗면이 수평으로 깎아서 계량을 한다(쌀가루와 밀가루는 체에 내려서 계량한다).

② 액체식품인 물, 꿀, 조청, 기름, 간장을 계량컵, 계량수저에 담아 수평상태로 놓고 액체의 표면이 곡선으로 되는 아랫면과 일치되게 읽는다.

③ 버터나 마가린 같은 고체 재료는 실온에 두어 부드럽게 만들어 계량컵이나 수저에 담아 빈 공간 없이 담아 수평으로 깎아 계량한다. 부피측정보다 무게로 재는 것이 더 정확하다.

④ 쌀, 팥, 콩 같은 알갱이 식품은 가득 담아 살짝 흔들어 표면을 평면이 되도록 깎아서 계량한다.

⑤ 잼, 고추장 같이 농도가 있는 식품은 계량컵이나 계량스푼에 꾹꾹 눌러 담아 평면이 되도록 깎아서 계량한다.

2 재료의 전 처리

(1) 쌀 씻기와 불리기

쌀을 도정하고 들어갈 수 있는 이물질을 제거하기 위해 3~4번 씻어내는 과정으로 이때 쌀을 너무 세게 문지르면 떡이 질어질 수 있으므로 이물질을 제거할 정도로만 문질러야 하며 쌀을 충분히 불려 호화가 잘 되게 하여 부드러운 떡이 만들어 질 수 있도록 7~8시간 정도 물에 불린다.

쌀의 종류	불리는 시간
멥쌀과 찹쌀	여름:4~5시간 겨울:7~8시간
현미, 흑미	물을 바꿔가며 12~24시간

(2) 고물, 소 만들기

고물은 떡의 맛과 영양을 높여 주기도 하지만 쌀가루 사이에 공기층을 만들어 그 사이로 증기가 올라오게 하여 떡이 잘 익도록 해준다.

고물종류	만드는 방법
붉은 팥고물	• 붉은 팥은 잡티를 제거하고 깨끗이 씻어 돌을 인 다음 팥에 물을 부어 끓어오르면 그 물을 버리고 다시 찬물을 2.5~3배 부어 팥이 무를 때까지 1시간 정도 삶아 소금을 넣고 찧어서 어레미에 내려 고물로 사용한다(센 불에서 끓으면 중불에서 거의 익혀 약한 불에서 뜸 들인다). • 보관기간에 따라 물의 양이 다르다.
거피팥고물	• 타갠 회색 팥을 미지근한 물에 8시간 정도 불려 제물에 비벼 씻어 껍질을 벗겨 물기를 뺀 다음 찜기에 면포를 깔고 김이 오른 후 센 불에서 30~40분 정도 푹 찐다. • 쪄 낸 팥을 스텐볼에 쏟아 뜨거운 김을 날린 후 소금 간을 하여 방망이로 빻아 중간체나 어레미에 내려 사용한다.
볶은 거피팥고물	어레미에 내린 거피 팥고물을 넓은 번철에 진간장, 흰 설탕, 계핏가루 등 양념을 하여 보슬보슬하게 볶아 체에 내려 두텁떡 등의 고물로 사용한다.
녹두고물	타갠 녹두는 미지근한 물에 8시간 정도 담가 껍질을 벗겨 김이 오른 찜기에서 30~40분 정도 푹 찐 다음 녹두를 통으로 소나 고물로 사용할 경우에는 찐 녹두를 그대로 사용하고 고운 고물로 사용할 경우에는 찐 녹두를 중간체나 어레미에 내려 사용한다.
콩고물	• 깨끗한 콩을 골라 씻어 돌을 인 다음 건져서 물기를 빼 타지 않게 볶아 굵게 분쇄기로 갈아 키로 까불어 껍질과 싸라기는 버리고 다시 빻아 소금 간을 하여 고운체에 내려 콩가루를 만든다(키가 없으면 쟁반을 사용). • 인절미, 경단, 다식을 만드는데 사용한다.
참깨고물	• 참깨는 물에 1시간 정도 불려 일어 돌과 모래를 제거하고 비벼 물위에 떠있는 껍질을 제거하여 넓은 솥에 타지 않게 볶아준다. • 편이나 송편, 주악의 소나 고물로 사용할 때는 빻아 체에 내려 소금 간을 하고 강정과 산자고물에 쓸 때는 볶은 깨를 통째로 사용한다(센 불→중불→약한 불에서 볶는다).
흑임자고물	• 흑임자를 깨끗하게 씻어 일어 물기를 뺀 다음 넓은 팬에 타지 않게 볶아 분쇄기나 절구에 빻아 체에 내려 소금 간을 하여 편이나 경단고물로 사용한다. • 흑임자나 참깨는 상하기 쉬운 여름철에 사용하기에 적당한 고물이다(센 불→중불→약한 불에서 볶는다).
밤고물	밤은 쪄서 껍질을 벗긴 다음 뜨거울 때 소금을 넣어 어레미에 내려 사용한다.

(3) 고명 만들기

고명종류	만드는 방법
대추채	마른 대추의 경우 젖은 면포로 닦아 사용하며 많은 대추를 손질할 때는 물에 재빨리 씻어 불지 않게 물기를 닦아 사용하고 대추 고명은 그냥 사용하면 뻣뻣하므로 김 오르는 찜기에 살짝 쪄 부드럽게 해서 사용하기도 한다.
밤 채	껍질 벗긴 밤은 수분이 많으면 밤 채를 썰 때 쉽게 부서지므로 물에 담가두지 말고 속껍질을 벗겨 채를 썰거나 설탕물에 담가 두었다가 물기를 말려 채를 썬다.
석이채	석이버섯은 따뜻한 물에 담가 손으로 비벼 안쪽에 이끼를 완전히 벗긴 다음 중앙에 있는 돌을 제거하여 깨끗한 물이 나올 때까지 비벼서 씻어 준 후 물기를 제거한 뒤 곱게 채를 썬다.
잣	고깔을 떼어내고 마른 면포로 닦아 한지나 종이에 잣을 올려 한지나 종이로 잣을 덮어 방망이로 밀어 기름기를 뺀 후 칼날로 곱게 다져 고명이나 고물로 사용한다.

(4) 건과일류

떡을 만드는 방법에 따라서 물에 불려 사용하거나 이물질을 제거한 후 사용한다.

제2장 떡류 만들기

1. 설기떡류 제조과정

- 설기떡은 쌀가루에 수분을 주고 체에 내려 켜를 만들지 않고 쌀가루만 찌거나 쌀가루와 부재료를 넣어 한 덩이가 되게 하여 찐 떡으로 '무리떡'이라고도 한다.
- 쌀가루로만 만든 백설기와 쌀가루에 콩, 감, 쑥 등을 섞은 콩설기, 감설기, 밤설기, 잡과병, 쑥설기 등이 있다.

1 백설기 만들기

- 백설기는 '백편' 또는 '흰무리'라고 하며 **삼국유사**에는 '설병' 고려시대에는 '백설기'로 불렀으며 **규합총서**에서는 백설기를 만드는 방법이 기록되어 있다.
- 백설기는 깨끗하고 신성한 의미를 가진 통과의례용 떡으로 붉은팥 수수경단과 함께 백일이나 돌에 만들었다.

(1) 재료 및 분량

- 멥쌀가루 1Kg(멥쌀 800g)
- 설탕 100g
- 소금 10g
- 물 적정량

(2) 만드는 방법

① 멥쌀을 깨끗하게 씻어 7~8시간 정도 담갔다가 소쿠리에 건져 30분간 물기를 뺀 후 소금을 넣어 곱게 빻는다(쌀을 가루로 만든 후 분량의 소금을 넣기도 한다).

② 쌀가루는 수분을 맞춘 후 체에 내려 설탕을 넣는 것이 좋으며 물의 양은 체에 내린 쌀가루를 손으로 살짝 쥐어 흔들어 깨지지 않으면 된다.

③ 찜기에 젖은 면포나 시루밑을 깔고 쌀가루를 고르게 넣어 수평으로 안친 다음 찜기 위로 김이 오르면 뚜껑을 덮고 20분을 찐다.

2 콩설기 만들기

콩설기는 멥쌀가루에 부재료인 콩(서리태)을 섞어서 찐 떡이다.

(1) 재료 및 분량

- 멥쌀가루 700g(멥쌀 560g)
- 불린 서리태 160g
- 설탕 70g
- 물 적당량
- 소금 7g

(2) 만드는 방법

① 멥쌀을 깨끗하게 씻어 7~8시간 정도 담갔다가 소쿠리에 건져 30분간 물기를 뺀 후 소금을 넣어 곱게 빻는다(쌀을 가루로 만든 후 분량의 소금을 넣기도 한다).
② 서리태는 8시간 정도 불려 물기를 뺀 후 삶거나 쪄서 식힌다.
③ 쌀가루에 물을 주고 골고루 섞어 살짝 쥐어 흔들어 깨지지 않으면 체에 내린 후 설탕을 넣어 가볍게 섞어준다.
④ 찜기에 젖은 면포나 시루밑을 깔고 서리태 1/2을 바닥에 골고루 깔고 쌀가루에 남은 서리태1/2을 가볍게 훌훌 섞어서 찜기에 평평하게 수평으로 안친 다음 찜기 위로 김이 오른 후 20분을 찐다.

2 켜떡류 제조과정

- 켜떡은 찹쌀과 멥쌀에 두류, 채소류 등 다양한 부재료를 켜켜히 넣고 안쳐서 찐 떡이다.
- 주재료는 멥쌀, 찹쌀, 멥쌀과 찹쌀을 섞어서 쓰기도 하며 팥, 녹두, 서리태, 동부, 깨, 쑥, 상추, 무, 호박, 과일류 등의 부재료가 있다.

1 팥시루떡 만들기

멥쌀과 찹쌀을 가루를 내어 떡을 안칠 때 켜와 켜 사이에 팥고물을 넣고 찐 떡이다.

(1) 재료 및 분량

- 멥쌀가루 1kg(멥쌀 800g)
- 설탕 100g
- 소금 10g
- 물 적당량
- 고물만들기 : 붉은팥 2컵, 소금7g

(2) 만드는 방법

① 멥쌀을 깨끗하게 씻어 7~8시간 정도 담갔다가 소쿠리에 건져 30분간 물기를 뺀 후 소금을 넣어 곱게 빻는다.
② 쌀가루에 물로 수분을 주고 골고루 비빈 후 체에 한 번 더 내린다.

③ 팥은 물을 붓고 삶아 한소끔 끓으면 그 물을 버리고 다시 팥의 2.5~3배 정도의 찬물을 부어 처음에는 센 불에서 끓이다가 중불로 낮추어 팥이 무를 때까지 삶는다.

④ 팥이 거의 익으면 낮은 불에서 뜸을 들인 후 스텐볼에 쏟아 뜨거운 김을 날린 후 소금을 넣어 방망이로 대강 찧어 고물을 만든다.

⑤ 찜기에 젖은 면포나 시루밑을 깔고 팥고물을 뿌린 후 그 위에 쌀가루를 평평하게 수평으로 안치고 그 위로 팥고물을 덮고 다시 쌀가루와 팥고물을 얹은 다음 찜기 위로 김이 오른 후 20분을 찐다.

2 녹두찰편 만들기

(1) 재료 및 분량

- 찹쌀가루 1kg(찹쌀 800g)
- 설탕 100g
- 소금 10g, 물 적당량
- 고물만들기 : 거피녹두 2컵, 소금 7g

(2) 만드는 방법

① 찹쌀을 깨끗이 씻어 7~8시간 정도 담갔다가 소쿠리에 건져 30분간 물기를 뺀 후 소금을 넣어 곱게 빻는다.

② 거피한 녹두를 물에 충분히 불려 제물에서 여러 번 문질러 껍질을 벗겨 깨끗이 씻어 찜기에 젖은 면포를 깔고 김이 오른 후 30~40분 정도 쪄서 소금을 넣고 찧어 체에 내려 고물을 만든다.

③ 찜기에 면포나 시루밑을 깔고 녹두고물을 고루 편 후 그 위에 찹쌀가루를 한 켜 놓고, 찹쌀가루와 녹두고물을 번갈아 켜켜로 얹어 찜기 위로 김이 오른 후 약 20~25분 정도 찐다.

TIP
- 메편은 수분의 양만 적당하면 설익는 법이 없으나 찰편은 더운 김이 떡가루 사이로 잘 올라오지 못하면 중간이 설게 되므로 언제나 시루 밑 바닥에 고물을 두껍게 한 켜 깐다.
- 찰편은 두꺼우면 안 익으므로 얇게 안친다.
- 녹두편은 녹두병이라고도 하며 녹두찰편과 녹두메편이 있다.

3 석탄병 만들기

- 석탄병(惜呑餠)은 규합총서에서 차마 삼키기 아까운 석탄병(惜呑餠)이라고 할 만큼 맛이 좋고 격이 높은 떡 중에 하나이다.
- 멥쌀가루와 감가루를 반반 섞어 설탕물을 넣어 체에 내린 가루에 잣가루, 생강, 녹말, 계핏가루, 대추, 밤 등을 섞은 후 녹두고물을 얹어 켜를 넣어 시루에 찐 떡이다.

(1) 재료 및 분량

- 멥쌀가루 1kg(멥쌀 800g)
- 잣가루 1컵
- 대추 7개
- 소금 10g
- 계핏가루 1/2큰술
- 고물 : 녹두 2컵, 소금 7g
- 물 적당량
- 생강녹말 1큰술
- 설탕물 : 설탕1/2컵, 물1/2컵
- 감가루 1½컵
- 밤 7개

(2) 만드는 방법

① 쌀은 깨끗이 씻어 물에 7~8시간 불려 소쿠리에 건져 30분간 물기를 뺀 후 소금을 넣어 곱게 빻아 체에 내린다.

② 거피한 녹두는 충분히 불려 제물에 깨끗이 씻어 젖은 면포를 깔고 찜기에 김이 오른 후 30~40분 정도 쪄서 소금을 넣고 찧어 체에 내려 고물을 만든다.

③ 멥쌀가루에 분량의 감가루, 계핏가루, 생강녹말을 넣고 고루 섞은 다음 끓여 식힌 설탕물을 넣고 고루 비벼 체에 내린 후 잣가루를 섞는다.

④ 밤과 대추는 3~4등분하여 준비한 쌀가루에 넣어 가볍게 고루 섞어준다.

⑤ 찜기에 면포나 시루밑을 깔고 녹두고물을 시루밑이 보이지 않도록 충분히 펴서 넣고 쌀가루를 3~4cm 정도 넣고 고물을 얹어가며 켜켜로 안치고 김이 오른 후 20~25분 정도 찐다.

3 빚어 찌는 떡류 제조과정

빚어 찌는 떡은 쌀가루를 익반죽하여 모양을 만들어 찌는 떡으로 송편, 모싯잎송편, 쑥송편, 쑥개떡 등이 있다.

- 송편 만들기

(1) 재료 및 분량

- 멥쌀가루 200g(멥쌀 160g)
- 참기름 적정량(떡에 바르는 용도)
- 소금2g
- 소(불린 서리태 70g)
- 물 적당량

(2) 만드는 방법

① 쌀은 깨끗이 씻어 물에 7~8시간 불려 소쿠리에 건져 30분간 물기를 뺀 후 소금을 넣어 곱게 빻아 체에 내린다.

② 체에 내린 쌀가루에 끓는 물을 넣어 많이 치대어 익반죽을 한다.

③ 서리태는 삶아 약간의 소금을 넣어 간을 한다.

④ 미리 준비한 반죽을 떼어 엄지손가락으로 가운데를 파서 둥글게 빚어 가운데 준비한 소를 넣고 오므려 길이 5cm에 높이 3cm 정도의 반달모양으로 송편 모양을 만든다.
⑤ 찜기나 시루에 면포를 깔고 송편을 올린 다음 김이 오른 후 20분 정도 쪄준다.
⑥ 익힌 송편은 찬물에 담가 재빨리 씻어 건진 다음 물기를 빼고 참기름을 바른다.

> **TIP**
> - 추석 때 제일 먼저 수확한 햅쌀로 빚은 송편을 오려 송편(올송편)이라 부르는데 이는 올벼가 오려로 변하여 오려 송편이 되었다.
> - 중화절(음력 2월 1일)에는 노비송편이라 하여 크게 빚어 노비들에게 나이 수대로 나눠줘 농사가 시작하는 절기에 노비의 사기를 돋우어 주고 격려하기 위한 풍속이었다.

4 약밥 제조과정

정월대보름의 절식인 약식(藥食)은 약밥이라고도 하는데 정월대보름인 오기일(烏忌日)에 찰밥을 지어 까마귀에 제를 지내고 보은하는데서 유래되었다.

- **약밥(약식) 만들기**

(1) 재료 및 분량

- 찹쌀 500g
- 밤, 대추 10개씩
- 잣 2큰술
- 소금물 : 물 1/2컵, 소금 1/2작은술
- 양념 : 황설탕 1/2컵, 간장 2큰술, 계핏가루 1작은술, 참기름 2큰술, 꿀 3큰술, 대추씨 거른물(대추고) 4큰술, 캐러멜소스 2큰술, 설탕 6큰술, 물 3큰술, 뜨거운물 3큰술, 물엿 2큰술

(2) 만드는 방법

① 찹쌀은 씻어 8시간 이상 불려 물기를 뺀 뒤 찜기에 젖은 면포를 깔고 찹쌀을 안쳐 찜기에 김이 오른 후 30분을 찐 다음 소금물을 끼얹고 찹쌀밥을 위아래로 뒤집어 주며 20분 정도를 더 찐다.
② 밤은 속껍질까지 벗겨 3~4등분 크기로 자르고 대추는 면포로 닦아 씨를 발라내어 3~4등분 크기로 자른다. 대추씨는 물을 조금 붓고 끓여 걸러놓고 잣은 고깔을 떼어낸다.
③ 냄비에 먼저 설탕과 물을 넣고 불에 올려 젓지 말고 캐러멜 소스를 만드는데 거품이 나면서 전체적으로 갈색이 되면 불을 끄고 끓는 물과 물엿을 넣어 캐러멜 소스가 굳지 않도록 한다.
④ 찐 찹쌀이 뜨거울 때 그릇에 쏟아 황설탕을 넣어 골고루 섞은 다음 참기름, 간장, 계핏가루, 대추씨 거른물(대추고), 캐러멜소스 순으로 넣어 잘 섞어서 맛과 색을 내고 밤과 대추, 잣을 섞어 2시간 정도 젖은 베보자기를 덮어 양념이 잘 배이도록 한다.

⑤ 찜기에 젖은 면포를 깔고 양념을 한 약밥을 넣어 1시간 정도 더 찐 다음 뜸을 들인 후 그릇에 쏟아 꿀을 넣어 섞은 후 완성된 약밥을 모양틀에 넣어 모양을 낸다.

> **TIP**
> 약밥은 중탕으로 찌면 찌는 동안 계속해서 캐러멜 반응이 생겨 약밥의 갈색이 더 진해져 맛도 있고 식감이 좋아진다.

5 인절미 제조과정

인절미(인절병, 은절병)는 충분히 불린 찹쌀을 찰밥처럼 쪄서 안반이나 절구에 쳐서 만들거나 찹쌀가루를 쪄서 모양을 만든 뒤 고물을 묻힌 떡이다.
- **주재료** : 찹쌀, 흑찰미, 차조, 찰현미
- **부재료** : 쑥, 수리취, 호박, 대추
- **고물** : 볶은 콩가루(노란콩, 연두색콩), 흑임자가루, 녹두, 팥, 동부, 카스텔라

• 인절미 만들기

(1) 재료 및 분량

- 찹쌀 1kg
- 소금 20g
- 물 1컵
- 고물 : 콩고물 3컵, 설탕 45g, 소금 5g

(2) 만드는 방법

① 찹쌀을 씻어 일어서 물에 7~8시간 정도 담갔다가 건져 30분 정도 물기를 뺀 후 찜기에 젖은 면포를 깔고 찹쌀을 안쳐 40분 정도 찌다가 소금물을 뿌려 위아래로 섞어주고 다시 20분 정도를 더 쪄준다.
② 콩고물에 소금과 설탕을 넣어 간을 맞춘다.(시판용 콩고물은 설탕이 들어 있으므로 따로 넣지 않아도 된다)
③ 절구나 안반에 찐 밥을 넣고 방망이에 소금물을 잘 적셔가며 밥알이 뭉개질 때까지 골고루 친다.
④ 안반에 콩고물을 깔고 찐 떡을 쏟아 적당한 두께로 길게 밀어 모양을 잡은 다음에 썬다.
⑤ 떡이 따뜻할 때 고물을 묻혀야 한다.

6 가래떡류 제조과정

가래떡은 멥쌀가루를 시루에 찐 다음 끈기가 나게 쳐서 긴 막대모양으로 만든 떡으로 백병(白餠)이라고 한다.
가래떡류(가래떡, 떡국떡, 떡볶이떡, 조랭이떡등)와 절편류로 분류할 수 있다.
부재료(쑥가루, 호박가루, 흑미 등)첨가시 부재료의 양과 물 첨가량을 조절하여 찐다.

• 가래떡 만들기

(1) 재료 및 분량

- 멥쌀가루 2kg(멥쌀 1,600g)
- 소금20g
- 물3컵

(2) 만드는 방법

① 쌀은 깨끗이 씻어 물에 7~8시간 불려 소쿠리에 건져 30분간 물기를 뺀 후 소금을 넣어 곱게 빻아 체에 내린다.
  (쌀을 빻은 후 체에 내려 가루를 만든 후 분량의 소금을 넣기도 한다).
② 쌀가루에 수분을 주고 찜기에 젖은 면포나 시루밑을 깔고 쌀가루를 고루 펴서 안친 다음 찜기에 김이 오른 후 20분 정도 찐다.
③ 쪄낸 떡을 안반이나 절구에 넣고 친 다음 직경이 3cm 정도가 되게 길게 밀어 가래떡 모양을 만든다(떡볶이떡 직경은 1cm 정도로 가늘다).

TIP
- 가래떡을 만들 때 기계를 사용할 경우 방아에 내리면서 물을 준다.
- 기계를 사용할 경우 찐 떡을 제병기(가래떡 모양틀)에 넣고 가래떡을 뽑아낸다.
- 가래떡을 굳혀서 동그랗게 썰면 떡국용 떡이 된다.
- 설기보다 수분을 더 넣고 송편반죽보다는 수분을 적게 넣는다.

7 찌는 찰떡류 제조과정

찌는 찰떡류는 찹쌀가루에 여러 가지 부재료를 섞어 쪄 모양을 만들거나 찐 떡을 쳐서 모양을 잡아서 만든 떡이다. 찌는 찰떡류에는 쇠머리 찰떡과 구름떡, 영양찰떡, 콩찰떡 등 여러 가지 종류의 떡이 있다.

1 쇠머리 찰떡 만들기

썰어 놓은 모양이 쇠머리편육과 비슷해 쇠머리 찰떡(모듬배기떡)이라 하며 충청도의 대표적인 향토 음식이다.

> **TIP**
> 찹쌀가루는 멥쌀가루보다 아밀로펙틴의 함량이 높아 떡을 찔 때 설익을 수 있기 때문에 찹쌀가루는 방아로 1회만 거칠게 빻아야 떡이 잘 쪄진다.

(1) 재료 및 분량

- 찹쌀가루 1kg(찹쌀 800g)
- 소금 10g
- 흑설탕 1/2컵
- 물 적당량
- 부재료 : 서리태 1컵(소금5g), 밤, 대추 10개 정도, 호박고지 100g

(2) 만드는 방법

① 찹쌀을 깨끗이 씻어 7~8시간 정도 담갔다가 소쿠리에 건져 30분간 물기를 뺀 후 소금을 넣어 빻는다. 쌀가루로 만든 후 분량의 소금을 넣기도 한다.
② 불린 서리태는 삶거나 쪄서 소금을 넣어 간을 한다.
③ 밤은 껍질을 벗겨 3~4등분 하고 대추는 돌려 깎기를 하여 3~4등분을 한다.
④ 호박고지는 물에 불려서 물기를 뺀 다음 3cm 정도의 길이로 자른다.
⑤ 쌀가루에 수분을 주고 골고루 비벼 섞어 체에 내린다.
⑥ 찹쌀가루에 준비된 서리태, 밤, 대추, 호박고지를 넣고 가볍게 섞어준다.
⑦ 찜기에 젖은 면포를 깔고 부재료를 섞은 찹쌀가루를 넣으면서 중간 중간에 흑설탕 뿌려 안쳐서 김이 오른 후 20~25분 정도를 쪄낸다.

2 구름떡 만들기

구름떡은 썰면 떡의 단면이 구름의 형상과 같아 붙여진 이름이다. 찹쌀가루에 여러 종류의 두류와 견과류를 넣어 시루에 찐 후 계핏가루와 팥가루를 섞은 고물을 뿌려 모양을 내어 식혀 자른 떡이다.

(1) 재료 및 분량

- 찹쌀가루 1kg(찹쌀 800g)
- 소금 10g
- 물 적당량
- 부재료 : 대추 10개, 밤 7개, 설탕 100g, 서리태 1/3컵, 소금 2g, 호두 2/3컵, 잣 1큰술
- 팥가루 고물 : 붉은팥 4컵, 설탕 1컵, 진간장 2/3큰술, 계핏가루 1/6컵, 설탕시럽 1/2컵

(2) 만드는 방법

① 찹쌀을 깨끗이 씻어 7~8시간 정도 담갔다가 소쿠리에 건져 30분간 물기를 뺀 후 소금을 넣어 빻는다. 찹쌀가루로 만든 후 물로 수분을 준 다음 골고루 섞기도 한다.
② 팥은 물을 붓고 삶아 한소끔 끓으면 그 물을 버리고 다시 찬물을 부어 처음에는 센 불에서 끓이다가 중불로 낮추어 팥이 무를 때까지 푹 삶아서 고운체로 걸러 팥앙금을 만들어 설탕과 진간장을 넣고 팬에 볶은 후 계핏가루를 넣어 팥가루를 만든다.
③ 밤은 껍질을 벗겨 3~4등분하고 대추는 돌려깎기를 하여 3~4등분을 하여 설탕을 넣고 살짝 조린다.

④ 호두는 속껍질을 벗겨 4~5등분을 하고 서리태는 물에 불려 소금을 뿌려 놓고(설컹하게 삶기도 함) 잣은 고깔을 떼어 놓는다.
⑤ 찹쌀가루에 준비된 대추, 밤, 호두, 잣, 서리태를 골고루 섞어 찜기에 젖은 면포를 깔고 부재료를 섞은 찹쌀가루를 올려 김이 오른 후 20~25분 정도 쪄 낸다.
⑥ 조리대 위에 팥가루를 고루 펴서 쪄낸 떡을 엎은 다음 떡 위에 팥가루를 뿌리고 떡을 등분하여 시럽을 고루 뿌려 가면서 모양을 만들어 식으면 1~1.5cm의 두께로 썬다.

8 기름에 지지는 떡(유전병) 제조과정

찹쌀가루를 익반죽하여 둥글납작하게 빚어 계절별로 다양한 식용 꽃을 얹거나 대추와 쑥갓을 얹어 지지는 화전과 찹쌀가루나 수수가루를 익반죽하여 둥글납작하게 빚어 여러 가지 소를 넣어 반달 모양으로 접어 기름에 지지는 부꾸미 종류와 주악, 서여향병 등이 있다.

1 수수부꾸미 만들기

- 수수부꾸미는 찹쌀가루와 찰수수가루를 뜨거운 물로 익반죽하여 둥글납작하게 빚어 여러 가지 소를 넣어 반달 모양으로 접어 기름에 지진 떡이다.
- 부꾸미는 화전이나 주악처럼 기름에 지지는 떡의 일종이나 소를 넣고 반으로 접어 다시 지지는 것이 다르며 떡의 재료로는 찹쌀, 찰수수 등 차진 곡물로 만든다.
- 부꾸미에 첨가되는 부재료로는 속고물(팥앙금, 녹두등)과 고명 (대추, 석이버섯, 쑥갓 등)으로 나누어 준비한다.

(1) 재료 및 분량

- 수수가루 300g
- 찹쌀가루 100g
- 대추 5개
- 쑥갓
- 소금 약간
- 식용유 5큰술
- 소 : 밤 20개, 계핏가루 약간, 꿀
- 시럽 : 물 1컵, 설탕 1컵

(2) 만드는 방법

① 수수가루와 찹쌀가루는 3 : 1 비율로 섞고 소금을 넣어 체에 내린 후 끓는 물을 넣어 익반죽한다.
② 밤은 삶아서 뜨거울 때 체에 내린 후 꿀, 소금, 계핏가루를 넣고 섞어 밤소를 3cm 크기로 만든다.
③ 설탕과 물을 동량으로 넣고 끓여서 반으로 조려 시럽을 만든다.
④ 반죽을 지름 5cm로 둥글납작한 타원형으로 빚는다.
⑤ 달군 팬에 기름을 두르고 반죽을 6cm 크기의 타원형으로 눌러서 앞뒤로 익힌 다음 뒤집어 소를 가운데 놓고 반을 접어 반달 모양으로 만들어 익힌다.
⑥ 대추는 포를 떠서 돌돌 말아 0.2cm 두께로 얇게 꽃 모양으로 썬다.
⑦ 부꾸미에 대추와 쑥갓으로 장식하여 접시에 담고 시럽을 뿌려서 낸다.

2 삼색 주악 만들기

찹쌀가루를 끓는 물로 익반죽하여 대추, 밤, 팥 등의 소를 넣고 송편모양으로 빚은 다음 기름에 지져 꿀이나 조청을 발라 큰상을 괼 때 떡 위에 한두 켜씩 얹어 쓰는 웃기떡이다.

주악의 종류로는 대추주악, 밤주악, 승검초주악, 은행주악, 석이주악, 치자주악 등이 있다.

(1) 재료 및 분량

- 찹쌀가루 600g
- 소금 약간
- 치자 1개(치자 물 2큰술)
- 딸기가루(백련초가루) 20g
- 쑥가루 20g, 식용 2컵
- 깨 소: 깨소금 5큰술, 계핏가루, 꿀 1큰술, 소금
- 대추 소: 대추 10개, 계핏가루 약간, 꿀 2큰술
- 집청 : 설탕 10큰술, 물 10큰술

(2) 만드는 방법

① 치자를 물에 씻어 쪼개어 물에 담근다.

② 찹쌀가루에 소금을 넣고 손으로 잘 비벼 체에 내려 3등분한다.

③ 찹쌀가루에 치자 물, 딸기가루, 쑥가루로 물을 들여 각각 끓는 물로 익반죽하고, 고루 치대 매끄러운 반죽을 만들어 비닐봉지에 숙성시킨다.

④ 소 만들기
  - 깨를 빻아서 꿀과 소금, 계핏가루를 섞어 깨소를 만든다.
  - 대추씨를 제거하여 곱게 다진 후 꿀과 계핏가루를 넣어 대추 소를 만든다.

⑤ 찹쌀 반죽을 둥글게 만들어 가운데 구멍을 내어 각각의 소를 넣어 작은 송편 모양으로 빚는다.

⑥ 집청을 끓여 반으로 조린다.

⑦ 빚은 주악은 서로 달라붙지 않게 130℃ 정도의 식용유에 지져내듯 튀겨 기름을 빼고 집청에 담갔다가 여분의 집청을 빼고 삼색 주악을 그릇에 담는다.

TIP

- 산승

찹쌀가루를 반죽하여 얇게 밀어 모지거나 둥글게 만들어 기름에 지진 웃기떡이다.
산승은 파래가루, 브로콜리가루, 시금치가루, 녹차가루, 치자, 파프리카, 당근가루 등의 다양한 색을 이용한다.

9. 부풀려 찌는 떡류와 삶는 떡류

- 부풀려 찌는 떡류는 쌀가루를 술(생막걸리, 효모)로 반죽하여 부풀게 한 다음 틀에 담아 대추, 밤, 실백, 검정깨, 석이버섯 등으로 고명을 얹어 찐 떡이다.
- 기주떡, 기증병, 기지떡, 술떡, 벙거지떡 등 지방마다 이름이 다르며 술을 사용하므로 빨리 쉬지 않아 여름에 만들어 먹기 좋은 떡이다.
- 부풀려 찌는 떡은 형태에 따라 판증편과 방울증편 등으로 분류한다.

- 삶는 떡은 찹쌀을 반죽하여 빚기도 하지만 주악이나 약과모양으로 썰고 더러는 구멍떡으로 만들어 삶아 건져서 고물을 묻힌 떡이다.
- 종류로는 경단류, 단자류, 잡과병류, 기타 쇄백자(잣구리단자), 산약병, 풍소병, 원소병 등이 있다.

1 증편 만들기

(1) 재료 및 분량

- 멥쌀 5C(가루 1kg)
- 소금 10g
- 생막걸리 300~350cc
- 설탕 150g
- 소금 5g
- 물(35℃ 정도 미지근한 물) 300~350g
- 부재료: 대추 5~6개, 석이버섯과 잣

(2) 만드는 방법

① 멥쌀은 깨끗하게 씻어서 8시간 정도 불린 후 물기를 제거해 소금을 넣고 빻아 체에 여러 번 내려 고운가루로 만든다.

② 대추는 젖은 면포로 먼지를 닦고 돌려깎기 하여 가늘게 채 썰고 석이버섯은 물에 불려 소금으로 비벼 이끼와 돌을 제거하여 씻어 물기를 제거해 돌돌 말아 가늘게 채를 썬다.
잣은 고깔을 떼어 준비한다.

③ 막걸리, 소금, 설탕, 물을 넣고 설탕이 녹을 때까지 저어 준 후 멥쌀가루를 넣어 골고루 저은 다음 그릇에 담아 랩을 덮어 35~40℃ 정도의 온도에서 5~6시간 정도 1차 발효를 시킨다.

④ 반죽이 3배 정도 부풀어 오르면 공기를 뺀 후 다시 2차 발효를 시킨다.(2시간 정도)

⑤ 반죽이 다시 3배 정도 부풀면 충분히 저어 공기를 뺀 후 찜통에 젖은 면포를 깔고 발효된 반죽을 2~3cm 정도의 두께로 부은 다음 대추, 석이채, 잣으로 장식을 하여 3차 발효를 시킨다.

⑥ 약불에서 15분 강한불에서 20분 정도 찐 후 약불에서 5분 정도 뜸을 들인다.

제3장 떡류 포장 및 보관

식품포장은 식품의 수송 및 보관, 유통과정 중 식품의 상태를 보호하고 위생적인 안전성과 식품의 가치상승을 위하여 적합한 재료나 용기를 이용하여 포장하는 상태를 말한다.

「식품위생법」에는 식품포장을 식품 또는 첨가물을 싸는 물품으로서 식품 또는 첨가물을 주고 받을 때 함께 건네는 물품을 말한다고 규정하여 저장성, 보호성, 위생성을 강조하고 있다.

1. 떡의 포장 방법

떡은 만들어진 이후부터 수분이 증발하여 떡이 딱딱해지는 노화현상이 일어난다. 이를 보완하기 위하여 떡의 재료 및 형태에 맞게 차단성이 있는 포장 재료를 이용하여 포장을 해야 한다.

(1) 떡을 포장할 때는 뜨거운 김이 빠진 후 떡이 마르지 않고 보관이 잘 되는 비닐 등의 재질로 포장한다.

(2) 포장 시 주의할 점은 식품포장용으로 적합한 재질의 포장재나 용기를 사용해야 한다.

(3) 포장된 떡은 제조에서 소비자에게 이르기까지 유통을 거치는 동안 부패 되지 않도록 환경, 기후에 대한 차단과 습기, 수분 등에 대한 안전도가 높아야 하며 식품 포장재는 물리적 강도가 높아야 한다.

(4) 포장재는 종이, 플라스틱, 유리, 금속 포장재 등 다양한 종류가 있으나 떡에 사용하는 포장재는 플라스틱 포장재질인 폴리에틸렌을 주로 사용하고 있다.

(5) 포장재질의 종류★

종 류	장 점	단 점
아밀로오스 필름	• 포장재 자체를 먹을 수 있다. • 열 접착성과 신축성이 있다.	
셀로판	• 투명하고 광택이 있다. • 독성이 없다.	• 수분과 온도에 영양을 받는다. • 가격이 비싸다.
알루미늄박	• 광선을 차단하여 햇빛에 의한 변질을 막을 수 있다. • 과자, 치즈, 버터, 마가린 등의 포장에 이용된다.	전자레인지 사용이 불가하다.

플라스틱류	폴리프로필렌(PP)	유해 성분이 없고 내열성이 좋으며 투명성이 뛰어나다.	햇빛에 오래 노출되면 변색된다.
	폴리스틸렌(PS)	광택이 좋고 투명하여 1회용 컵, 각종 용기, 속포장의 용기로 사용한다.	내열성이 약해 뜨거운 것에 닿으면 쉽게 녹는다.
	폴리염화비닐(PC)	투명하며 내구성, 내수성이 좋으며 가격이 싸다.	열에 약하다.
	폴리에틸렌(PE)	• 무독성으로 식품에 직접 닿아도 되며 수분 차단이 좋다. • 식품 포장에 가장 많이 사용한다.	불투명하다.
	염화수소고무	• 방습성이 우수하여 풍미유지 및 보향을 요하는 식품포장에 좋다. • 햄, 소시지포장용으로 많이 이용한다.	가격이 비싸다는 단점이 있다.

(6) 식품포장의 기능

① 용기로서의 기능

② 보호기능

③ 소비자로부터의 접근 용이성

④ 정보성, 상품성

⑤ 환경친화성

⑥ 안전성

⑦ 경제성(출처 : 한국산업인력공단, 한국 NCS 학습모듈)

> **TIP** 폴리에틸렌(PE) 사용 시 주의할 점
> 뜨거운 식품에 사용할 경우 코팅이 벗겨지며 기름기, 알코올, 산성 성분에는 인체에 좋지 않은 화학물질이 녹아 나오는데 전자레인지에 음식을 넣고 조리를 하지 않도록 한다.

2 포장용기 표시사항★

(1) **제품명** : 제품을 나타내는 고유의 명칭

(2) **식품의 유형** : 식품 등의 기준 및 규격의 최소 분류단위이다.

(3) **제조연월일** : 포장을 제외한 더 이상의 제조나 가공이 필요하지 않은 시점을 의미하며 유통기한 또는 품질유지기한은 제조연월일로부터 소비자에게 판매가 허용되는 기한이다.

(4) **원재료 및 함량** : 식품 또는 식품첨가물의 처리·제조·가공 또는 조리에 사용되는 물질로서 최종 제품에 들어 있는 것을 말한다.

(5) **영업장의 명칭(상호) 소재지**

(6) **용기·포장 재질**

(7) **품목보고번호** : 「식품위생법」 제37조에 의해 제조. 가공영업자가 관할기관에 품목제조를 보고할 때 부여되는 번호

(8) **보관방법 및 취급방법**

(9) **주의사항** : 소비자 안전을 위한 주의사항

3 냉장·냉동보관방법

(1) **냉장법**
① 식품을 10℃ 이하의 온도에서 저장 미생물의 생장증식을 억제하여 식품의 저장 수명을 연장시키는 방법이다.
② 채소, 과일과 같은 식품은 가급적 호흡 및 효소에 의한 작용을 억제할 수 있는 저온으로 유지하면서 냉해를 입지 않도록 저장한다.
③ **식품별 최적 보관온도**
  - 생선, 육류, 달걀 1~3℃, 우유, 수산, 축산가공품 3~5℃, 과일·채소는 7~10℃ 저장한다.
  - 빵과 떡은 냉동보관을 하며 견과류 및 곡류는 습기가 차지 않고 그늘진 곳에 보관을 한다.

(2) **냉동법**
-18~-20℃의 저온에서 식품에 함유된 수분을 가능한 전부 동결시키는 방법으로 맛, 색, 영양가, 질감 등 품질의 변화가 적은 저장법이나 너무 오래 보관을 하거나 저장실의 온도가 일정하지 않을 때에는 식품의 품질이 저하된다.

예상문제

1 재료를 계량하는 방법으로 알맞은 것은?

① 액체식품인 계량컵, 계량수저에 담아 수평상태로 놓고 액체의 표면이 곡선으로 되는 아랫면과 일치되게 읽는다.
② 가루재료를 계량할 때는 계량컵에 재료를 수북이 넣은 후 계량컵을 흔들어 계량을 한다.
③ 무게를 재기 전 저울위에 용기를 올리지 말고 0점을 맞춘 후 계량을 한다.
④ 쌀이나 콩은 계량컵에 가득 담아 계량한다.

┃해설┃ 계량법
- 쌀가루나 밀가루 등 가루를 계량할 때는 계량컵을 흔들면 가루의 양이 더 많이 들어가게 되어 계량이 정확하지 않다.
- 저울 위에 용기를 올리고 난 후 0점을 맞춘 후 계량을 한다.
- 쌀이나 콩 같은 낱알 재료는 계량컵 수북이 담아 한 번 흔든 후 평평하게 만들어 계량한다.

2 다음 중 재료 계량 시 주의사항으로 틀린 것은?

① 저울이 평평하고 단단한 곳에 놓여 있고 수평이 맞는지 확인한다.
② 저울의 범위가 무게를 재고자 하는 범위에 맞는 저울인지 확인한다.
③ 저울을 사용할 경우 0점을 먼저 확인 후 용기를 올린 뒤 다시 0점을 확인 후 계량한다.
④ 농도가 있는 식품은 계량컵이나 계량스푼에 가득 담아서 계량한다.

┃해설┃ 잼과 같은 농도가 있는 식품은 계량컵이나 계량스푼에 꾹꾹 눌러 담아 표면이 평면이 되도록 깎아서 계량한다.

3 우리나라 계량컵과 계량스푼 사용 시 잘못 계량된 것은?

① 1컵 = 240cc
② 1큰술 = 15cc
③ 1작은술 = 5cc
④ 1컵 = 200cc

┃해설┃ 미국 등 외국에서는 1컵을 240ml로 사용한다.

04 켜 없이 쌀가루 또는 부재료를 넣어 만든 떡은?

① 지지는 떡
② 무리떡
③ 치는 떡
④ 삶는 떡

정답 01. ① 02. ④ 03. ① 04. ②

5 다음 중 떡을 만드는 재료 전 처리방법으로 알맞은 것은?

① 멥쌀은 씻어 불린 후 바로 빻는다.
② 잣은 고깔을 떼어 곱게 다져 기름기를 빼고 사용한다.
③ 붉은 팥고물을 만들 때는 팥을 물에 충분히 불려서 삶는다.
④ 현미나 흑미는 멥쌀과 똑같이 불려 사용한다.

6 쑥을 장기 보관할 때 색감을 유지하기 위한 방법으로 좋은 것은?

① 생 쑥을 냉동시켜 필요할 때마다 해동해서 쓴다.
② 삶을 때 식소다를 넣고 삶는다.
③ 식초를 넣어 삶는다.
④ 삶을 때 뚜껑을 덮고 삶아서 재빨리 찬물에 헹군다.

┃해설┃ 색감 유지법
- 녹색식물의 엽록소에 있는 화합물인 클로로필은 산이나 빛에 의해 분리되어 변색의 원인이 된다.
- 클로로필은 알칼리에 안정하고 산에 불안정한 성질을 가지고 있기 때문에 채소를 데칠 때 소금을 약간 넣어주면 더욱 선명한 녹색을 유지시킬 수 있으며, 조리 시 생기는 휘발성 유기산은 채소를 누렇게 변화시킬 수 있으므로 뚜껑을 열어 휘발시킨다.

7 고체 식품을 계량할 경우 올바르게 계량한 것은?

① 고체 식품은 무게보다 부피를 재는 것이 더 정확하다.
② 버터나 마가린은 그대로 잘라 계량컵에 담아서 계량한다.
③ 버터를 실온에 두어 부드럽게 한 후 계량컵에 수북이 담아 계량한다.
④ 버터나 마가린 같은 고체 식품은 부피보다 무게(g)로 재는 것이 정확하다.

┃해설┃ 계량컵이나 계량스푼으로 잴 때는 실온에 두어 약간 부드럽게 한 후 빈공간이 없도록 평면이 되도록 깎아서 계량한다.

8 설기떡 종류가 아닌 것은?

① 백설기　　　　　　　　　② 콩설기
③ 잡과병　　　　　　　　　④ 화 전

┃해설┃ 화전은 기름에 지지는 떡이다.

정답 05. ② 06. ② 07. ④ 08. ④

09 쌀가루로만 만든 떡은 무엇인가?
① 백설기   ② 감설기
③ 잡과병   ④ 부꾸미

10 떡에 자주 쓰이는 수수에 대한 설명이다. 틀린 것은?
① 수수의 외피는 단단하고 타닌을 함유하고 있다.
② 수수 종류는 메수수와 차수수가 있다.
③ 수수는 타닌이 많아 떫은 맛이 없다.
④ 수수는 물에 불린 다음 세게 문질러 씻고 여러 번 헹구어야 떫은 맛이 없어진다.
▎해설 ▎ 수수는 타닌 성분이 있어 떫은 맛이 있다.

11 켜떡류의 떡 종류가 아닌 것은?
① 콩설기   ② 팥고물시루떡
③ 석탄병   ④ 녹두찰편
▎해설 ▎ 콩설기는 쌀가루에 물을 주어 한 덩어리로 찐 떡으로 쌀가루만 넣어 찌거나 다른 부재료를 넣어 찌기도 한다.

12 켜떡류의 켜를 내는 부재료가 아닌 것은?
① 붉은 팥   ② 녹 두
③ 참 깨   ④ 은 행

13 백설기 만드는 방법으로 틀린 것은?
① 쌀가루에 소금을 넣고 물로 수분을 맞춘 다음 체에 내려 설탕을 넣고 가볍게 섞는다.
② 쌀가루에 수분을 주고 체에 내려 쌀가루를 손으로 살짝 쥐어흔들어 깨지지 않으면 된다.
③ 설탕과 소금은 수분을 주기 전에 쌀가루에 넣어 준다.
④ 쌀가루를 찜기에 앉힌 다음 김이 오른 후 20분정도 쪄주면 된다.

정답 09. ① 10. ③ 11. ① 12. ④ 13. ③

14 쌀가루에 물, 소금, 설탕을 함께 넣어 골고루 비비지 않는 이유로 틀린 것은?

① 쌀가루에 물, 소금, 설탕을 함께 넣어 골고루 비비면 설탕이 녹아 수분함량이 늘어난다.
② 쌀가루에 물, 소금, 설탕을 함께 넣어 골고루 비비면 설탕이 녹지 않아 수분함량이 줄어들기 때문이다.
③ 쌀가루가 끈적해 진다.
④ 쌀가루의 질감이 푹신하지 않고 질겨진다.

해설 쌀가루에 소금을 넣고 물로 수분을 준 다음 골고루 비벼 섞어 체에 내린 후 설탕을 넣고 가볍게 섞어 찌면 떡의 질감이 부드러워지고 푹신하다.

15 다음 중 송편을 만드는 방법으로 틀린 것은?

① 쌀가루는 끓는 물로 익반죽하여 반죽한다.
② 불린 쌀을 쑥과 함께 넣고 빻는다.
③ 송편은 날반죽을 하지 않는다.
④ 송편은 빚어 찌는 떡류이다.

해설 송편은 익반죽을 하거나 날반죽을 하여 모양을 만들어 찌는 떡이다.

16 송편반죽을 익반죽하는 이유는?

① 송편이 빨리 굳어지고 노화되는 것을 방지하기 위해서
② 송편이 빨리 상하지 않도록 하기 위해서
③ 송편의 식감을 부드럽게 하기 위해서
④ 쌀가루는 밀가루처럼 글루텐이 없어 뜨거운 물로 익반죽을 하여 쌀가루 전분 일부를 호화시켜 끈기가 생기게 하여 쫄깃한 식감을 주기 위해서

17 약밥을 많이 먹는 절기로 알맞은 것은?

① 설 날
② 정월대보름
③ 추 석
④ 동 지

18 다음 중 약밥의 재료가 아닌 것은?

① 멥 쌀
② 계핏가루
③ 대추씨 삶아 거른 물
④ 캐러멜소스

정답 14. ② 15. ③ 16. ④ 17. ② 18. ①

19 약밥(약식)에 대한 설명으로 틀린 것은?

① 삼국유사는 신라시대부터 약식을 먹어 왔음을 알 수 있는 문헌이다.
② 약식의 주재료는 찹쌀이며 부재료는 밤, 대추, 잣 등을 넣는다.
③ 약식의 유래와 관련된 왕은 소지왕이다.
④ 찐 찹쌀을 차갑게 해서 설탕, 계핏가루, 진간장, 캘러멜소스, 꿀, 참기름 등을 넣어 양념을 한다.

20 찹쌀을 밥처럼 쪄서 안반이나 절구에 쳐서 고물을 묻혀 만든 떡은?

① 인절미 ② 단 자
③ 가래떡 ④ 절 편

21 인절미에 고물로 쓰이지 않는 재료는?

① 거피팥 ② 카카오
③ 콩고물 ④ 흑임자 가루

22 "인절미"라는 이름을 사용하기 시작한 시기는?

① 삼국시대 ② 고려시대
③ 조선시대 ④ 현대

| 해설 | 유 래
조선 16대 임금인 인조가 이괄의 난을 피해 공주로 피난을 갔을 때 임씨 성을 가진 백성이 콩고물에 묻힌 떡을 진상 임씨가 만든 절묘한 맛의 떡이라는 뜻으로 '임절미'라 칭하다가 발음상의 편의로 '인절미'로 굳어지게 되었다.

23 가래떡의 종류로 알맞은 것은?

① 쪄서 치는 떡 ② 빚어 찌는 떡
③ 지지는 떡 ④ 삶는 떡

| 해설 | 치는 떡
- 호화된 쌀가루를 쪄서 친 후 점성을 높이는 떡
- 가래떡, 절편, 인절미, 단자류 등이 있다.

정답 19. ④ 20. ① 21. ② 22. ③ 23. ①

24 「동국세시기」에서는 백병(白餠)이라 불렸으며 엽전모양으로 잘게 썰어 설날 떡국을 만들어 먹는 떡은?

① 수리취떡 ② 절 편
③ 인절미 ④ 가래떡

25 쪄서 치는 떡류가 아닌 것은?

① 절 편 ② 떡국떡
③ 인절미 ④ 송 편

▍해설▍ 송편은 익반죽한 쌀가루를 빚어서 찌는 떡이다.

26 찰떡류의 장기 보관장소로 알맞은 것은?

① 냉장고 ② 상 온
③ 냉동실 ④ 온장고

▍해설▍ 냉장고와 상온은 떡이 노화되기 쉽기 때문에 장기 보관장소로는 부적합하다.

27 찹쌀로 떡을 할 때 멥쌀보다 수분을 적게 주는 이유로 알맞은 것은?

① 쌀을 불린 후 물기를 뺄 때 멥쌀 물기가 더 빨리 빠진다.
② 찹쌀은 아밀로펙틴이 많이 들어 있기 때문이다.
③ 찹쌀은 아밀로오스가 많이 들어 있기 때문이다.
④ 멥쌀이 찹쌀보다 더 빨리 호화가 되기 때문이다.

▍해설▍ 멥쌀과 찹쌀은 물 빠지는 속도는 비슷하며 떡을 할 때 멥쌀이 찹쌀보다 수분이 더 필요하다.

28 찌는 찰떡의 종류가 아닌 것은?

① 구름떡 ② 녹두찰편
③ 쇠머리떡 ④ 수수부꾸미

▍해설▍ 수수부꾸미는 기름에 지지는 찰떡류이다.

정답 24. ④ 25. ④ 26. ③ 27. ② 28. ④

29 고명을 만드는 방법으로 틀린 것은?

① 잣은 고깔을 떼고 마른 면포로 닦아 한지나 종이 위에 올려 다져 사용한다.
② 밤은 겉껍질과 속껍질을 벗겨낸 뒤 물에 담갔다가 곱게 채를 썬다.
③ 석이버섯은 따뜻한 물에 담갔다가 이끼를 제거하여 깨끗한 물이 나올 때까지 비벼 씻은 다음 물기를 뺀 후 곱게 채를 썬다.
④ 대추는 면포로 닦은 후 돌려깎기하여 밀대로 밀어 채 썬다.

■해설■ 껍질 벗긴 밤은 수분이 많으면 밤 채를 썰 때 쉽게 부서지므로 물에 담가두지 말고 속껍질을 벗겨 채를 썰거나 설탕물에 담가 두었다가 물기를 말려 채를 썬다.

30 켜떡을 만드는 방법으로 틀린 것은?

① 찹쌀로 만든 켜떡은 멥쌀보다 찌는 시간이 더 필요하다.
② 켜떡은 찹쌀과 멥쌀로 각각 만들고 찹쌀과 멥쌀을 섞어서 만들지는 않는다.
③ 설탕을 물에 녹여 설탕물로 수분을 주기도 한다.
④ 찹쌀가루로 떡을 찔 때 더운 김이 떡가루 사이로 잘 올라오지 못하면 중간이 설기 때문에 시루 바닥에 고물을 한 켜 깐다.

■해설■ 쌀가루에 설탕을 넣어 찌기도 하고 설탕물을 끓여 식혀 사용하기도 한다.

31 다음 중 고물로 사용하지 않는 재료는?

① 밤
② 석이버섯
③ 잣
④ 쑥

32 떡에 색을 내주는 천연재료가 아닌 것은?

① 쑥
② 치 자
③ 복분자
④ 딸기주스 가루

33 송편을 찔 때 솔잎을 깔고 찌는 이유로 알맞은 것은?

① 피톤치드가 들어있어 떡이 쉽게 상하지 않게 해준다.
② 떡을 빨리 상하게 하는 단점이 있지만 솔잎 특유의 향 때문에 넣고 찐다.
③ 송편 모양을 예쁘게 해주기 때문에 넣고 찐다.

정답 29. ② 30. ② 31. ④ 32. ④ 33. ①

④ 오래 전부터 넣었기 때문에 그냥 넣어서 찐다.

|해설| 솔잎을 깔고 찌는 이유
송편이 서로 달라붙지 않게 해주며 솔잎의 향 때문에 송편이 상하지 않게 해주기 때문이다.

34 찹쌀가루로 떡을 만드는 과정이 바르게 된 것은?

① 찹쌀가루는 항상 수분을 따로 주지 않아도 된다.
② 찹쌀가루는 멥쌀가루보다 수분함량이 적어서 물을 더 첨가해야 한다.
③ 찹쌀가루는 멥쌀가루보다 아밀로펙틴 함량이 높아 설익을 수 있다.
④ 찹쌀가루는 2회 이상 곱게 빻아야 한다.

35 지지는 떡 종류가 아닌 것은?

① 산 승
② 주 악
③ 부꾸미
④ 단자류

|해설| 산승은 찹쌀가루 등을 익반죽하여 꿀을 넣고 둥글납작하게 지져낸 후 잣가루와 계핏가루를 묻힌 떡이다. 작게 만들어 웃기떡으로 사용되었다.

36 쌀가루를 만드는 과정 중 주의할 점으로 알맞은 것은?

① 물에 담가두는 시간을 오래 가져야 부드러운 쌀가루가 된다.
② 찹쌀은 멥쌀보다 곱게 갈아야 한다.
③ 여름에는 수침시간을 짧게 겨울에는 수침시간을 길게 한다.
④ 쌀을 세게 문질러 세척한다.

37 붉은 팥을 삶을 때 첫 번째 삶은 물을 갈아 주는 이유는?

① 팥을 깨끗하게 하기 위해서
② 부드럽게 하기 위해서
③ 붉은색을 선명하게 하기 위해서
④ 사포닌을 제거하여 생목이 오르는 것을 방지하기 위해서

|해설| 팥을 삶을 때 설사를 유발하는 사포닌을 제거하기 위해 한번 끓인 후 그 물을 버리고 새물을 부어 삶는다.

정답 34. ③ 35. ④ 36. ③ 37. ④

38 다음 중 고물에 대한 설명으로 틀린 것은?

① 경단이나 단자에 묻히는 잡곡가루를 말한다.
② 쌀가루 사이에 층을 만들어 떡이 잘 익게 도와준다.
③ 떡의 맛에 별로 영향을 미치지 않는다.
④ 찹쌀가루를 이용한 떡은 켜를 얇게 하고 고물을 깔아야 잘 쪄진다.

> **해설** 고물은 떡에 맛과 영양을 높여 주기도 하지만 쌀가루 사이에 층을 만들어 그 틈새로 증기가 올라오게 하여 떡이 잘 익도록 해준다.

39 팥고물을 만들 때 한번 삶아낸 후 다시 물을 붓고 삶는데 어떤 성분을 제거하기 위한 것인가?

① 사포닌　　　　　　② 타 닌
③ 아미그달린　　　　④ 레 닌

40 찹쌀가루를 쪄서 꽈리가 일도록 쳐서 소를 넣고 고물을 묻힌 떡은?

① 경 단　　　　　　② 화 전
③ 단 자　　　　　　④ 부꾸미

> **해설** 단 자
> 찹쌀가루에 각종 재료를 넣어 반죽하여 찌고 찐 반죽을 꽈리가 일도록 쳐서 잘게 잘라 고물을 묻히거나 소를 넣고 둥글게 빚어 고물을 묻힌 떡이다(석이단자, 은행단자, 밤단자, 유자단자, 대추단자, 색단자, 생강단자, 두텁단자).

41 찹쌀가루를 끓는 물로 익반죽하여 동그랗게 빚어 끓는 물에 삶아 만든 떡은?

① 가래떡　　　　　　② 경 단
③ 절 편　　　　　　④ 단 자

42 화전 재료로 쓸 수 없는 것은?

① 장미꽃　　　　　　② 대 추
③ 쑥 갓　　　　　　④ 철쭉꽃

> **해설** 철쭉꽃은 독성이 있어서 식용으로 사용하지 않는다.

정답　38. ③　39. ①　40. ③　41. ②　42. ④

43 고물을 만드는 방법으로 틀린 것은?

① 붉은 팥은 물에 불려 사용한다.
② 거피팥은 8시간 정도 불려 껍질을 벗겨 낸 후 찐다.
③ 참깨는 물에 불려 비벼서 껍질을 벗겨 사용하고 흑임자는 불리지 않고 깨끗이 씻어서 사용한다.
④ 참깨나 흑임자를 볶을 때 콩을 몇 알 넣어 함께 볶아 콩알 표면이 터지면 깨가 잘 볶아진 것이다.

▎해설▎ 붉은 팥을 물에 오랫동안 불리면 붉은색이 많이 빠져 색이 곱지 않으므로 물에 불리지 않고 바로 삶아서 사용한다.

44 쌀가루를 익반죽하여 반달 모양으로 빚어 찌는 떡은?

① 경 단   ② 송 편
③ 단 자   ④ 산 승

45 떡을 만드는 방법으로 틀린 것은?

① 찰떡을 만드는데 쓰는 찹쌀은 방아에 1회 내려 사용한다.
② 켜떡은 찜기에 담을 때 쌀가루를 먼저 깔아준다.
③ 송편은 찐 후 차가운 물에 담갔다가 바로 건져 물기를 빼 참기름을 바른다.
④ 약밥은 찜기에 찌는 것보다 중탕으로 찌는 것이 설탕의 캐러멜화 반응이 일어나 진한 갈색이 나며 맛이 좋다.

▎해설▎ 떡 만드는 방법
- **켜떡** : 시루나 찜기에 고물을 먼저 깔고 쌀가루 고물 순으로 평평하게 펴서 안친다.
- **멥쌀떡** : 여러 켜를 안쳐 쪄도 잘 익지만 찰떡은 증기가 쌀가루 사이로 잘 오르지 못해 중간이 잘 익지 않게 될 수도 있어 시루나 찜기에 쌀가루를 얇게 안쳐 찌거나 한 켜씩 번갈아 안쳐서 찌면 좋다.

46 멥쌀가루에 서리태나 풋콩을 섞어 무리로 찐 떡은?

① 백설기   ② 콩설기
③ 영양떡   ④ 모듬설기떡

47 멥쌀가루에 여러 가지 색을 들여 찐 떡은?

① 무지개떡   ② 팥시루떡
③ 모듬설기떡   ④ 물호박떡

정답 43. ① 44. ② 45. ② 46. ② 47. ①

해설 무지개떡
여러 가지 색을 넣어 찐 떡이고 모듬설기떡는 여러 종류의 재료를 섞어서 찐 떡이다.

48 작은 송편모양의 떡을 기름에 지져서 만든 떡은?

① 송 편
② 주 악
③ 부꾸미
④ 화 전

해설 떡 종류
- **송편** : 빚어 찌는떡
- **부꾸미, 화전, 주악** : 지지는 떡
- **주악** : 작은 송편모양으로 만들어 지지는 떡으로 떡을 높이 괸 웃기로 놓거나 주악 한가지만을 높이 괴어 담기도 한다.

49 식품포장에 대한 설명으로 틀린 것은?

① 식품의 가치 상승을 위해서 포장을 한다.
② 식품의 수송 및 보관을 용이하게 하기 위해 포장을 한다.
③ 유통과정에 식품을 위생적으로 보호하기 위해 포장을 한다.
④ 식품포장은 보관을 용이하게 하기 위해서만 필요한 작업이다.

해설 식품포장의 기능
용기로서의 기능, 보호기능, 소비자로부터의 접근용이성, 정보성, 상품성, 환경친화성, 안전성, 경제성

50 떡 포장에 주로 많이 사용되고 있는 포장 재질은?

① 한지류
② 알루미늄박
③ 폴리에틸렌
③ 유리류

해설 포장재는 종이를 비롯한 다양한 종류가 있으나 떡류 포장은 주로 프라스틱 포장 재질인 폴리에틸렌(PE)를 주로 사용하고 있다.

51 떡류 포장 시 표시사항으로 틀린 것은?

① 제품명
② 유통기한
③ 살균방법
④ 원재료명

해설 떡류 포장 표시사항
제품명, 식품의 유형, 영업소(장)의 명칭(상호) 및 소재지, 유통기한, 원재료명, 용기, 포장재질, 품목보고번호, 성분명 및 함량(해당 경우에 한함), 보관방법(해당 경우에 한함), 주의사항

정답 48. ② 49. ④ 50. ③ 51. ③

52 떡 포장 시 주로 사용하는 폴리에틸렌 사용 시 주의해야 할 점으로 바른 것은?

① 기름기에 강한 소재이므로 기름기 있는 떡을 포장할 때 주로 사용한다.
② 산성 성분에 화학물질이 잘 녹아 나지 않는다.
③ 전자레인지에 넣어도 괜찮다.
④ 90℃ 이상 뜨거운 식품사용 시 코팅이 벗겨질 수 있다.

53 「식품위생법」상 허위 표시인 것은?

① 유통기한 표시   ② 식품의 영양성분 표시
③ 질병치료의 효능성   ④ 원재료명 및 함량

54 식품의 최적 보관온도로 틀린 것은?

① 생선, 육류, 달걀 1~3℃   ② 빵, 떡은 냉장보관
③ 과일, 채소는 7~10℃   ④ 우유, 수산 축산가공품 3~5℃

▎해설▎ 빵과 떡을 냉장 보관하면 빨리 노화가 된다.

55 떡을 포장하기 전 떡을 냉각하는 이유로 알맞은 것은?

① 떡고물이 떨어지는 것을 방지하기 위해서
② 기계 포장을 용이하게 하기 위해서
③ 빨리 온도를 낮추어 미생물이 번식하지 않게 하기 위해서
④ 떡을 보관하는 장소이기 때문이다.

▎해설▎ 완성된 떡을 포장하기 전 떡을 냉각할 때는 미생물이 번식하기 쉬운 30~60℃의 온도를 거쳐야 하기 때문에 되도록 빨리 온도를 낮추기 위해서는 냉동고에서 냉각하여 온도를 떨어뜨린 후 포장을 한다.

56 떡류를 포장할 때의 방법으로 틀린 것은?

① 떡 포장지인 폴리에틸렌은 기름기 있는 떡을 포장할 때 많이 사용한다.
② 기계를 사용하여 자동 포장을 할 경우 마지막 작업으로 금속 검출기를 통과시킨다.
③ 포장이 완료되면 식품 표시사항을 부착한다.
④ 떡을 포장할 때 냉각시켜 포장하면 포장지에 습기기가 차지 않는다.

▎해설▎ 폴리에틸렌(PE)포장재는 기름기, 알코올, 산성성분에서는 인체에 유해한 화학물질이 쉽게 녹아 나온다.

정답 52. ④ 53. ③ 54. ② 55. ③ 56. ①

57 다음 중 냉장 보관방법으로 틀린 것은?

① 냉장보관은 주로 채소나 과일에 많이 사용된다.
② 저온으로 미생물 증식을 일시적으로 억제시키는 보관방법이다.
③ 보통 0~10℃의 저온에서 식품을 저장하는 방법이다.
④ 장기간 식품을 보관해도 식품의 품질이 저하되지 않는다.

> **해설** 냉장 보관방법
> 냉장법은 보통 0~10℃의 저온에서 식품을 한정된 기간 동안 신선한 상태로 보존하는 방법으로 장기간 식품을 보관하면 식품의 품질이 저하된다.

58 냉동 보관법에 대한 설명으로 틀린 것은?

① -18℃ 이하로 수분을 냉각시켜 저장하는 방법이다.
② 완성된 떡은 뜨거운 김이 한 김 나간 후에 -18℃ 이하로 냉동보관 해야 한다.
③ 냉동 보관 시 식품의 품질 변화가 적으나 장기 보관 시 식품의 품질이 저하된다.
④ 육류, 어류의 장기 보관 시 냉동 보관법보다 냉장 보관법이 더 좋다.

> **해설** 0℃ 이하에서 육류, 어류 등의 식품을 동결시켜 식품을 보존하는 방법이다. -20℃ 이하에는 어패류를 장기간 저장 할 수 있다.

정답 57. ④ 58. ④

제3편

위생·안전관리

- 제1장 개인위생관리
- 제2장 작업환경 위생관리
- 제3장 안전관리
- 예상문제

제1장
개인위생관리

1 개인의 위생관리방법

(1) 개인 위생복장
① 위생모와 위생복을 착용하고 복장은 항상 청결해야 한다.
② 위생복을 착용하고 외출하는 것을 삼가한다.
③ 식품의 가공, 조리작업 중에는 손톱을 짧게 자르고 장신구를 착용하지 않으며 지나친 화장과 향수, 메니큐어 등을 사용하지 않는다.
④ 머리는 흘러내리지 않게 머리망을 이용하여 단정하게 한다.
⑤ 신은 신고 벗기 편하며 미끄럽지 않은 재질을 선택하며 오염구역과 비 오염구역 전용으로 구분하여 신는다.

(2) 감염예방
① 손 세척과 소독을 철저히 한다.
② 「식품위생법」에 식품영업자 및 종업원은 1년마다 장티푸스, 결핵, 전염성 피부질환에 대한 정기 건강진단을 받도록 하고 있다.
③ 정기적으로 예방접종을 받는다.
④ 피부병 및 화농성 상처가 생길 경우 식품제조나 조리작업에 참여할 수 없다.

>  손 위생
> - 손은 충분한 양의 비누로 세균이나 먼지를 씻은 후 역성비누를 사용하여 씻는다.
> - 역성비누는 살균력은 강하고 냄새와 독성이 적어 식품 종사자 손 소독에 가장 적합하다.
> - 역성비누는 이물질이나 단백질이 있으면 살균력이 떨어진다.
> - 손 소독을 할 때 에틸알코올을 물로 희석하여 분무기에 담아 뿌려 사용한다.

(3) 작업장에서의 주의사항
① 전용화장실을 사용하고 위생복, 앞치마, 모자는 착용하지 않는 것이 원칙이며 용변 후 손을 씻도록 한다.

② 식품 취급 기구나 도구가 입, 귀, 머리 등에 닿지 않도록 한다.
③ 작업장 내에서는 흡연행위, 껌 씹기, 음식물 먹기, 잡담 등을 하지 않는다.
④ 관계자 외에는 작업장에 출입하지 않도록 한다.
⑤ 작업장에서 사용하는 모든 설비 및 도구는 항상 청결한 상태로 정리·정돈한다.

(4) 위생관리의 필요성
① 식중독 위생사고 예방
② 「식품위생법」 및 행정처분 강화
③ 상품의 가치가 상승
④ 점포의 이미지 개선(청결한 이미지)
⑤ 고객 만족(매출 증진)
⑥ 대외적 브랜드 이미지 관리

> **TIP** 영업에 종사할 수 없는 질병(식품위생법 시행규칙 제50조)
> - 결핵(비감염성인 경우는 제외)
> - 콜레라, 장티푸스, 파라티푸스, 세균성이질, 장출혈성대장균감염증, A형간염
> - 피부병 또는 그 밖의 고름형성(화농성) 질환
> - 후천성 면역결핍증(AIDS)

2 오염 및 변질의 원인

(1) 유독·유해 물질에 의한 식품오염
① 유해식품의 생성요인

자연적 요인	식품자체의 유독 물질	식물성, 동물성 자연독
	인위적인 요인	병원미생물, 기생충, 기타 생물
인위적 요인	제조·가공 중에 첨가 또는 생성되는 물질	유해첨가물, 포장의 용출물
	환경오염	수질, 토양, 대기오염

② 교차오염
- 식재료나 조리기구, 물 등에 오염되어 있던 미생물이 오염되지 않는 식재료나 조리기구, 물 등에 접촉되었거나 혼입되면서 전이되는 현상을 말한다.

> **TIP** 교차오염이 발생하는 원인
> - 맨손으로 식품취급
> - 손을 깨끗이 씻지 않을 경우
> - 식품 쪽에 기침을 할 경우
> - 칼, 도마 등을 혼용 사용할 경우

③ 교차오염 예방
- 일반구역과 청결구역을 설정하여 전처리, 조리, 기구, 세척 등을 별도의 구역에서 이행한다.

    일반 작업구역 : 검수구역, 전처리 구역, 식재료 저장구역, 세정구역

    청결 작업구역 : 조리구역, 배선구역, 식기보관구역
- 칼, 도마 등의 기구나 용기는 용도별(조리 전후)로 구분하여 사용한다.
- 반드시 손을 세척 소독한 후에 식품취급 작업을 하며, 조리용 고무장갑은 소독하여 사용한다.
- 세척용기(또는 세척대)는 어육류, 채소류를 구분하여 사용하고 사용 전후에는 충분히 세척소독한 후 사용한다.
- 식품취급 등의 작업은 바닥으로부터 60cm 이상 떨어진 곳에서 실시하여 바닥의 오염된 물이 튀지 않도록 주의한다.
- 전처리 하기 전후의 식품을 분리 보관한다.
- 전처리 시 사용하는 물은 반드시 먹는 물로 사용한다.
- 반지, 팔찌 등의 장신구는 사용금지한다.
- 핸드폰 사용, 코풀기, 재채기, 난류, 어류, 육류를 만진 후 화장실이용 후 반드시 손을 씻어 청결을 유지한다.
- 오염도에 따른 식재료를 구분 보관한다.

(2) 식품의 변질

① 식품변질의 종류 ★

부패(putrefaction)	단백질을 주성분으로 하는 식품이 미생물 혐기성 세균의 번식에 의해 분해를 일으켜 인체에 유해한 물질을 생성하는 현상
변패(deterioration)	단백질 이외의 성분 탄수화물, 지방이 미생물 작용에 의해 변질되는 현상
산패(rancidity)	유지식품이 보존, 조리, 가공 중에 변하여 불쾌한 냄새가 나고 맛, 색, 점성 증가 등의 변화로 품질이 낮아지는 현상
발효(fermentation)	식품이 미생물이나 효소작용에 의해 우리 몸에 유익한 균을 생성하는 현상
후란(decay)	단백질이 호기성 세균에 의해 부패하는 현상

> **TIP** 산패는 미생물에 의한 식품의 변질 현상이 아니다.

빵, 술, 간장, 된장 등은 모두 발효를 이용한 식품들이다.

② **식품변질(미생물 발육)에 영향을 주는 인자**★
- **영양소** : 미생물 발육과 증식에는 당질, 아미노산 및 무기질소, 무기염류 등이 필요하다.
- **수분** : 미생물의 종류에 따라 필요량은 다르나 40% 이상의 수분이 필요하다.
- **온도** : 저온균, 중온균, 고온균으로 나눈다.

종류	최적온도	내용
저온균	15~20℃	식품의 부패를 일으키는 부패균
중온균	25~37℃	질병을 일으키는 병원균
고온균	50~60℃	온천균

- **pH**(수소이온농도) : 곰팡이와 효모는 pH 4.0~6.0(산성), 세균 pH 6.5~7.5(중성 또는 약알칼리에서 잘 자람)
- **산소**

종류	내용
호기성균	산소를 필요로 하는 균
혐기성균	산소를 필요로 하지 않는 균
통성혐기성균	산소가 있거나 없거나 관계가 없는 균
편성호기성균	산소가 있으면 생육을 할 수 없는 균

③ **식품의 부패 판정법** : 식품의 부패판정법은 관능검사, 물리적 검사, 미생물학적 검사, 화학적 검사 등이 있다.

3 감염병 원인과 예방대책

(1) 감염병

세균, 바이러스, 진균, 기생충의 병원체가 사람의 피부, 입, 호흡기 등으로 침입하여 감염을 일으키는 질병이다.

> **TIP** 감염병 발생의 3대 요소★
> - 감염원(병원체, 병원소)
> - 감염경로(전파방식, 환경)
> - 숙주의 감수성(개인 면역에 대한 저항성)

① 감염원(병원체) : 환자, 보균자, 오염된 식품, 오염된 물, 오염기구
- 보균자 종류

병후 보균자	병이 완치된 후에도 병원체를 배출(세균성 이질, 디프테리아)
잠복기 보균자	잠복기간 중에 병원체를 배출(디프테리아, 홍역, 백일해)
건강 보균자	감염에 대한 증상이 없어 건강한 자와 다름없지만 병원체를 배출(디프테리아, 폴리오, 일본뇌염)

> **TIP** 감수성 지수(접촉감염지수)
> - 숙주에 침입한 병원체에 대항하여 감염이나 발병을 저지할 수 없는 상태를 감수성이 있다고 한다.
> - 두창, 홍역(95%)>백일해(60~80%)>성홍열(40%)>디프테리아(10%)>폴리오

② 감염경로
- **직접 감염** : 환자접촉
- **간접 감염** : 병원체가 오염된 식품, 기구, 비위생동물접촉, 공기

③ 숙주의 감수성 : 환자(감수성이 높으면 면역이 약해져 질병 발병이 쉬어짐)

④ 감염병의 잠복기
- 잠복기 1주일 이내 : 콜레라, 이질, 성홍열, 파라티푸스, 뇌염, 인플루엔자
- 잠복기 1~2주일 : 장티푸스, 홍역, 급성회백수염, 수두, 풍진
- 잠복기가 긴 것 : 한센병(9개월~20년), 결핵(잠복기가 일정하지 않으며 가장 길다.)

⑤ 법정감염병의 분류체계

구 분	내 용
제1급감염병	• 생물테러감염병 또는 치명률이 높거나 집단발생의 우려가 커서 발생 또는 유행 즉시 신고 음압격리와 같은 높은 수준의 격리가 필요한 감염병 • 에볼라바이러스병, 디프테리아, 신종인플루엔자, 중동호흡기증후군 (MERS), 중증급성호흡기증후군(SARS), 신종감염병증후군 등 (17종)
제2급감염병	• 전파가능성을 고려하여 발생 또는 유행 시 24시간 이내에 신고 격리가 필요한 감염병 • 결핵, 수두, 홍역, 콜레라, 장티푸스, 파라티푸스, 세균성이질, 장출혈성 대장균감염증, A형간염, 백일해, 유행성이하선염, 한센병, 성홍열 등 (21종)
제3급감염병	• 발생을 계속 감시할 필요가 있어 발생 또는 유행 시 24시간 이내 신고하여야 하는 감염병 • 파상풍, B형간염, C형간염, 일본뇌염, 발진티푸스, 발진열, 공수병, 후천성면역결핍증(AIDS)등 (28종)
제4급감염병	• 유행 여부를 조사하기 위하여 표본감시 활동이 필요한 감염병 • 코로나바이러스감염증-19, 인플루엔자, 기생충감염 감염병 등 (23종)

> **TIP**
> 전염병 발생신고 : 보건소 소장 → 시·도지사 → 보건복지부장관

(2) 소화기계 감염병(경구 감염병) 종류

① 오염된 식품, 손, 물, 곤충, 쥐 등 감염원으로부터 세균이 음식물과 식기구, 의복, 손 등을 통해 입을 통하여 체내로 침입하는 소화기계 전염병이다.
② 환자가 폭발적으로 발생하고 급수지역과 거의 일치하며 계절적, 지역적 특성이 강하다.
③ 잠복기는 짧고 치명률은 낮으며 간접 전파로 전염된다.
- **세균성 감염** : 장티푸스, 파라티푸스, 이질, 콜레라
- **바이러스 감염** : 소아마비(급성회백수염, 폴리오), 유행성 간염, 천열

(3) 호흡기계 감염병

① **세균성 감염** : 디프테리아, 백일해, 성홍열, 폐렴, 결핵, 나병
② **바이러스 감염** : 유행성이하선염, 홍역, 천연두, 풍진

(4) 경피(피부) 침입 감염병

① **세균성 감염** : 파상풍, 페스트
② **바이러스 감염** : ADIS, 일본 뇌염
③ **리케차 감염** : 발진티푸스
④ **스피로헤타 감염** : 매독

(5) 경구감염병의 종류

종 류	병원체	내 용
장티푸스	세 균	• 경구감염으로 우리나라에서 가장 많이 발생하는 급성전염병 • 두통, 오한, 복통, 구토증상과 40℃ 전후의 고열
파라티푸스	세 균	• 장티푸스와 감염 매개체가 같으며 증상도 장티푸스와 유사 • 증상이 가벼우며 치사율도 낮다. • 반드시 물을 끓여 먹고 음식물의 위생관리를 철저히 한다.
디프테리아	세 균	• 환자나 보균자의 분비물 오염된 식품을 통한 경구감염 • 편도선이상, 발열, 심장장해, 호흡곤란
세균성 이질	세 균	• 비위생적인 시설(오염된 물, 식품, 파리)에서 많이 발생 • 오한, 발열, 구토, 설사, 복통이 발생 • 반드시 물을 끓여 먹고 음식물의 위생관리를 철저히 한다.
콜레라	세 균	• 비브리오 콜레라균에 의하여 전염, 항생제를 투여하면 완치 • 설사, 구토, 갈증, 체온저하 등의 증상이 발생

소아마비	바이러스	• 환자의 분변, 병원체접촉에 의한 경구감염, 비말감염 • 중추신경계에 손상을 일으킴 • 위생적인 환경, 예방접종
유행성간염 (A형)	바이러스	• 감염원인 환자의 분변을 통한 경구감염, 손에 의한 식품의 오염, 물오염 • 발열, 두통, 위장장애, 황달

(6) 인수공통감염병★

사람과 동물 간에 같은 병원체에 의해 발생하는 질병을 말하는 것으로 원래는 동물의 질병으로 사람에게 2차 감염되는 것이지만 반대로 동물이 사람으로부터 감염되는 경우도 있다.

① **탄저병** : 소, 말, 돼지, 양 등 동물에서 발생된다.

② **브루셀라증**(파상열)★ : 소는 유산이 되고 사람은 열병을 일으킨다.

③ **결핵** : 소, 양의 오염된 우유나 유제품을 통해 감염된다.

④ **Q열** : 쥐, 소, 양, 염소 등 감염된 동물의 생우유 배설물의 접촉으로 감염된다.

⑤ **야토병** : 산토끼

⑥ **광견병**(공수병) : 개

(7) 해충에 의한 감염병★

종 류	내 용
쥐	유행성 출혈열, 페스트, 발진, 서교증, 이질, 쯔쯔가무시병, 살모네라식중독
파 리	이질, 콜레라, 장티푸스, 디프테리아, 파라티푸스, 십이지장충, 회충, 요충, 편충
모 기	말라리아, 일본뇌염, 뎅기열, 황열
진드기	유행성 출혈열, 양충병, 쯔쯔가무시병, 재귀열
바퀴벌레	이질, 콜레라, 장티푸스, 페스트, 소아마비, 민촌충, 회충
벼 룩	페스트, 발진열, 재귀열

*예방대책 : 서식처 제거, 방서장치, 살충제살포, 청결

4. 식중독 원인과 예방대책

(1) 식중독의 정의

① 유해물질이 음식물과 함께 섭취되었거나 오염된 식품, 첨가물, 기구, 용기, 포장 등에 의하여 급성위장염의 증세를 일으키는 질병을 말한다.

② 원인에 따라 세균성 식중독, 화학적 식중독, 자연독 식중독, 곰팡이 식중독 등이 있다. 이중 세균성 식중독이 가장 빈번하게 발생되는 식중독으로 주로 6~9월에 많이 발생한다.

> **TIP** 식중독 발생 시 보고절차
> 의사(한의사) → 보건소장 → 시장·군수·구청장 → 시·도지사 → 식품의약품안전처장

(2) 식중독의 분류

① 세균성 식중독

㉠ 감염형 식중독★

종류	내용
살모넬라 식중독 (Salamonells)	• 38~40℃고열을 동반한 급성위염이다. • 원인식품으로는 육류, 어패류, 우유, 유제품, 알류 및 그 가공품 등이 있으며 살모넬라균은 60℃에서 20~30분간 가열로 사멸되므로 식품을 가열 조리하는 것이 가장 좋다. • 10℃ 이하에서는 거의 발육하지 않으므로 식품을 저온 보존한다.
장염비브리오 식중독 (Vibrio)	• 오염된 해수가 감염원이 되어서 어패류가 오염, 생선회, 초밥의 생식으로 감염된다. • 호염성 비브리오균은 열에 약하므로 어패류생식을 삼가고 60℃에서 5분 이상 가열하면 예방할 수 있다.
병원성대장균 식중독	• 식품의 비위생적인 취급과 처리, 보균자에 의한 식품의 오염 주증상은 설사이며 혈변, 복통, 두통, 발열 등이 수반되고 3~5일이면 회복되므로 치사율은 낮지만 유아에 대한 병원성이 강하다. • 사람과 동물의 분변을 위생적으로 처리하고 식품과 물은 반드시 가열하여 예방한다.
웰치균 식중독	• 원인식품으로는 육류 및 어패류의 가공품 • 원인균은 웰치균으로 설사 및 복통유발하며 조리중에 잘 죽지 않는다. • 예방대책으로는 분변오염방지 조리 후 식품을 급히 냉각시킨 후 저온(-10℃ 이하)에서 보관한다.

㉡ 독소형 식중독★

종류	내용
포도상구균 (Staphylococcus aureus)	• 장내독소 엔테로톡신(enterotoxin)이 독소는 내열성이 있어 열에 파괴되지 않는다. • 화농성 질환을 일으키는 대표적 원인균으로 잠복기가 평균 3시간으로 가장 짧다. • 원인식품으로는 균에 오염된 우유 및 유제품, 떡, 빵, 과자 등이 있으며 식품의 저온처리 및 냉장 • 손을 깨끗하게 하고 특히 화농성질환이나 인후염 등이 있는 사람은 식품을 취급하지 않는다.
보툴리누스(Botulinus)	• 신경독인 뉴로톡신(neurotoxin)을 생산하며 신경마비증상을 보이며 치사율이 60% 이상으로 식중독 중 가장 높다. • 살균이 불충분한 통조림, 햄, 소시지등이 원인식품이며 통조림과 병조림 제조 시 위생적인 가공과 보관으로 예방할 수 있다.

세레우스 (Bacillus cereus)	• 복통, 설사, 두통발열이 나타나며 Welchii균에 의한 식중독과 유사하다. • 토양등 자연계에 널리 분포되어 있으며 농작물오염과 식육제품의 오염으로 감염된다. • 세레우스균에 오염되기 쉬운 식품을 조리 후 신속히 섭취하거나 그렇지 않으면 급속히 냉각 보관한다.

> **TIP** 세균성 식중독과 소화기계 감염병의 차이

세균성 식중독	소화기계 감염병(경구 감염병)
• 식중독균에 오염된 식품을 섭취하여 발병 • 식품의 많은 양의 균 또는 독소에 의해서 발병 • 살모넬라 외에는 2차 감염이 없음 • 짧은 잠복기 • 면역이 되지 않음	• 감염병균에 오염된 식품과 물 섭취로 감염 • 적은 양의 균으로 발병 • 2차 감염됨 • 긴 잠복기 • 면역이 됨

ⓒ 바이러스성(Virus) 식중독: 노로바이러스는 겨울철에 주로 발생

사람의 분변에 오염된 물, 식품에 의해 발생되며 로타바이러스 또한 겨울에 주로 발생하며 영·유아에 장염을 일으키는 바이러스이다.

ⓔ 알레르기성 식중독

알레르기식중독의 원인 식품으로는 꽁치, 고등어와 같은 붉은 살 생선과 그 가공식품이며, 원인균은 프로테우스 모르가니균(Proteus morgamlii)이며 원인독소로는 히스타민으로 알레르기를 유발한다.

② 자연독 식중독

㉠ 식물성 자연독★

종 류	내 용
감 자	• 솔라닌(Solanine) : 껍질의 초록색부분과 싹 부위 • 셉신(Sepsine) : 썩은 부위
청 매	아미그달린(Amygdalin)
독미나리	시큐톡신(Cicutoxin)
면실유(목화씨)	고시풀(Gossypol)
광대버섯	무스카린(Muscarine)
일광대버섯	아마니타톡신(Amamitatoxin)
피마자	리신(Rice)
수 수	듀린(Dhurrin)
독보리	테뮬린(Temuline)
대두, 완두콩등	트립신 저해제

ⓛ 동물성 자연독 ★

종 류	내 용
복 어	테트로도톡신(Tetrodotoxin)
섭조개(홍합), 대합조개	삭시톡신(Saxitoxin)
모시조개, 바지락, 굴	베네루핀(Venerupin)

ⓒ 곰팡이 독 ★

종 류	내 용
황변미 중독	독소를 생산하는 곰팡이에 오염되어 황색으로 변색된 쌀 • 신장독 : 시트리닌 • 신경독 : 시트레오비리딘 • 간장독 : 아이스랜디톡신
재래식 된장, 곶감, 땅콩, 곡류	아플라톡신(aflatoxin) 간장독
보리, 밀, 호밀	맥각독 : 에르고톡신(ergotaxine), 에르고타민(ergotamine)

③ 화학적 식중독 : 화학적 식중독은 유독성 화학물질(유해성 식품첨가물, 유해중금속, 농약, 방사능)에 오염된 식품을 섭취함으로 일어나는 식중독이다.

㉠ 유해 식품첨가물 ★

구 분	종 류	내 용
유해성 방부제	불소화합물	• 육류, 알코올음료 등에 사용 • 반상치생성, 골연화증
	승 홍	주류에 사용
	붕 산	햄, 베이컨에 사용
	포름알데히드	육류, 주류, 장류 등에 사용
	베타-나프톨	간장표면에 생기는 흰곰팡이 방지
유해성 착색료	아우라민	• 염기성 황색색소 • 단무지, 카레가루, 면류, 과자류
	로다민B	• 분홍색 염기성 색소 • 붉은생강, 어묵, 과자류
	파라니트로아닐린	• 황색 착색료 • 청색증, 두통 등이 나타남
	실크스칼렛	적색 타르색소 젓갈류에 사용됨
	수단Ⅲ	가짜 고춧가루에 사용
	버터옐로우	가짜 버터에 사용

유해성 감미료	사이클라메이트	• 설탕의 40~50배 감미 • 발암성분 때문에 사용금지
	둘신	설탕의 250배 감미
	파라니크로 올소톨루이딘	설탕의 200배 감미
	퍼릴라틴	설탕의 2000배 감미, 신장장애
	에틸렌 글리콜	• 원래 엔진 부동액으로 감미료로 사용되기도 하였다. • 신경장애
유해성 표백제	삼염화질소	밀가루 표백
	형광염료	국수, 어육제품에 사용
	과산화수소	국수, 어묵 등 표백제로 사용
	롱가리트	물엿, 연근표백

ⓒ 유해성 금속에 의한 식중독 ★

종류	내용
수은(Hg)★	• 공장 폐수로 오염된 어패류섭취 • 미나마타병(사지떨림, 언어장애, 지각이상, 행동장애)
카드뮴(Cd)★	• 공장폐수에 오염된 물과 농작물을 섭취하여 발병 • 이타이이타이병(신장장애, 골연화증, 단백뇨, 폐기증)
납(Pb)	농약, 안료, 통조림의 납땜, 납 성분이 들어 있는 수도관 등에서 중독이 되며 적혈구 혈색소 감소, 피로, 체중감소, 빈혈, 시력장애, 요독증 증세 등이 나타남
비소(As)	• 의약품, 방부제, 살충제, 농약 • 급성으로 중독될 경우 경련, 위장장애 만성인 경우 피부질환
주석(Sn)	• 주석성분이 포함된 (주석도금) 통조림음식 섭취 – 급성위장염
구리(Cu)	오염경로는 음식물용 기구, 구리로 만든 놋그릇의 녹청 – 오심과 구토, 설사, 위통 및 신장과 간의 장애를 유발

ⓒ 농약성분에 의한 식중독

구분	내용
유기인제	• 파라티온, 말라티온, 다이아지온:신경독 • 염소계 농약보다 잔류성 적다. • 수확 전 15일 이내 농약 살포금지
유기염소제	• DDT : 쉽게 분해되지 않음 • BHC(가장 잔류성 크다):신경독 • 비소화합물 : 비산, 칼슘 등

참고 식품첨가물과 유해물질

① 식품첨가물의 정의
　㉠ 「식품위생법」상 식품첨가물의 정의 : 식품을 제조·가공 또는 보존하는 과정에서 식품에 넣거나 섞는 물질 또는 식품을 적시는 등에 사용하는 물질을 말한다. 이 경우 기구 용기 포장을 살균 소독하는데 사용되어 간접적으로 식품으로 옮겨갈 수 있는 물질을 포함한다.
　㉡ 식품첨가물의 규격과 기준 : 식품의약품안전처장이 지정한 식품첨가물의 종류와 기준규격 등이 수록된 식품첨가물공전에 준한다.
　㉢ 식품첨가물의 분류

천연첨가물	천연의 물질, 원료에서 추출한 것, 단 유독, 유해한 물질이 함유되거나 이물질이 혼입된 것은 판매 및 사용금지
화학적합성품	화학적 수단에 의하여 원소 또는 화합물에 분해반응 외의 화학반응(산화, 환원,축합, 중합, 조염 등)을 일으켜 얻은 물질

② 식품첨가물의 사용목적
　㉠ 품질유지 품질개량에 사용
　㉡ 영양강화
　㉢ 보존성 향상
　㉣ 관능만족

③ 식품의 변질 및 부패를 방지하는 식품첨가물
　㉠ 보존료(방부제) : 식품의 변질·부패를 막고 신선도를 유지시키기 위해서 사용되는 첨가물로 미생물의 증식을 억제시킨다.
　　• 데히드로초산 : 치즈(사용기준 3g/1kg 이하), 버터, 마가린에 첨가
　　• 안식향산나트륨 : 간장, 식초, 청량음료(사용기준 0.5g/1kg 이하)
　　• 소르빈산나트륨, 소르빈산칼륨 : 식육제품(사용기준 2g/1kg 이하), 절임식품(사용기준 1g/1kg), 어육연제품, 케첩, 된장 등에 사용
　　• 프로피온산나트륨, 프로피온산칼슘 : 빵, 과자류에 첨가

　　TIP 보존료의 구비조건
　　• 변질미생물에 증식 억제효과가 클 것
　　• 미량으로도 효과가 클 것
　　• 독성이 없거나 극히 적을 것
　　• 무미 무취하고 자극성이 없을 것
　　• 공기 빛 열에 안정하고 pH에 의한 영향을 받지 않을 것
　　• 사용하기 간편하고 값이 쌀 것

　㉡ 살균제(소독제) : 식품 부패균, 병원균을 사멸시키기 위해 사용되는 첨가물이다.
　　• 차아염소산나트륨 : 소독, 살균, 탈취, 표백목적으로 사용되며 물, 음료수, 식기소독
　　• 표백분 : 수영장, 식기소독
　㉢ 산화방지제(항산화제) : 식품의 산패를 방지하기 위해 사용되어지는 첨가물

천연항산화제		비타민 E(토코페롤), 비타민 C(아스코르빈산), 참기름(세사몰)
인공산화제	지용성	BHA(부틸히드록시아니졸) – 식용유, 마요네즈, 껌 BHT(부틸히드록시톨루엔) – 식용유, 버터, 곡류등 몰식자산프로필 – 식용유지, 버터류
	수용성	에리소르빈산염(색소 산화방지용으로 사용기준이 없음)

④ 관능과 기호성 향상을 만족시키는 첨가물
  ㉠ 발색제(색소고정제) : 자체에는 색이 없고 식품의 색소성분과 반응하여 색을 안정화 시킨다.
    • 육류성 발색제(육류, 어육, 소시지, 햄) : 아질산나트륨, 질산나트륨, 질산칼륨
    • 식물성 발색제(과일, 채소) : 황산제1철, 황산제2철, 염화제1철, 염화제2철
  ㉡ 착색료 : 식품에 색을 부여하거나 소실된 색채를 복원시키기 위해 사용되는 첨가물이다.

천연착색료	식물에서 용해되어 나온색소나 동·식물에서 추출한 색소
합성착색료	• 타르색소 : 식용색소 황색,녹색,적색1, 2, 3 • 면류, 김치, 다류, 묵류, 젓갈류, 단무지, 생과일주스, 천연식품은 타르색소를 사용할 수 없다.

    ※ 독성이 강하여 사용이 금지된 착색료는 아우라민(Auramin), 로다민(Rodamine)등이 있다.
  ㉢ 착향료 : 식품에 향을 부여, 냄새를 없애거나 강화하기 위해 사용되는 첨가물이다.
    • 종류 : 멘톨, 바닐린, 계피알데히드
  ㉣ 조미료 : 식품에 지미(旨味;맛난 맛)를 부여하기 위해 사용되는 첨가물
    • 종류 : 글루타민산 나트륨(다시마), 호박산(조개류), 이노신산(소고기)
  ㉤ 감미료
    • 사카린 나트륨 : 설탕의 300배(허용식품과 사용량에 대한 제한이 있음)
     - 사용가 : 건빵, 생과자, 청량음료
     - 사용불가 : 식빵, 이유식
    • D-소르비톨 : 설탕의 0.7배(당 알코올로 충치예방) 과일통조림, 냉동식품의 변성방지제
    • 아스파탐 : 설탕의 150배(막걸리, 소주)
    ※ 독성이 강하여 사용이 금지된 감미료는 사이클라메이트(Cyclamate)와 둘신(Dulcil), 에틸렌글리콜(Ethylene glycol), 니트로아닐린(Nitroaniline) 등이 있다.
  ㉥ 산미료 : 식품의 신맛을 부여하기 위해 사용되는 첨가물로 식욕을 돋구는 역할을 한다.
    • 종류 : 초산, 구연산, 주석산, 푸말산, 젖산
  ㉦ 표백제 : 식품 제조과정 중 식품의 색소가 변색되는 것을 방지하기 위해 흰 것을 더 희게 하기위해 사용되는 첨가물이다.
    • 종류 : 산화제로 과산화수소와 환원제로는 아황산염, 무수아황산이 있다.
    ※ 롱갈리트(Rdngalite), 삼염화질소, 형광염료는 독성이 강하여 사용이 금지된 표백제이다.

⑤ 품질유지 및 품질개량을 위한 식품첨가물
  ㉠ 피막제 : 과일, 채소 등의 표면에 피막을 형성시킴으로서 호흡작용을 억제하고 수분증발을 막아 저장중에 외관을 좋게 하고 신선도를 유지시킬 목적으로 사용한다.
    • 종류 : 초산비닐수지, 몰포린지방산염
  ㉡ 밀가루개량제(소맥분개량제) : 제분된 밀가루의 표백과 숙성시간을 단축시키고 제빵효과와 저해물질을 파괴시켜 살균등을 하기 위해 사용한다.
    • 종류 : 과산화벤조일, 과항산암모늄, 브롬산칼륨, 이산화염소
  ㉢ 유화제(계면활성제) : 서로 혼합이 잘 되지 않는 2종류의 액체를 분리되지 않도록 안정화하기 위해 사용한다.
    • 종류 : 난황(레시틴), 대두인지질(레시틴), 카제인 나트륨
  ㉣ 팽창제 : 제나나 제빵시 조직을 연하게 하고 기호성을 높이기 위해서 첨가하는 첨가물로 이스트균의 발효작용에 의한 탄산가스를 발생시키는 것을 예로 들 수 있다.
    • 종류 : 이스트, 명반, 탄산수소나트륨, 탄산암모늄
  ㉤ 호료(증점제, 안정제) : 식품의 점착성을 증가시키고 식품의 형태 변화를 방지하기 위해 사용되는 첨가물
    • 종류 : 구아검, 젤라틴, 카제인(천연), 알긴산 나트륨(인공)

(3) 기생충감염과 예방

① 채소를 통해서 감염되는 기생충

종류	내용
회충	• 채소를 통한 경구감염 인분을 비료로 사용하는 나라에서 감염률이 높다. • 인분을 비료로 사용하지 않고 채소를 재배한다.
요충	• 사람의 맹장에 기생하며 경구감염 • 손을 깨끗하게 하고 집단 감염이 되므로 구성원 모두 한 번에 구충제를 복용한다.
구충★ (십이지장충)	• 종류에 따라 입이나 피부로 감염 • 인분의 위생적인 처리, 야채 세척, 오염된 흙과 접촉금지
편충	• 맹장에 기생, 경구감염 • 인분의 위생적인 처리, 손을 청결하게 하고 채소를 깨끗이 씻어 먹는다.

② 육류에서 감염되는 기생충★

종류	내용
무구조충(민촌충)	• 쇠고기를 날것으로 섭취할 때 감염 • 쇠고기의 생식금지, 쇠고기의 가열조리(71℃에서 5분이면 사멸)
유구조충(갈고리 촌충)	• 덜 익힌 돼지고기로부터 감염 • 돼지고기의 생식을 금하며 가열 조리하여 섭취한다.
선모충	• 일반적으로 포유동물에서 감염, 쥐의 구제와 돼지고기 생식금지

③ 어패류에서 감염되는 기생충★

기생충	제1중간숙주	제2중간 숙주
간흡충(간디스토마)	왜우렁이	담수어(붕어, 잉어)
폐흡충(폐디스토마)	다슬기	민물게, 민물가재
요코카와흡충	다슬기	담수어(은어, 황어)
아나사키스	갑각류	오징어
광절열두조충(긴촌충)	물벼룩	연어, 송어

(4) 소독과 살균

① 소독과 살균의 정의★

㉠ 소독 : 병원미생물의 생육을 저지 및 사멸시키는 것을 소독이라 한다.
㉡ 살균 : 모든 미생물(세균, 효모, 곰팡이)을 사멸시켜 완전한 무균상태가 되는 것을 말한다.
㉢ 멸균 : 살균보다 강력한 물리적·화학적 방법으로 모든 미생물을 사멸시켜 무균 상태로 아포까지 사멸시키는 것이다.
㉣ 방부 : 미생물의 번식으로 물질이 썩거나 변질되는 것을 막는 방법이다.

> **TIP**
> 소독력의 크기★ : 멸균 > 살균 > 소독 > 방부

② 소독·살균방법
　㉠ 물리적 소독
　　• 무가열에 의한 소독★

종 류	내 용
자외선조사	자외선의 살균력은 파장범위가 2500~2800Å일 때 가장 강하며 공기, 물, 식품, 기구, 용기소독에 사용한다.
방사선조사	식품에 방사선을 방출하는 코발트60(^{60}CO)를 식품에 조사시켜 균을 죽이는 방법으로 장기 저장할 때 사용한다.
세균여과법	• 액체식품을 세균여과기에 걸러 균을 제거 • 바이러스는 작아 걸러지지 않는다.
초음파 멸균법	전자파를 이용한 소독

　　• 열처리에 따른 소독★

종 류	내 용
화염멸균법	불에 타지 않는 금속류, 유리제, 도자기류 등을 불꽃 속에 20초 이상 접촉시켜 미생물을 없애는 방법
건열멸균법	건열멸균기(건열오븐 ; 150~160℃)에서 붕대, 금속제품, 분비물 등을 30~60분간 살균
자비소독법(열탕소독)	끓는 물 100℃에서 식기류, 행주, 의류 등을 15~20분간 살균
간헐멸균법	100℃의 열로 1일1회 15~30분간 3회실시(유리그릇, 금속제품)
저온살균법	• 60~65℃에서 30분간 가열 후 냉각 • 우유, 주스, 소스, 술 등 살균에 사용되며 영양소 손실이 적음
고온단시간 살균법	• 70~75℃에서 15~20초간 가열 후 급냉 • 우유, 과즙 살균에 사용
초고온단시간 살균법	• 130~140℃에서 3~4초간 가열 후 급냉 • 우유의 소독에 사용
고압증기멸균법	• 120℃에서 15~20분간 살균(아포를 포함한 모든 균 사멸) • 통조림, 병조림 소독에 사용

　㉡ 화학적 소독법
　　ⓐ 소독약의 구비조건★
　　　• 살균력이 강할 것
　　　• 사용이 편리하고 가격이 낮을 것
　　　• 금속부식성과 표백성이 없을 것
　　　• 용해성 및 침투력이 높으며 인축에 대한 독성이 작을 것

ⓑ 화학적 소독법의 종류 및 용도 ★

구 분	종 류	내 용
화학적 소독	염 소 ★	• 주로 상수도, 채소, 과일, 식기, 수영장에서 사용 • 수돗물 소독시 잔류염소량 0.2ppm • 단점 : 자극성과 금속 부식성
	치아염소산나트륨 ★ (NaOCl)	보통 락스라고 부르며 물에 희석(50~100ppm)하여 음료수, 채소, 과일, 식기, 기구, 설비 등에 용액을 5~10분간 처리한다.
방향족 화합물	석탄산(페놀)용액	• 3~5%의 수용액을 기구, 손, 의류, 오물 등의 소독에 사용 • 살균력이 안정적이며 다른 소독제의 살균력 표시기준 • 단점 : 피부자극성과 금속 부식성이 있음 • 석탄산 계수=소독제의 희석배수 / 석탄산의 희석배수
	역성비누 ★	• 원액을 200~400배로 희석하여 손, 식품, 기구 등에 사용 • 무독성이며 살균력이 강하나 보통비누와 섞어서 쓰거나 유기물(단백질)이 존재하면 효과가 떨어짐
	크레졸	• 50%의 비누액에 1~3%의 수용액을 섞어 오물소독(변소, 하수도), 손 소독 등에 사용 • 피부 자극은 비교적 약하지만 소독력은 석탄산보다 2배 정도 강하며 단점은 강한 냄새
지방족 화합물	에틸알코올(에탄올)	70%의 에탄올을 금속, 유리기구, 손 소독에 사용
	포르말린	30~40% 수용액을 오물소독에 사용(실내소독)
수은화합물	머큐로크롬	• 3%의 수용액 • 점막이나 피부상처소독
	승 홍	• 0.1%의 수용액(피부소독) • 부식성이 있어 비금속기구 소독
산화제	과산화수소	3%의 수용액 피부나 입안의 상처 소독
할로겐 유도체	표백분(클로르칼크)	• 음료수, 우물, 수영장, 채소, 과일, 식기 소독에 사용
	생석회	• 오물, 화장실, 하수도, 쓰레기통 등 습기가 많은 장소의 소독용으로 사용 • 값이 싸고 구하기 쉽지만 공기중 노출시 살균력이 저하

5 식품위생법 관련 법규 및 규정

(1) 식품위생법의 목적과 대상

① **목적** : 식품으로 인한 위생상의 위해를 방지하고 식품영양의 질적 향상을 도모함으로써 국민 보건의 증진에 이바지함을 목적으로 한다.
② **대상** : 식품, 식품첨가물, 기구 및 용기, 포장을 대상으로 하는 음식에 관한 위생이다.

> **TIP** '식품'이란 의약으로 섭취하는 것을 제외한 모든 음식물을 말한다.
>
> 누구든지 판매를 목적으로 식품 또는 식품첨가물을 채취. 제조. 가공. 사용. 조리. 저장. 소분. 운반 또는 진열을 할 때는 깨끗하고 위생적으로 하여야 하며 영업에 사용하는 기구 및 용기. 포장은 깨끗하고 위생적으로 다루어야 하고 식품, 식품첨가물, 기구 또는 용기. 포장(식품등)의 위생적인 취급에 관한 기준은 총리령으로 정한다.

(2) 식품위생 관련 용어의 정의

① **식품위생** : 식품, 식품첨가물, 기구 또는 용기·포장을 대상으로 하는 음식에 관한 위생을 말한다.

② **식품** : 모든 음식물을 말한다. 단, 의약으로 섭취하는 것은 제외한다.

③ **식품첨가물** : 식품을 제조·가공 또는 보존하는 과정에서 식품에 넣거나 섞는 물질 또는 식품을 적시는 등에 사용되는 물질을 말한다. 이 경우 기구·용기·포장을 살균·소독하는 데에 사용되어 간접적으로 식품으로 옮아갈 수 있는 물질을 포함한다.

④ **화학적 합성품** : 화학적 수단으로 원소 또는 화합물에 분해 반응 외의 화학반응을 일으켜서 얻은 물질을 말한다.

⑤ **기구** : 음식을 먹을 때 사용하거나 담는 것, 식품 또는 식품첨가물을 채취·제조·가공· 조리·저장·소분·운반·진열할 때 사용하는 것으로서 식품 또는 식품첨가물에 직접 닿는 기계·기구나 그 밖의 물건을 말한다(단, 농업과 수산업에서 식품을 채취하는 데에 쓰는 기계·기구나 그 밖의 물건은 제외한다).

⑥ **용기·포장** : 식품 또는 식품첨가물을 넣거나 싸는 것으로서 식품 또는 식품첨가물을 주고 받을 때 함께 건네는 물품을 말한다.

⑦ **위해** : 식품, 식품첨가물, 기구 또는 용기·포장에 존재하는 위험 요소로서 인체의 건강을 해치거나 해칠 우려가 있는 것을 말한다.

⑧ **표시** : 식품, 식품첨가물, 기구 또는 용기·포장에 적는 문자, 숫자 또는 도형을 말한다.

⑨ **영양표시** : 식품에 들어 있는 영양소의 양 등 양에 관한 정보를 표시하는 것을 말한다.

⑩ **영업** : 식품 또는 식품첨가물을 채취·제조·수입·가공·조리·저장·소분·운반 또는 판매하거나 기구 또는 용기·포장을 제조·운반·수입·판매하는 업을 말한다. 단, 농업과 수산업에 속하는 식품 채취 업은 제외한다.

⑪ **영업자** : 법령이 정하는 바에 따라 영업허가를 받거나 영업신고 한 자를 말한다.

⑫ **집단급식소** : 영리를 목적으로 하지 아니하면서 특정 다수인에게 계속하여 음식물을 공급하는 기숙사, 학교, 병원, 그 밖의 후생기관 등의 급식시설로서 대통령령으로 정하는 시설(상시 1회 50명 이상에게 식사를 제공하거나 상시적이지는 않으나 숙박기능 등을 갖춘 종합수련시설 내의 급식소)을 말한다.

⑬ **식품이력추적관리** : 식품을 제조·가공단계부터 판매단계까지 각 단계별로 정보를 기록·관리하여 그 식품의 안전성 등에 문제가 발생할 경우 그 식품을 추적하여 원인을 규명하고 필요한 조치를 할 수 있도록 관리하는 것을 말한다.

⑭ **식중독** : 식품섭취로 인하여 인체에 유해한 미생물 또는 유독물질에 의해 발생하거나 발생한 것으로 판단되는 감염성 질환 또는 독소형 질환을 말한다.

(3) 식품 및 식품첨가물

① 위해식품 등의 판매금지
- 인체의 건강을 해할 우려가 있는 것(썩었거나 상한 것, 설익은 것, 유독·유해물질이 함유, 병원성 미생물에 오염, 불결하거나 다른 물질이 혼합·첨가)
- 영업허가·신고를 하여야 하는 경우에 허가 또는 신고를 하지 않고 제조·가공한 것
- 품목·제조허가 또는 신고를 하지 않고 제조
- 수입금지, 수입 신고를 하여야 하는 경우에 신고를 하지 않고 수입한 것
- 음용에 제공할 목적으로 허가를 받은 것 외에 지하수, 지표수 등의 물을 용기에 넣은 것
- 병에 걸렸거나 병에 걸려 죽은 동물의 고기, 뼈, 장기 및 혈액
- 총리령으로 정하는 질병 : 「축산물가공처리법」 규정에 도축이 금지되는 가축감염병, 리스테리아병, 살모넬라병, 파스튜레라병, 선모충 등
- 기준·규격에 고시되지 않은 화학적 합성품인 첨가물과 이를 함유한 물질을 식품첨가물로 사용한 것

> **TIP** 위해식품 등의 판매 금지
> 보건복지부장관이 식품 위생 심의위원회의 심의를 거쳐 인체의 건강을 해할 우려가 없다고 인정하는 것은 예외로 한다.

② 식품 또는 식품첨가물의 기준과 규격
- 보건복지부장관은 식품 또는 식품첨가물의 제조·가공·사용·조리 및 보존의 방법에 관한 기준과 그 식품 또는 식품첨가물의 성분에 관한 규격을 정하여 고시한다.
- 수출을 목적으로 할 때는 수입업자가 요구하는 기준과 규격에 의할 수 있다.

(4) 기구와 용기·포장

① 유독 기구 등의 판매 사용금지

유독·유해물질이 들어 있거나 묻어 있어 인체의 건강을 해할 우려가 있거나 식품 또는 식품 첨가물에 접촉되어 인체의 건강을 해할 우려가 있는 기구 및 용기포장은 판매하거나 판매의 목적으로 제조·수입·저장·운반 또는 진열하거나 영업상 사용하지 못한다.

② 기구·용기·포장의 기준과 규격
- 보건복지가족부장관은 기구·용기·포장 및 그 원재료에 관한 규격을 정하여 고시한다.
- 수출을 목적으로 하는 기구·용기·포장 및 그 원재료의 기준과 규격은 수입업자가 요구하는 기준과 규격에 의할 수 있다.

(5) 허위 표시 금지

식품의 명칭·제조방법 및 품질에 관하여 허위표시 또는 과대광고를 하지 못하며 포장은 과대포장을 못하고 식품 첨가물 표시에 있어서 의약품과 혼동할 우려가 있는 표시를 하거나 광고를 하여서는 안 된다.

① 질병의 예방 또는 치료에 효능이 있다는 내용 표시·광고
② 외국어의 사용 등으로 외국제품으로 혼돈할 우려가 있는 표시·광고
③ 제품의 원재료 또는 성분과 다른 내용의 표시·광고
④ 각종 상장 등을 이용하거나 '인증', '보증', '추천' 또는 유사한 내용의 표시·광고
⑤ 외국과 기술 제휴한 것으로 혼동 할 우려가 있는 내용의 표시 문구
⑥ 화학적 합성품인 경우 그 원료의 명칭 등을 사용하여 화학적 합성품이 아닌 것으로 혼동할 우려가 있는 광고 표시
⑦ 제조년월일 또는 유통기한을 표시함에 있어서 사실과 다른 내용의 표시광고
⑧ 허가신고 또는 보고한 사항이나 수입 신고한 사항과 다른 내용의 표시광고

참고

① **허가를 받아야 하는 영업 및 허가관청**
- **식품조사처리업** : 식품의약품안전처장의 허가
- **단란주점영업, 유흥주점영업** : 특별자치시장·특별자치도지사 또는 시장·군수 또는 구청장의 허가

② **영업신고를 해야 하는 업종** : 특별자치시장·특별자치도치사 또는 시장·군수·구청장에게 영업신고
- 즉석판매제조, 가공업
- 식품운반업
- 식품소분, 판매업
- 식품냉동, 냉장업
- 용기, 포장류 제조업(자신의 제품을 포장하기 위하여 용기, 포장류를 제조하는 경우는 제외)
- 휴게음식점영업, 일반음식점영업, 위탁급식영업 및 제과점영업

③ **영업등록을 해야 하는 업종** : 특별자치시장·특별자치도치사 또는 시장·군수·구청장에게 영업등록 → 식품제조, 가공업 중 「주세법」의 주류를 제조하는 경우에는 식품의약품안전처장에게 등록
- 식품제조, 가공업
- 식품첨가물제조업

④ **건강진단대상자**
- 식품 또는 식품첨가물(화학적 합성품 또는 기구 등의 살균, 소독제 제외)을 채취, 제조, 가공, 조리, 저장, 운반 또는 판매하는 데 직접 종사하는 영업자 및 그 종업원(다만 영업자 또는 종업원 중 완전 포장된 식품 또는 식품첨가물을 운반 또는 판매하는 데 종사하는 자는 제외)
- 영업자 및 종업원은 영업시작 전 또는 영업에 종사하기 전에 미리 건강진단을 받아야 한다.

⑤ 영업에 종사하지 못하는 질병의 종류
- 콜레라, 장티푸스, 파라티푸스, 세균성 이질, 장출혈성 대장균감염증, A형 감염
- 결핵(비감염성인 경우 제외)
- 피부병 또는 그 밖의 화농성 질환
- 후천성 면역결핍증(성병에 관한 건강진단을 받아야 하는 영업에 종사하는 자에 한함)

⑥ 식품위생교육
- 영업자 및 유흥종사자를 둘 수 있는 식품접객업 영업자의 종업원은 매년 식품위생에 관한 교육을 받아야 한다.
- 영업을 하려는 자는 미리 식품위생교육을 받아야 한다. 다만, 부득이한 사유로 미리 식품위생교육을 받을 수 없는 경우에는 영업을 시작한 뒤에 식품의약품안전처장이 정하는 바에 따라 교육을 받을 수 있다.

※ 위생교육시간
- **영업자**(식품자동판매기영업자는 제외) : 3시간
- **유흥주점영업의 유흥종사자** : 2시간, 유흥주점영업을 하려는 자 : 6시간
- **집단급식소를 설치·운영하는 자** : 3시간, 집단급식소를 설치, 운영하려는 자 : 6시간
- 식품제조·가공업, 즉석판매제조·가공업, 식품첨가물제조업 : 8시간
- 식품운반업, 식품소분·판매업, 식품보존업, 용기·포장류 제조업에 해당하는 영업을 하려는 자 : 4시간
- 식품접객영업을 하려는 자 : 6시간

(6) 벌 칙

1) 10년 이하의 징역 또는 1억원 이하의 벌금이나 병과(식품위생법 제94조)

제4조(위해식품 판매금지) 누구든지 다음 각 호의 어느 하나에 해당하는 식품 등을 판매하거나 판매할 목적으로 채취·제조·수입·가공·사용·조리·저장·소분·운반 또는 진열하여서는 아니 된다.

① 썩거나 상하거나 설익어서 인체의 건강을 해칠 우려가 있는 것

② 유독·유해물질이 들어 있거나 묻어 있는 것 또는 그러할 염려가 있는 것. 다만 식품의약품안전처장이 인체의 건강을 해칠 우려가 없다고 인정하는 것은 제외한다.

③ 병(病)을 일으키는 미생물에 오염되었거나 그러할 염려가 있어 인체의 건강을 해칠 우려가 있는 것

④ 불결하거나 다른 물질이 섞이거나 첨가된 것 또는 그 밖의 사유로 인체의 건강을 해칠 우려가 있는 것
- 제8조(유독기구 등의 판매·사용금지 위반행위)
- 제37조(무허가 영업금지 위반행위)

2) 5년 이하의 징역 또는 5천만원 이하의 벌금이나 병과(식품위생법 제59조)

① 기준과 규격에 맞지 않는 식품·식품첨가물·기구 및 용기·포장을 판매하거나 판매할 목적으로 제조·수입·가공·조리·저장·소분·운반·보존 또는 진열하는 행위

② 수입식품 신고 등의 의무위반행위

③ 영업시간 및 영업행위의 제한위반행위
④ 압류, 폐기처분의 명령 위반행위
⑤ 영업허가를 받은 자 중 영업정지명령을 위반한 행위
⑥ 거짓이나 부정한 방법으로 식품위생검사기관 지정을 받은 경우, 고의 또는 중대한 과실로 식품위생검사에 관한 성적서를 발급한 경우, 식품위생검사 업무정지 처분기간 중에 식품위생검사업무 위반행위를 한 자

3) 3년 이하의 징역 또는 3천만원 이하의 벌금이나 병과(식품위생법 제97조)
① 조리사를 두지 않은 식품접객영업자의 집단급식소의 운영자
② 영양사를 두지 않은 집단급식소의 운영자
③ 표시기준에 맞지 않은 식품 등을 판매하거나 판매할 목적으로 수입 · 진열 · 운반하거나 영업에 사용한 경우
④ 허위표시, 과대광고, 과대포장 등의 금지 관련 조항을 위반한 자
⑤ 위해식품 등에 대한 긴급대응 조치에 따라 제조 · 판매가 금지된 식품을 제조 · 판매한 자
⑥ 휴업 · 재개업 · 폐업 또는 경미한 사항 변경 시 신고의무를 이행하지 아니한 자
⑦ 조리사 · 영양사가 아닌 자가 이 명칭을 사용한 자
⑧ 수입 식품 등의 통관 전 검사의무를 위반한 자
⑨ 영업자가 지켜야 할 사항을 지키지 않은 자
⑩ 영업정지 명령, 영업소 폐쇄명령, 제조정지 명령을 위반하여 계속 영업하거나 제조한 자

4) 과태료(식품위생법 제101조)
① 1천만원 이하 : 영양표시기준을 준수하지 아니한 자
② 500만원 이하 : 식품 등의 취급위반, 건강 진단이나 위생교육을 받지 않은 경우 등

> **TIP** 식품위생 심의위원회 심의사항
> - 식중독 방지에 관한 사항
> - 농약, 중금속 등 유독 · 유해물질 잔류 허용기준에 관한 사항
> - 식품 등의 기준과 규격에 관한 사항
> - 그 밖에 식품위생에 관한 중요사항

제2장 작업환경 위생관리

1. 식품취급시설의 위생관리

식품취급시설에 대해서는 「식품위생법」으로 시설기준이 규정되어 있고 이들 시설에 대한 위생관리는 영업자의 의무이다.

(1) 건 물
깨끗한 환경, 편리한 교통, 원활한 전력사정, 충분한 물 공급, 오물처리가 가능한 곳에 위치해야 한다.

(2) 작업장
① 식품을 취급하는 장소인 만큼 항상 청결함을 유지해야 하며 작업에 필요한 기계나 설비 외에 세척시설과 폐기물 용기 등이 갖추어져 있어야 한다.
② 적절한 실내온도와 조도를 유지하고 자외선 살균기 등을 이용해 실내공기가 오염되지 않도록 한다. 또한 구충, 구서에 힘써 바퀴, 쥐 등에 의한 식품의 오염을 방지한다.

> **TIP** 식품취급 시설의 위생관리
> - 창문 면적은 바닥면적의 25%, 벽면적의 70%가 되도록 함
> - 작업장의 조명은 220Lux 이상유지
> - 배수구는 벽에서 15cm의 간격을 둔다.

참고

① 자연환기
- 환기는 실내외의 온도차, 기체의 확산작용, 실외의 바람에 의해 이루어지는데 실내로 들어오는 공기는 하부로, 나가는 공기는 상부로 이동하면서 그 중간에 압력 0의 지대가 형성된다. 이를 중성대라 한다.
- 천장 가까이에 형성되어야 환기량이 크며 건강장해 요인이 적다.

② 인공 환기
큰 강당, 병원, 공장 등에는 환풍기를 이용한 인공 환기가 필요하고, 환기창은 벽 면적의 5% 이상으로 내야 한다.

③ 자연채광
- 창의 방향은 남향이 좋으며 창의 면적은 방바닥 면적의 1/5~1/7이 적당하다.
- 실내 각 점의 개각은 4~5°, 입사각은 28° 이상이 좋다.

④ 인공조명
- **종류** : 직접 조명, 간접 조명, 반간접 조명
- **적정조명의 조도** : 부엌, 조리장(50~100 Lux), 정밀 작업실(100~200Lux)
- **부적당한 조명에 의한 건강장애** : 가성 근시, 안구피로, 안구진탕증, 작업능률 저하

⑤ 냉·난방
- 적당한 실내 온도는 18±2℃이고 침실의 적정온도는 15±1℃
- 적정실내습도는 40~70%, 실내외 온도차는 5~7 ℃ 이내가 건강에 좋다.

2 공정별 위해요소 관리 및 예방(HACCP)

HACCP(Hazard Analysis Critical Control Point)의 약자로 보통 '해썹'으로 부른다. HACCP 정의는 식품의 원료·제조·가공 및 유통의 전 과정에서 발생할 수 있는 위해요소를 규명하고 이를 중점적으로 관리하기 위한 관리기준을 마련하여 식품의 안전성을 확보하려는 과학적 위생관리 체계를 가리킨다.

(1) HACCP의 적용단계

1) 준비단계(5단계)
① 1단계 : HACCP팀을 구성한다.
② 2단계 : 제품의 특징을 기술한다.
③ 3단계 : 제품의 사용방법을 명확히 한다.
④ 4단계 : 공정의 흐름도를 작성한다.
⑤ 5단계 : 공정 흐름도를 현장에서 확인한다.

2) 적용단계(HACCP의 7원칙)★
① 위해요소(HA)를 분석
② 중요관리점(CCP)을 결정 : 식품의 위해요소를 미연에 방지하여 식품의 안전성을 확보할 수 있는 단계나 공정을 말한다.
③ 한계관리기준 : 설정 중요관리점에 대한 한계기준(CL)을 결정한다. 예방책을 실행하기 위한 한계관리 기준을 설정한다.
④ CCP모니터링 : 중요 관리점에 대한 모니터링
⑤ CA 개선조치 : 모니터링결과 한계기준 이탈시 개선조치(CA)절차를 확립한다.
⑥ 검증절차의 수립 : HACCP시스템의 효과적 시행여부 검증 절차를 확립한다.
⑦ 기록 보관 및 문서화방법 설정 : 설정된 원칙과 적용에 대한 기록유지 및 문서화 절차를 확립한다.

(2) HACCP 도입효과

1) 식품업체
① 위생적이고 안전한 식품의 제조
② 자주적 위생관리 체계의 구축
③ 위생관리 집중화 및 효율성 도모
④ 회사의 이미지 제고와 신뢰성 향상
⑤ 경제적 이익의 추가 창출

2) 소비자
① 안전한 식품소비
② 식품선택 기준의 확대

(3) 제조물책임법(PL, Product Liability)

제조물책임은 소비자가 피해를 입을 경우 제조사가 부담해야 할 손해배상책임을 말한다. 제조물책임은 제품의 결함으로 인해 발생하는 인적·물적·정신적 피해까지 공급자가 부담하는 차원 높은 손해배상제도이다(2002.1.12. 법률 6109호로 제정).

> **TIP** HACCP 제도를 위한 위생관리
> - 작업장 : 공정간 오염 방지, 온도·습도관리, 환기시설·방충·방서관리
> - 종업원 : 위생복·위생모·위생화는 항시 착용하고 개인용 장신구의 착용 금지
> - 기구, 용기, 앞치마, 고무장갑 등은 교차오염 방지 위해 식재료 특성 또는 구역별로 구분하여 사용
> - 해동 : 냉장해동(10℃ 이하), 전자레인지 해동 또는 흐르는 물에서 실시, 조리 후 남은 재료는 재냉동 불가
> - 조리과정 중 냉각 시 4시간 이내에 60℃에서 5℃ 이하로 냉각
> - 보존식 : 조리한 식품은 매회 1인분 분량을 -18℃ 이하에서 72시간 이상 보관
> - 조리 후 식품보관(보온고 65℃ 이상, 냉장고 5℃ 이하, 냉동고 18℃ 이하)
> - 조리장에는 식기류 소독 위한 살균소독기 또는 열탕소독 시설 구비

제3장 안전관리

1. 개인안전 점검

작업자는 소음, 진동, 먼지, 유해가스물질, 폐기물, 조명, 채광, 색채, 작업자세, 온도, 습도, 무거운 물건 기타 작업환경 조건에 영향을 받아 피로를 느낀다. 또한 작업방법이나 작업특성, 작업자의 능력도 피로에 영향을 준다. 따라서 개인위생은 물론 각 공정상의 위험 요소를 사전에 제거하고 작업 전 안전교육이 선행되어야 한다.

2. 도구 및 장비류의 안전점검

안전점검 및 관리의 대상은 개인의 안전, 조리장비 및 기구, 주방 환경, 전기, 소화기, 가스 위험물 등을 말한다.

(1) 도구 및 조리장비의 안점관리 지침
① 사용방법을 숙지하고 전문가의 지시에 따라 사용해야 한다.
② 도구 및 조리장비 이상 시 즉시 사용을 중지하고 조치를 취한다.
③ 전기 사용 장비는 수분을 피하고 전기사용량, 사용법을 확인 후 사용한다.
④ 도구 및 조리장비에 오염물질이 들어가지 않도록 청결하게 관리한다.
⑤ 일상점검, 긴급점검(고장, 특별안전), 정기점검(연 1회 이상) 한다.

(2) 작업장 환경관리
① 조리작업장의 권장조도는 220Lux 이상으로 하여 철저한 위생관리를 한다.
② 작업장의 온도 여름 20~23℃ 정도 겨울 18~21℃ 습도는 40~60% 정도를 유지한다.
③ 작업장은 미끄럼 및 오염발생이 되지 않도록 한다.

> **TIP** NCS안전관리 학습모듈
> 작업장의 권장조도는 161~143Lux이다.

(3) 작업장의 안전관리

① 작업장 안전관리는 작업지가 시설의 인진기준을 확인, 안전수칙준수, 예방활동을 수행하는데 있다.

② 작업장 안전관리 지침서를 작성한다.

③ 안전관리시설 및 안전용품을 관리한다.

④ 위험물질, 화학물질을 처리기준에 따라 관리한다.

> **TIP** 도구 및 설비의 고장, 안전관리상태 점검사항
> - 장비별로 매일 점검하여 기록한다.
> - 기록사항 : 점검일자, 점검자(승인자), 안전관리상태(가스, 전기), 개선조치사항, 특이사항
> - 이상 발생 시 관리자에게 통보
> - 상황을 확인하고 직접조치 또는 해당 부서에 조치 지시
> - 작업자는 조치를 취하고 결과를 기록하여 관리한다.

예상문제

1 개인위생에 대한 설명으로 틀린 것은?

① 지나친 화장과 장신구는 착용하지 않는다.
② 긴 머리카락은 흘러내리지 않도록 머리망을 이용해 단정하게 한다.
③ 날씨가 더운 여름철 작업장에서는 미끄러지지 않는 슬리퍼를 신는다.
④ 떡 제조 시 깨끗한 조리복과 위생모자 앞치마를 착용한다.

▌해설▌ 작업장에서는 앞부분이 막히고, 신기 편하며, 미끄럽지 않은 재질의 조리화 또는 안전화를 신는다.

2 작업장에서 주의해야 할 사항으로 틀린 것은?

① 전용화장실을 사용하여야 하며 용변 후 손을 씻도록 한다.
② 식품 취급 기구나 도구가 입, 귀, 머리 등에 닿지 않도록 한다.
③ 작업장 내에서는 금연하고 잡담 등을 하지 않는다.
④ 관계자 외에도 필요한 경우 작업장에 출입을 한다.

3 다음 중 교차오염이 발생하는 원인이 아닌 것은?

① 맨손으로 식품취급
② 손을 깨끗이 씻고 조리를 할 경우
③ 식품 쪽으로 기침을 할 경우
④ 칼, 도마 등을 혼용해서 사용 할 경우

4 다음 중 단백질이 호기성 세균에 의해 부패하는 현상은?

① 발 효
② 산 패
③ 후 란
④ 부 패

정답 01. ③ 02. ④ 03. ② 04. ③

05 미생물이나 효소의 작용에 의해 우리 몸에 유익한 균을 생성하는 현상은?
① 발 효
② 산 패
③ 변 패
④ 부 패

06 지방을 공기나 햇볕 등에 오래 방치해 두었을 때 악취가 발생하는 현상은?
① 변 패
② 산 패
③ 발 효
④ 부 패

07 오염된 식재료, 기구, 용수가 오염되지 않은 식재료, 기구, 용수 등에 접촉 또는 혼입되면서 전이되는 현상은?
① 관능검사
② 교차오염
③ 자비살균
④ 변패현상

해설
- 관능검사 : 인간의 오감을 통한 물건의 품질검사
- 교차오염 : 식재료나 기구, 용수 등에 오염되어 있던 미생물이 오염되지 않은 식재료나 기구, 용수 등에 접촉 혹은 혼입되면서 전이되는 현상
- 자비살균(열탕소독) : 100℃ 끓는 물에 식기, 행주 등을 소독 하는 방법
- 변패현상 : 미생물과 효소 등에 의하여 탄수화물과 지방질이 분해되어 산미를 형성하거나 비정상적인 맛과 냄새가 나는 현상

08 식품변질을 위한 미생물 발육인자 중 산소가 없어야만 잘 자라는 균은?
① 통성 혐기성균
② 편성 호기성균
③ 호기성균
④ 혐기성균

해설 미생물 발육인자
- 호기성균 : 산소를 필요로 하는 균
- 혐기성균 : 산소를 필요로 하지 않는 균
- 통성혐기성균 : 산소가 있거나 없거나 관계가 없는 균
- 편성호기성균 : 산소가 없으면 생육을 할 수 없는 균

09 식품변질에 영향을 주는 인자가 아닌 것은?
① 영양소
② 수 분
③ 온 도
④ 햇 빛

해설 식품변질에 영양을 주는 인자
영양소(소, 질소, 비타민, 무기질 등), 수분, 온도, pH

정답 05. ① 06. ② 07. ② 08. ④ 09. ④

10 식품의 부패 판정법으로 틀린 것은?

① 관능검사　　　　② 화학적 검사
③ 물리적 검사　　　④ 영양소 검사

> **해설** 식품의 부패 판정법
> 관능검사, 물리적 검사, 미생물학적 검사, 화학적 검사 등이 있다.

11 식품의 부패란 주로 무엇이 변질된 것인가?

① 단백질　　　　　② 지 방
③ 당 질　　　　　 ④ 비타민

> **해설** 용어정의
> • 부패 : 단백질식품이 미생물 세균의 번식에 의해 분해를 일으켜 인체에 유해한 물질을 생성하는 현상
> • 변패 : 단백질 이외의 성분 탄수화물, 지방이 미생물 작용에 의해 변질되는 현상
> • 산패 : 유지식품이 보존, 조리, 가공 중에 변하여 변화로 품질이 낮아지는 현상
> • 발효 : 식품이 미생물이나 효소작용에 의해 우리 몸에 유익한 균을 생성하는 현상

12 동물에게 불임, 사산, 유산을 일으키고 사람에게는 열병을 나타내는 인수공통감염병은?

① 탄저병　　　　　② 파상열(브루셀라증)
③ 결 핵　　　　　 ④ Q열

> **해설** 인수공통감염병
> • 결핵 : 소　　• 탄저, 비저 : 양, 말　　• Q열 : 소, 양, 염소, 개, 고양이 등 감염된 동물의 생우유

13 제1군 법정 감염병에 대한 설명으로 알맞은 것은?

① 전파속도가 빠르고 국민건강에 미치는 위해정도가 커서 유행즉시 방역대책을 수립해야 하는 감염병
② 간헐적으로 유행할 가능성이 있어 방역대책이 필요한 감염병
③ 예방접종을 통하여 예방 및 관리가 가능한 감염병
④ 기생충에 감염되어 발생하는 감염병

14 다음 중 해충인 모기에 의한 감염병이 아닌 것은?

① 말라리아　　　　② 일본뇌염
③ 뎅기열　　　　　④ 살모넬라 식중독

> **해설** 살모넬라 식중독은 쥐에 의해 감염되는 식중독이다.

정답　10. ④　11. ①　12. ②　13. ①　14. ④

15 세균성 식중독에 대한 설명 중 틀린 것은?

① 오염된 음식물에 의하여 일어난다.
② 잠복기가 짧다.
③ 급성위장 장애를 일으킨다.
④ 면역이 생긴다.

해설 세균성 식중독
- 식중독균에 오염된 식품을 섭취하여 발병
- 살모넬라 외에는 2차 감염이 없음
- 면역이 되지 않음
- 식품의 많은 양의 균 또는 독소에 의해서 발병
- 짧은 잠복기

16 다음 중 경구감염병(소화기계 감염병)에 대한 설명으로 틀린 것은?

① 병원체가 음식물과 식기구, 의복, 손 등을 통해 입으로 들어가 감염 증상을 일으킨다.
② 환자가 폭발적으로 발생하고 급수지역과 거의 일치하며 계절적, 지역적 특성이 강하다.
③ 잠복기가 길다.
④ 치명률은 낮으며 간접 전파로 전염된다.

해설 주요 경구감염병
장티푸스, 콜레라, 세균성 이질, 급성회백수염, 파라티푸스, 유행성 간염, 성홍열, 디프테리아

17 경구감염병(소화기계 감염병) 예방방법으로 틀린 것은?

① 병원체의 제거
② 환자와 보균자의 조기발견과 식품과 음료수의 철저한 위생관리가 필요하다.
③ 쥐, 파리, 바퀴 등 매개체 차단
④ 예방접종은 굳이 필요하지 않다.

해설 경구감염병 예방방법
- 환자의 분비물 및 사용한 물품을 철저히 소독 살균하여 병원체를 제거한다.
- 환자와 보균자의 조기발견과 식품과 음료수의 철저한 쥐, 파리, 바퀴 등 매개체 차단 등 위생관리가 필요하다.
- 충분한 영양섭취와 휴식 및 예방접종이 필요하다.

18 독소형 식중독으로 알맞은 것은?

① 포도상구균
② 살모넬라 식중독
③ 장염 비브리오균
④ 병원성 대장균

해설 독소형 식중독으로는 포도상구균과 보툴리누스균이 있다.

정답 15. ④ 16. ③ 17. ④ 18. ①

19 간디스토마(간흡충)의 중간숙주는?

① 돼지고기 ② 소고기
③ 담수어 ④ 물벼룩

해설 간흡충(간디스토마)
제1중간숙주(왜우렁이) → 제2중간숙주(담수어 : 붕어, 잉어)

20 돼지고기를 가열하지 않고 섭취하면 감염될 수 있는 기생충은?

① 유구조충 ② 무구조충
③ 광절열두조충 ④ 폐흡충

해설 유구조충(갈고리촌충)
돼지고기를 충분히 가열해서 먹으면 예방할 수 있다.

21 다음 중 매개곤충이 없어도 전파되는 질병은?

① 말라리아 ② 페스트
③ 장티푸스 ④ 발진티푸스

해설 장티푸스는 비위생적인 생활과 음식, 오염된 음료수를 통해서 감염된다.

22 가네미유증(PCB중독) 중독과 관련된 원인 물질은?

① 수 은 ② 카드뮴
③ 납 ④ PCB

해설 PCB중독(가네미유증, 미강유중독) : 식욕부진, 구토, 체중감소 등

23 칼슘과 인이 소변으로 배출되는 골연화증을 유발하는 중금속은?

① 수 은 ② 카드뮴
③ 납 ④ 주 석

해설 카드뮴 중독
이타이이타이병의 원인물질이며 신장장애, 골연화증, 단백뇨 등의 증상이 나타난다.

정답 19. ③ 20. ① 21. ③ 22. ④ 23. ②

24 다음 중 병원소가 아닌 것은?

① 건강한 자
② 환 자
③ 매개동물
④ 보균자

▎해설▎ 병원소
감염원으로 환자, 보균자, 접촉자, 매개동물이나 곤충, 토양, 오염식품, 오염식기구 등이 있다.

25 세균성 식중독의 예방대책으로 틀린 것은?

① 조리 전후의 식품은 따로 취급을 해야 한다.
② 식중독을 일으키는 세균은 식품을 냉동하면 사멸시킬 수 있다.
③ 식품을 오랜 시간 실온에 방치하지 않는다.
④ 조리에 쓰는 도구류는 항상 청결하게 하며 사용 후 열탕 소독한다.

▎해설▎ 식품을 냉동하면 일시적 예방은 가능하나 미생물을 완전히 사멸시킬 수는 없다.

26 다음 중 유해성 착색료가 아닌 것은?

① 아우라민
② 로다민
③ 둘 신
④ 버터옐로우

▎해설▎ 둘신은 설탕의 250배 감미도로 유해성 감미료이다.

27 동물성 자연독 중 연결이 바르게 된 것은?

① 복어 : 테트로톡신
② 섭조개 : 베네루핀
③ 모시조개 : 삭시톡신
④ 대합조개 : 무스카린

▎해설▎ 동물성 자연독
• 섭조개(홍합), 대합조개 : 삭시톡신
• 모시조개, 굴, 바지락 : 베네루핀
• 광대버섯 : 무스카린

28 다음 중 식물성 자연독 중 연결이 틀린 것은?

① 감자 : 솔라닌
② 청매 : 아미그달린
③ 목화씨 : 고시폴
④ 독미나리 : 듀린

정답 24. ① 25. ② 26. ③ 27. ① 28. ④

해설 식물성 자연독
- **독미나리** : 시큐톡신
- **수수** : 듀린

29 식품으로 인한 위해를 방지하기 위한 방법이 틀린 것은?

① 냉장 보관된 음식은 섭취 전 충분히 가열한다.
② 식품취급자는 손을 청결하게 유지한다.
③ 쥐, 파리, 바퀴 등을 박멸시킨다.
④ 조리 직후 식품을 냉장 보관한다.

해설 조리한 식품은 되도록 즉시 섭취하도록 한다.

30 다음 중 수질오염(수은)에 의해 발생되는 병은?

① 열중증
② 미나마타병
③ 잠함병
④ 이타이이타이병

해설 원인별 직업병
- **고열환경**(이상고온) : 열중증
- **고압환경**(이상고기압) : 잠함병(잠수병) 잠수부, 해녀에게 발생
- **카드뮴중독** : 이타이이타이병
- **저압환경** : 고산병(산소 부족으로 두통, 어지러움, 식욕부진, 짧은 호흡)

31 손에 염증이 있는 조리사가 만든 음식물 섭취 시 나타날 수 있는 식중독은?

① 포도상구균
② 살모넬라균
③ 보툴리누스균
③ 비브리오균

해설 포도상구균은 화농성질환을 일으키는 대표적인 원인균이다.

32 세균성 식중독 중에서 잠복기가 가장 짧은 것은?

① 살모넬라 식중독
② 포도상구균 식중독
③ 클로스트리디움 보툴리눔 식중독
④ 병원성 대장균 식중독

해설 세균성 식중독 잠복기는 평균 12~36시간으로 짧은 편이나 그 중 포도상구균 식중독은 잠복기가 식후 3시간 정도로 가장 짧다.

정답 29. ④ 30. ② 31. ① 32. ②

33 독버섯으로 식중독을 일으키는 독성분이 아닌 것은?

① 무스카린 ② 아마니타톡신
③ 뉴 린   ④ 리 신

> **해설** 리신은 피마자의 독성분이다.

34 땅콩을 잘못 보관하여 곰팡이가 생겼을 경우 이때 생성되는 독성물질은?

① 베네루핀 ② 아플라톡신
③ 셉 신   ④ 아마니타톡신

> **해설** 독성물질
> • 베네루핀 : 모시조개, 바지락, 굴   • 셉신 : 감자의 썩은 부위   • 아마니타톡신 : 알광대버섯

35 포도상구균의 독소는?

① 솔라닌   ② 엔테로톡신
③ 뉴로톡신 ④ 테트로톡신

> **해설** 독 소
> • 솔라닌 : 감자의 초록색 싹 부위   • 뉴로톡신 : 보툴리누스균의 독소   • 테트로톡신 : 복어

36 가열에 의해 사멸되지 않은 식중독은?

① 병원성 대장균 ② 살모넬라
③ 장염 비브리오 ④ 포도상구균

> **해설** 살모넬라, 병원성 대장균, 장염 비브리오는 가열하여 섭취하면 예방할 수 있는 세균성 식중독(감염형)이다.

37 보툴리누스 식중독에 대한 설명으로 틀린 것은?

① 통조림과 병조림에서 발생한다. ② 치사율이 가장 높다.
③ 산소를 좋아한다.   ④ 독소형 식중독이다.

38 독버섯 섭취 시 호흡곤란, 위장장애를 일으키는 원인독소는?

① 셉 신   ② 아미그달린
③ 무스카린 ④ 고시풀

정답 33. ④ 34. ② 35. ② 36. ④ 37. ③ 38. ③

해설 자연독 식중독
- 셉신 : 감자의 썩은 부위
- 아미그달린 : 청매
- 무스카린 : 광대버섯
- 고시풀 : 목화씨

39 살모넬라균의 주된 감염원은?
① 육류 및 육류가공품 ② 민물고기류
③ 조개류 ④ 견과류

해설 살모넬라식중독의 원인식품은 달걀, 닭고기, 샐러드, 우유, 생선, 알, 식육 및 그 가공품이다.

40 포도상구균에 대한 식중독 예방책으로 틀린 것은?
① 조리실을 청결하게 관리한다.
② 식품을 가열조리하면 식중독을 예방할 수 있다.
③ 화농성질환과 인후염이 있는 조리사는 식품취급을 금한다.
④ 멸균된 기구를 사용한다.

해설 장내독소인 엔테로톡신의 독소는 내열성이 있어 열에 쉽게 파괴되지 않는다.

41 해수균의 일종으로 식염농도 3%에서 잘 생육하며 어패류를 생식할 경우 발생되기 쉬운 식중독은?
① 살모넬라 식중독 ② 장염비브리오 식중독
③ 병원성 대장균 식중독 ④ 노로바이러스 식중독

해설 장염비브리오균은 호염성 세균으로 식염수 3~4%에서 생육한다.

42 식품안전관리 인증기증(HACCP)을 식품별로 정하여 고시하는 사람은?
① 복건복지부 장관 ② 대통령
③ 식품의약품안전처장 ④ 시장·군수·도지사

해설 식품위생에 관한 모든 행정은 '식품의약품안전처'에서 주관한다.

43 식품위생법에서 영업에 종사할 수 있는 질병은?
① 제2급감염병 ② 후천성 면역결핍증
③ 비감염성인 결핵 ④ 피부병 또는 화농성질환

정답 39. ① 40. ② 41. ② 42. ③ 43. ③

해설 영업에 종사할 수 없는 질병
- 결핵(비감염성인 경우는 제외)
- 콜레라, 장티푸스, 파라티푸스, 세균성이질, 장출혈성대장균감염증, A형간염
- 피부병 또는 그 밖의 고름형성(화농성) 질환
- 후천성 면역결핍증(AIDS)

44 발생을 계속 감시할 필요가 있어 발생 또는 유행 시 24시간 이내 신고하여야 하는 감염병은?

① 제1급감염병 ② 제2급감염병
③ 제3급감염병 ④ 제4급감염병

45 일본에서 폐수에 오염된 식품을 섭취하고 이타이이타이병에 발생하였다. 이와 관련된 유해성 금속화합물은?

① 구 리(Cu) ② 카드뮴(Cd)
③ 수 은(Hg) ④ 납(Pb)

해설 유해성 금속화합물
- 수은중독 : 미나마타병(언어장애, 지각이상)
- 납중독 : 요독증 증세

46 경구감염병과 비교할 때 세균성 식중독의 특징은?

① 2차 감염이 잘 일어난다.
② 경구감염병보다 잠복기가 길다.
③ 발병 후 면역이 생긴다.
④ 경구감염보다 많은 양의 균으로 발병한다.

해설 소화기계 감염병(경구감염병)
- 감염병균에 오염된 식품과 오염된 물 섭취로 감염
- 적은 양의 균으로 발병
- 2차 감염됨, 긴 잠복기, 면역이 됨

47 장염비브리오 균에 감염될 경우 나타나는 주요 증상은?

① 화농성 피부염 ② 급성 장염증상
③ 신경마비증상 ④ 안면마비와 언어장애

해설 장염비브리오균에 감염되면 복통, 설사, 발열, 구토 중증일 때는 혈변을 보기도 한다(여름철에 집중 발생).

정답 44. ③ 45. ② 46. ④ 47. ②

48 중독을 일으키는 세균 중 잠복기가 가장 긴 것은?

① 비브리오균 ② 보툴리누스균
③ 살모넬라균 ④ 포도상구균

해설 세균성 식중독 잠복기
- 비브리오균 : 10~18시간(균량에 따라 차이가 남)
- 살모넬라균 : 12~24시간
- 보툴리누스균 : 보통 12~26시간이지만 긴 경우에는 8일
- 포도상구균 : 1~6시간(평균 3시간) 정도

49 다음 중 감염형 세균성 식중독으로 알맞은 것은?

① 장염비브리오균 ② 포도상구균
③ 보툴리누스균 ④ 노로바이러스

해설 감염형 세균성 식중독
살모넬라 식중독, 장염비브리오 식중독, 병원성 대장균 식중독이 있다.

50 다음 중 집단감염이 잘 되는 기생충은?

① 요 충 ② 회 충
③ 편 충 ④ 구 충

해설 요 충
항문주위에 산란 항문소양증이 있으며 소아에게 감염이 많으며 집단감염이 되는 것이 특징이다.

51 식품의 원료, 제조, 가공 및 유통의 각 단계에서 발생할 수 있는 위해요소를 분석·관리하는 제도는?

① 위해요소중점관리기준(HACCP) ② 자가품질검사
③ 제품검사 ④ 위생검사

52 알레르기성 식중독의 원인 식품으로 틀린 것은?

① 고등어 ② 꽁 치
③ 정어리 ④ 우 유

해설 알레르기 식중독은 프로테우스 모르가니(Proteus morgamii)가 대표적인 균이며 독소는 히스타민이다. 원인 식품으로는 고등어, 꽁치, 정어리 등의 붉은 살 생선과 그 가공품 등이다.

정답 48. ② 49. ① 50. ① 51. ① 52. ④

53 보리, 밀, 호밀 등에 기생하는 독소로 맥각 중독을 일으키는 독소는?
① 에르고톡신 ② 아플라톡신
③ 시트리닌 ④ 시트레오비리딘

54 재래식 된장, 곶감, 땅콩, 곡류에 곰팡이가 침입하여 생성되는 독소는?
① 매각독 ② 아플라톡신
③ 에르고톡신 ④ 시트리닌

해설 곰팡이 식중독과 독소
- 매각독(곰팡이 식중독) 원인균은 맥각균이며 원인독소로는 에르고톡신(간장독)과 에르고타민이며 원인식품으로 보리, 밀, 호밀이다.
- 황변미중독의 원인식품은 저장미이며 독소로 시트리닌(신장독), 시트리오 비리딘(신경독), 아이슬랜디톡신(간장독)이 있다.
- 아플라톡신(간장독)의 원인식품으로는 재래식 된장, 곶감, 땅콩, 곡류 등이 있다.

55 질병 발생의 3대 요소가 아닌 것은?
① 병인체 ② 감염경로
③ 숙주의 감수성 ④ 항생제

해설 질병 발생 요소
- 감염원(병원체, 병인소)   • 감염경로(전파방식, 환경)   • 숙주의 감수성(개인면역에 대한 감수성)

56 폐디스토마의 제1 중간숙주로 알맞은 것은?
① 물벼룩 ② 다슬기
③ 민물고기 ④ 가재·게

해설 폐흡충(폐디스토마)
제1 중간숙주(다슬기) → 제2 중간숙주(민물게, 민물가재)

57 식품위생의 목적으로 알맞지 않은 것은?
① 식품으로 인한 위생상의 위해를 방지한다.
② 국민 보건의 향상과 증진에 기여한다.
③ 식품영양상의 질적 향상을 도모한다.
④ '식품'이란 의약으로 섭취하는 것을 포함한 모든 음식물을 말한다.

정답 53. ① 54. ② 55. ④ 56. ② 57. ④

58 손 소독이나 식기소독에 가장 적합한 소독제는?

① 에틸알코올용액 ② 역성비누
③ 과산화수소 ④ 포르말린

▌해설▌ 소독제
- 에틸알코올(70%) : 금속기구, 손 소독에 사용
- 역성비누 : 과일, 채소, 식기, 조리자의 손 소독에 사용한다. 무독성으로 살균력이 강하나 보통비누나 유기물이 있으면 살균력이 떨어진다. 실제 사용농도는 과일, 채소, 식기소독은 0.01~0.1%, 손 소독은 10%로 사용한다.
- 과산화수소(3%) : 자극성이 약하여 피부상처소독, 입안상처소독
- 포르말린(30~40%수용액) : 화장실(분뇨), 하수도, 진개 등의 오물소독

59 물리적·화학적 방법을 시행하여 모든 미생물을 제거하여 무균상태로 만드는 것은?

① 살 균 ② 멸 균
③ 소 독 ④ 방 부

▌해설▌ 용어정의
- 살균 : 미생물을 제거하여 무균상태로 만드는 방법
- 멸균 : 살균보다 강력한 물리적, 화학적 방법으로 살아 있는 세포, 미생물, 아포까지 제거하는 방법
- 소독 : 물리적·화학적 방법으로 전염병의 전염을 방지하기 위해 병원균만 제거하는 방법
- 방부 : 미생물 번식을 막아 물질이 변질되는 것을 막는 방법

60 열을 이용하는 물리적인 살균방법으로 설명이 틀린 것은?

① 소각멸균법 : 재사용하지 않은 물건을 대상으로 오염된 물건을 소각하는 방법
② 화염멸균법 : 불에 타지 않은 물건을 불꽃에 20초간 넣어 미생물을 사멸시키는 방법
③ 고압증기멸균법 : 고압증기 멸균 솥으로 살균하여 미생물만 아니라 아포까지 사멸시키는 방법
④ 열탕소독법 : 100℃의 증기에서 15~20분간 가열하여 24시간마다 3회 연속으로 하는 소독방법

▌해설▌ 살균방법
- 열탕소독법(자비소독) : 끓는 물 100℃에서 15~20분간 가열하는 방법으로 식기, 행주 등에 이용되는 소독법이다.
- 간헐멸균법 : 100℃의 증기에서 15~30분간 가열하여 24시간마다 3회 연속으로 하는 소독방법이다.

61 화학적 방법으로 소독하는 방법으로 틀린 것은?

① 치아염소산 나트륨-음료수, 기구, 설비 등에 50~100ppm 희석 사용
② 염소 : 잔류 염소량은 0.1~0.2ppm이 되어야 한다.
③ 생석회 : 오물소독에 가장 우선적으로 사용한다.
④ 과산화수소 : 70% 수용액을 금속, 유리기구, 손 소독에 사용한다.

▌해설▌ 과산화수소는 3%의 수용액을 점막이나 입안의 상처를 소독한다.

정답 58. ② 59. ① 60. ④ 61. ④

62 식품 취급자가 지켜야 할 준수사항으로 틀린 것은?

① 열이 나거나 설사를 할 때는 식품제조나 조리작업에 참여할 수 없다.
② 영업자는 영업개시 후 건강진단을 받는다.
③ 손톱은 짧고 깨끗이 청결하게 유지한다.
④ 위생모와 위생복을 착용하고 복장은 항상 청결해야 한다.

|해설| 영업자는 영업개시 전 건강진단을 받는다.

63 다음 중 식품보관 시 위생상 틀린 것은?

① 상온보관   ② 진공포장
③ 건조해서 보관   ④ 냉동보관

64 살균과 소독의 물리적인 방법이 아닌 것은?

① 일광소독법   ② 자비소독법
③ 자외선 살균법   ④ 염소 소독법

|해설| 살균과 소독은 물리적인 방법과 화학적인 방법이 있는데 약품을 이용하여 소독하는 방법은 화학적 방법이다.

65 식품위생법에 따른 '식품의 정의'로 알맞은 것은?

① 의약품으로 섭취하는 것을 제외한 모든 음식물
② 섭취하는 모든 음식물
③ 간편하게 섭취할 수 있는 음식물
④ 영양이 골고루 갖춰져 있는 음식물

|해설| '식품'이란 의약으로 섭취하는 것을 제외한 모든 음식물을 말한다.

66 식품위생법상 식품위생의 대상으로 알맞은 것은?

① 식품, 식품첨가물, 기구, 용기, 포장
② 식품, 식품첨가물, 기계, 용기, 의류
③ 식품첨가물, 부재료, 기계, 장비, 용기 등
④ 식품첨가물, 식품, 기구, 그릇, 용기 등

|해설| 식품위생의 대상으로는 식품, 식품첨가물, 기구 또는 용기, 포장을 대상으로 한다.

정답   62. ②   63. ①   64. ④   65. ①   66. ①

67 HACCP에 대한 설명으로 틀린 것은?

① 위생적이고 안전한 식품을 제조할 수 있다.
② 원료부터 유통의 전 과정을 관리할 수 있다.
③ 완벽한 사후처리를 추구한다.
④ 종합적인 위생관리 시스템이다.

68 HACCP 7원칙의 관리절차로 올바른 것은?

① 위해요소분석 → 중요 관리점 결정 → 한계관리기준 설정 → CCP모니터링 → 개선조치 → 검증절차 → 문서보관
② 위해요소분석 → 중요 관리점 결정 → 한계관리기준 설정 → 개선조치 → 검증절차 → 문서보관 → CCP모니터링
③ 중요 관리점 결정 → 한계관리기준 설정 → 개선조치 → 검증절차 → 문서보관 → CCP모니터링 → 위해요소분석
④ 중요 관리점 결정 → 한계관리기준 설정 → 개선조치 → 검증절차 → 문서보관 → 위해요소분석 → CCP모니터링

69 식품업체측의 HACCP 도입의 효과로 틀린 것은?

① 위생적이고 안전한 식품의 제조
② 안전한 식품소비
③ 경제적 이익 추가 창출
④ 회사의 이미지 제고와 신뢰성 향상

해설 HACCP 도입의 효과
- 소비자 측면 : 제품 표시 등으로 인한 선택기준의 확대, 안전한 식품선택의 기회
- 업체측 측면
  ㉠ 체계적인 위생관리 체계의 구축   ㉡ 위생적이고 안전한 식품제조
  ㉢ 위생관리의 효율성 도모   ㉣ 회사이미지와 신뢰성 향상
  ㉤ 품질안전 비용감소

70 다음 중 보건복지부령으로 정하는 영양표시 대상 식품이 아닌 것은?

① 장 류   ② 레토르식품
③ 떡 류   ④ 면 류

해설 장류 중에서 한식메주, 한식된장, 청국장 및 한식메주를 이용한 한식간장은 제외된다.

정답 67. ③ 68. ① 69. ② 70. ③

71 다음 중 식품 등의 표시사항이 아닌 것은?

① 원재료명　　　　　　　② 식품의 유형
③ 제조자와 업주명　　　　④ 주의사항

> **해설** 식품의 포장 표시사항
> ㉠ 제품명　　　㉡ 식품의 유형　　㉢ 영업소(장)의 명칭(상호) 및 소재지　　㉣ 유통기한
> ㉤ 원재료명　　㉥ 용기·포장 재질　㉦ 품목보고 번호　　　　　　　　　　　　㉧ 성분명 및 함량
> ㉨ 보관방법(해당 경우에 해당)　　　㉩ 주의사항

72 식품 등의 표시사항 중 유통기한에 대한 설명으로 틀린 것은?

① 제조연월일을 표시해야 한다.
② 유통기한 또는 품질 유지기한을 표시해야 한다.
③ 기구 또는 용기·포장은 유통기한 표시사항에서 제외한다.
④ 식품첨가물도 유통기한을 표시해야 한다.

> **해설** 식품 등 표시사항
> • 유통기한 : 식품을 판매할 수 있는 최종일
> • 품질유지기한 : 식품이 최상의 품질을 유지할 수 있는 최종일

73 다음 중 식품위생 지표균은?

① 대장균　　　　　　② 포도상구균
③ 비브리오균　　　　④ 살모넬라균

> **해설** 식품위생 지표균
> 대장균은 분변오염의 지표 균으로 검출시 다른 병원성 미생물의 존재 가능성을 나타내기 때문에 식품위생 지표균으로 이용된다.

74 다음 중 구충감염 예방으로 틀린 것은?

① 인분을 비료로 쓰지 않는다.
② 채소류는 가열 조리하여 섭취한다.
③ 육류를 날것으로 섭취하지 않는다.
④ 채소류는 흐르는 물에 깨끗하게 씻는다.

> **해설** 회충, 요충, 구충(십이지장충), 편충은 채소류에서 감염되는 기생충이다.

정답　71. ③　72. ④　73. ①　74. ③

75 다음 중 식품위생의 대상이 아닌 것은?

① 식 품
② 식품첨가물
③ 용 기
④ 식품을 채취하기 위한 도구

▎해설▎ 식품위생은 식품, 식품첨가물, 기구, 용기, 포장을 대상으로 하는 음식에 관한 위생을 말한다.

76 식품을 조리할 때 첨가하는 식품첨가물의 기준과 성분에 관한 규격을 설정하는 기관은?

① 식품의약품안전처
② 보건복지부
③ 관할 보건소
④ 관할 시·도

▎해설▎ 식품의약품안전처장은 국민보건을 위하여 필요하면 판매를 목적으로 하는 식품 또는 식품첨가물에 관한 제조·가공·사용·조리·보존방법에 관한 기준과 성분에 관한 규격의 사항을 정하여 고시한다.

77 다음 중 조리사를 두지 않은 식품접객영업자와 집단급식소 운영자가 받는 벌칙은?

① 3년 이상의 징역
② 1년 이상의 징역
③ 3년 이하의 징역 또는 3천만원 이하의 벌금
④ 5년 이하의 징역 또는 5천만원 이하의 벌금

▎해설▎ 벌 칙
조리사를 두지 않은 식품접객영업자와 집단급식소 운영자와 영양사를 두지 않은 집단급식소의 운영자는 3년 이하의 징역 또는 3천만원이하의 벌금에 처한다.

78 다음 중 유독·유해물질이 들어 있거나 인체의 건강을 해칠 우려가 있는 위해 식품을 판매한 영업자에게 부과된 벌칙으로 알맞은 것은? (단, 식품의약품안전처장이 인체의 건강을 해칠 우려가 없다고 인정하는 것은 제외한다)

① 1년 이하 징역 또는 1천만원 이하 벌금
② 3년 이하 징역 또는 3천만원 이하 벌금
③ 5년 이하 징역 또는 5천만원 이하 벌금
④ 10년 이하 징역 또는 1억원 이하 벌금

정답 75. ④ 76. ① 77. ③ 78. ④

kyungrok

Audio Video Physical e-Book

제4편

우리나라 떡의 역사 및 문화

- 제1장 떡의 역사
- 제2장 떡 문화
- 예상문제

제1장 떡의 역사

1. 떡의 어원

(1) 떡은 곡식을 가루 내어 물과 반죽을 하여 쪄서 만든 음식을 통틀어 이르는 말로써 흰떡, 시루떡, 인절미, 송편, 화전, 주악, 경단 등이 모두 이에 속하며 오랜 세월 우리 생활에 밀착되어 각종 제사의식, 통과의례, 시절 및 명절 행사 에서 빼놓을 수 없는 우리나라 고유한 음식 중 하나였다.

(2) 떡은 '찌다'의 동사에서 명사가 되어 찌기 → 떼기 → 떠기 → 떡으로 어원이 변화하였다.

(3) 떡의 유래

① 떡의 역사는 확실치 않으나 떡의 재료가 되는 곡물이 재배되고 찌는 도구가 생기면서 떡이 생겼을 것으로 여겨진다. 우리나라는 청동기시대 후기에 농경문화가 활발해졌고 당시의 곡물은 기장, 조, 콩, 보리, 밀 등이 재배되었으며 곡물의 조리법은 죽 → 떡 → 밥의 순서로 발전하였을 것으로 추정되고 있다.

② 청동기 시대의 유물 중 시루가 많이 나오고 고구려 유적인 황해도 안악고분 벽화 중 시루에 곡물을 찌는 그림으로 보아 곡물의 찌는 조리법은 일찍부터 발달한 것으로 여겨진다.

③ 성호사설과 임원십육지에는 가루로 만들어 익히는 것을 이(餌)라 하고 먼저 익혀서 다시 잘 쳐서 만든 것을 자(餈)라 하였다.

④ 중국의 제민요술에는 밀가루를 만든 것을 병(餠)이라 하고 그 밖의 곡물로 만든 것을 이(餌)라고 하였다.

⑤ 떡의 한자어 표시

저 서	한자어	내 용
조선무쌍신식요리제법	이(餌)	쌀가루를 찐 것으로 기록
	자(餈)	쌀을 쪄서 치는 것
	유 병(油餠)	기름에 지진 것
	박 탁(餺飥)	가루를 반죽하여 썰어서 국에 삶는 것(떡국)
	혼 돈(餛飩)	쌀가루를 쪄서 둥글게 만들어 가운데다가 소를 넣는 것
	교 이(絞餌)	쌀가루를 엿에다 섞은 것
	탕중뢰환(湯中牢丸)	꿀에 삶는 것
	부투, 유어	밀가루에 술을 쳐서 끈적거려 가볍고 뜨게 하는 것
	담	떡을 얇게 만들어 고기를 싼 것
	만 두	밀가루를 부풀게 하여 고기소를 넣은 것

2. 시대별 떡의 역사

(1) 삼국시대 이전(상고시대)

우리 민족이 언제부터 떡을 먹기 시작했는지 알 수 없지만 떡의 가장 보편화된 조리법을 찌는 형태로 볼 때 찌는 떡의 등장 시기는 청동기 유적지와 초기 철기유적지에서 떡을 찌는 시루(함경북도 나진 초도 조개더미 청동기시대)의 발견으로 청동기시대 또는 초기 철기시대로 본다. 실제로 찌는 떡이 일상음식으로 일반화된 시기는 삼국시대로 보고 있다.

(2) 삼국시대와 통일신라시대

삼국시대와 통일신라시대에는 벼농사를 중심으로 다양한 곡물 생산이 증대되면서 이를 이용한 떡이 다양해 졌다. 삼국사기의 기록을 보면 유리와 탈해가 왕위를 서로 사양하다 떡을 깨물어 잇자국이 많은 사람이 왕위를 계승했다는 기록과 거문고 명인 백결선생이 가난하여 설에 떡을 만들지 못하는 아내를 위해 거문고로 떡방아 소리를 내 위로하였다는 기록 및 떡이 제사음식으로 쓰였다는 기록이 있다. 이로 미루어 이 시기에 흰떡이나 인절미, 절편류의 떡을 만들었을 것으로 추측할 수 있다.

(3) 고려시대

삼국시대에 전래된 불교의 성행으로 상류층을 중심으로 차를 마시는 음다(飮茶)풍속이 유행 떡과 과정류(菓飣類)가 고급화 되었고 곡물의 생산증가로 제례음식으로 여겨졌던 떡이 절기 때 먹는 절식(節食)으로 자리를 잡게 되었고 외국과의 교류가 빈번해지면서 떡의 종류와 조리법이 더욱 다양해졌다.

① 1614년 이수광의 지봉유설에 송사를 인용한 고려에서는 상사일(上巳日,음력 3월 3일)에 청애병(青艾餅)인 쑥설기를 으뜸가는 음식으로 삼았다는 기록이 있다.

> **TIP** 송 사
> 중국 원나라때의 사서

② 한치윤의 해동역사에서는 고려인이 율고(栗糕)를 잘 만든다는 중국인의 견문과 원나라의 문헌인 거가필용에 '고려율고' 만드는 방법이 소개되어 있다.

③ 공양왕때 이색의 목은집에 유두일에 수단과 차수수전병에 팥소를 넣은 찰전병, 점서(粘黍)라고 하는 찰기장으로 만든 송편이 나온다.

④ 고려가요 쌍화점에서 밀가루를 발효시켜 채소로 만든 소와 팥소를 넣고 찐 증편류의 일종인 상화병이 나온다.

> **TIP** 고려시대의 떡의 종류★
> - **율고** : 찹쌀가루에 삶아 으깬 밤을 넣어 버무린 후 잣을 고명으로 얹어 찐 떡으로 중양절의 절식으로 밤떡 또는 밤가루 설기라고 부른다.
> - **청애병** : 쑥을 넣고 만든 떡
> - **수단** : 흰떡 수단이라고도 하며 멥쌀가루로 만든 흰떡을 작은 경단모양으로 만들어 녹말가루를 입힌 뒤 끓는 물에 삶아 찬물에 헹구어 이를 꿀물에 띄어 마시는 음료
> - **시고** : 찹쌀과 곶감가루를 버무려 찐 것에 호두가루를 묻힌 경단모양의 떡
> - **상애병** : (상외떡, 상화병)밀가루를 누룩이나 막걸리로 반죽하여 부풀려 팥으로 만든 소를 넣고 빚어 시루에 찐 떡

(4) 조선시대

조선시대에는 농업기술의 발전으로 생산량이 증대되어 곡물의 품종도 다양해졌으며 조리서의 발행으로 인한 식품가공 및 조리기술이 발전되면서 자연스럽게 떡 문화도 발전하였다. 유교가 사회윤리로 정착되고 관혼상제의 풍습과 세시행사가 관습화되면서 다양한 떡이 전통음식으로 등장하게 되었다. 추석 대표음식인 송편이 조선시대에 만들어졌으며 하절기 대표 떡인 증편도 이때 크게 유행하여 현재까지 이어져 오고 있다.

① 1611년 허균의 <u>도문대작</u>은 우리나라 팔도의 명물토산품과 별미음식을 소개한 19종류의 떡이 기록되어 있다.

② 1670년(현종11년) 최초의 한글 조리서인 안동장씨의 <u>음식디미방</u>에는 석이편법, 밤설기법, 전화법, 빈잡법, 잡과법, 상화법, 증편법, 섭산산법 등 8가지 떡 만드는 방법이 수록되어 있다.

- **석이편법**(석이버섯떡) : 석이버섯을 깨끗이 씻어 잘라 쌀가루에(멥쌀에 찹쌀가루)섞어 보통 팥 시루와 같이 안쳐 잣을 으깨어 켜를 놓은 떡이다.
- **밤설기법** : 밤을 섞어 만든 설기떡, 멥쌀가루로 켜를 짓지 않고 한꺼번에 시루에 안쳐 찌는 떡을 설기떡이라 하는데, 음식디미방에서는 찹쌀가루를 쓰면서 석이편법처럼 켜를 넣는 것으로 되어 있다.
- **전화법**(유전병) : 화전은 그 계절에 피는 꽃을 이용하여 찹쌀가루를 익반죽하여 둥글납작하게 모양을 만들어 꽃잎을 붙이고 번철에 기름을 두르고 지져내어 설탕이나 꿀을 발라먹는 음식이다.
- **빈잡법**(반쟈법 ; 빈대떡을 만드는 법) : 빈쟈는 중국의 빙쟈의 차용어로 오늘날의 '빈대떡'을 가리키는 말이다.
- **잡과법** : 찹쌀가루를 되게 반죽을 하여 주악(웃기떡의 한 종류)같이 빚어 꿀을 바르고 곶감, 대추, 밤, 잣을 짓두드려 묻힌 떡을 잡과편이라 한다.
- **상화법** : 밀가루를 누룩과 막걸리로 반죽하여 부풀려 꿀팥소를 넣어 빚어 시루에 찐 떡이다.

- **증편법** : 멥쌀가루에 발효재(술, 식혜)로 반죽하여 채반에 펴고 소를 넣어 켜켜이 만들거나 반죽을 편 위에 잣, 대추, 석이, 실백 등을 넣어 찐 떡의 일종이다.
- **섭산산법** : 더덕의 껍질을 벗겨 두드려 넓게 펴서 쓴맛을 빼고 찹쌀가루를 묻혀 기름에 지져낸 떡이다. 산삼 만큼 몸에 좋다고 하여 산삼을 붙여 섭산삼이라고도 한다.

③ 1809년 빙허각 이씨의 **규합총서**는 '차마 삼키기 아까울 정도로 맛이 있다'는 석탄병(惜呑餠)의 유래에 대해 적고 있으며 27가지 종류의 떡 이름과 만드는 방법이 기록되어 있다.

  석탄병은 고려시대의 감설기가 발전한 것으로 멥쌀가루에 감가루, 대추가루, 밤, 귤병, 계핏가루, 잣, 꿀 등을 섞어 찐 떡이다.

④ 조선시대 떡의 종류★
  ㉠ 시루떡류
  - **도행병**(강원도 향토떡) : 복숭아와 살구를 으깨어 즙을 만들어 찹쌀가루와 멥쌀가루에 넣어 버무려 볕에 말린 후 기름종이에 보관하였다가 한겨울 강릉지방에서 즐겨 먹던 별미 떡이다.
  - **석이병** : 멥쌀가루에 석이가루를 섞어 잣가루를 고물로 찐 떡이다.
  - **괴엽병** : 어린 느티나무 잎을 섞은 느티떡으로 경북에서는 괴엽병, 느티설기라고 한다.
  - **애병** : 멥쌀가루에 연한 쑥을 섞어 찐 떡으로 쑥 버무리라고 한다.
  - **상자병** : 도토리가루를 찹쌀가루나 멥쌀가루를 섞어 붉은 팥고물을 얹어 시루에 찐 떡이다.
  - **송기떡** : 송피(소나무 속껍질)을 삶아 우려 말린 가루를 멥쌀가루와 섞은 다음 팥고물을 사이에 켜켜로 안쳐 찐 떡. 송피떡은 송기떡이라고도 하는데 도문대작에는 떡 이름만 기록되어 있다.
    ※ 송기가루를 이용하여 절편 또는 개피떡을 만들기도 한다.
  - **남방감저병** : 찹쌀가루에 고구마가루를 섞어 대추채, 석이채, 밤 채를 고명으로 얹어 시루에 찐 떡이다.
  - **기단가오** : 메조가루에 대추, 콩, 팥을 섞어 찐 무리떡이다.
  - **석탄병** : 멥쌀가루에 감가루를 섞고 잣가루, 생강, 귤병, 계핏가루, 대추, 밤 등을 섞은 후 녹두고물을 깔고 시루에 찐 떡이다. 규합총서에 석탄병이란 이름의 유래는 이 떡이 차마 삼키기 아까울 정도로 맛이 있다고 해서 붙여진 것으로 문헌에 소개되어 있다.
  - **혼돈병** : 찹쌀가루에 꿀, 승검초가루, 계핏가루 등을 섞은 후 황률소를 방울지게 얹어 밤 채, 대추채 등을 박아 찌는 떡이다.
  - **잡과병**(잡과고) : 멥쌀가루에 밤, 대추, 곶감, 호두, 잣 등의 여러 가지 견과류를 섞어 시루에 찐 무리떡이다.
  - **신과병** : 멥쌀가루에 밤, 대추, 단감 등의 햇과실을 넣고 녹두고물을 두둑하게 얹어 시루에 쪄낸 떡이다.

  ㉡ 치는 떡류
  - 흰떡류로는 산병, 환병, 골무편 등이 있다.

- 다양한 부재료를 넣어 만든 쑥인절미, 대추인절미, 당귀잎 인절미와 기장과 조를 섞은 기장조인절미도 만들어졌다.

ⓒ **지지는 떡류**(전병류)

찰수수전병(수수부꾸미), 노티떡(찰기장쌀), 더덕전병(섭산삼), 서여향병(마떡), 토란병(찹쌀가루에 찐 토란을 으깨어 넣고 반죽), 유병, 권전병(메밀가루), 송풍병(찹쌀가루, 계핏가루, 꿀 넣고 반죽) 등이 있다.

(5) 근 대

근대에 서양과 일본의 신문물이 유입되면서 서양의 빵·과자가 도입이 되어 별식이었던 떡을 대체하게 되었고 경제적으로는 일본의 곡물 수탈로 쌀이 부족해졌으며 사회적으로는 신분제가 파괴되면서 일부 행사나 관혼상제에서 의례용으로 사용하기 위해 몇 가지 종류로 떡이 축소되었다.

(6) 현 대

해방 이후 급속한 산업화와 도시화로 경제적 풍요로움이 증대되어 삶에 여유가 생기면서 건강에 대한 관심이 높아져 떡이 새로운 건강식으로 대중의 관심을 받게 되면서 세계화 시대에 다양해진 현대인의 기호에 맞추기 위해 맛, 모양, 재료 면에서 다변화를 추구하게 되었다.

제2장 떡 문화

1 시·절식으로서의 떡 ★

우리민족은 생활양식과 자연환경에 의해 계절이나 세시에 따른 절일이 만들어졌다. 명절날 해먹는 음식을 절식이라 하고 제철에 나는 식품으로 만드는 음식을 시식이라 하였다.

월	시 기	떡 종류 및 내용
1월	정월초하루(음력 1월 1일)	떡국을 끓여 차례상에 올리고 찹쌀, 차조, 기장, 차수수 등으로 만든 인절미를 만들어 먹음
	정월 대보름(음력 1월 15일)	찹쌀로 만든 약식과 원소병(달을 보면서 먹는 떡)을 절식으로 즐김
2월	중화절(음력 2월 1일)	농사를 시작하기 전 일꾼들을 격려하는 의미에서 커다란 송편(노비송편, 삭일송편)을 만들어 먹음
3월	삼짇날(음력 3월 3일)	• 강남 갔던 제비도 돌아온다는 날로 '화전놀이'라 하여 찹쌀가루와 번철을 들고 야외로 나가 진달래꽃을 뜯어 진달래 화전을 만들어 먹음 • 진달로 봄을 미각을 음미하는 화전은 동국세시기에서 화면과 함께 삼짇날의 으뜸음식이라 기록되어 있음
4월	한식(음력 3월, 양력 4월 5일경)	겨울동안 문제가 생기지 않았는지 조상묘를 살피는 한식성묘로 쑥절편과 쑥단자를 만들어 먹음
	석가탄신일(음력 4월 8일)	• 느티떡과 장미화전 • 느티떡 : 느티나무 어린순을 멥쌀가루와 섞어 팥고물을 켜켜이 넣어 만든 시루떡
5월	단오(음력 5월 5일)	수릿날, 천중절, 중오절이라고도 하며 수리취를 넣어 만든 차륜병(수리취 절편)과 복숭아나 살구의 과일즙을 반죽하여 만든 도행병을 단오절식이라 하여 모두 즐김
6월	유두(음력 6월 15일)	• 조상과 농신께 안녕과 풍년을 기원하는 날로 상화병, 밀전병, 보리수단, 떡수단을 절식음식으로 만들어 먹음 • 떡수단 : 꿀물에 둥글게 빚은 흰떡을 넣어 만든 시원한 음료
7월	칠석날(음력 7월 7일)과 삼복	칠석은 햇벼가 익으면 흰쌀로만 백설기를 만들어 천신하고 먹었으며 절식으로는 밀국수와 밀전병을 먹었으며 삼복에는 증편과 주악을 만들어 먹음
8월	추석(음력 8월 15일)	햅쌀로 시루떡, 송편을 빚어 조상께 제사를 지내며 추석송편은 올벼(햅쌀)로 빚은 송편이라 '오려 송편'이라 부르기도 함
9월	중양절(음력 9월 9일)	추석 때 제사를 지내지 못한 북쪽 산간 지방에서 지내던 절일 중양절에는 국화주와 화전인 국화전을 만듦
10월	상 달	상달의 마지막 날에는 백설기나 팥시루떡을 쪄서 시루째 대문, 장독대, 대청 등에 놓고 고사를 지냄

11월	동 지	동짓날은 낮의 길이가 가장 짧고 밤의 길이가 가장 긴 날로 찹쌀경단(새알심)을 넣어 팥죽을 만들어 먹음
12월	납 일	1년을 돌아보고 무사히 지내도록 도와준 천지신명과 조상께 감사의 제사를 지내는 날로 납일에는 팥소를 넣은 골무모양으로 빚은 골무떡과 온시루떡을 만들어 먹음

> **TIP** 한 식
> 동지(冬至) 후 105일째 되는 날 양력으로 4월 5일 무렵이다. 설날, 단오, 추석과 함께 4대 명절의 하나이다.

2 통과의례와 떡★

통과의례란 사람이 태어나면서 죽을 때까지 거쳐야 되는 중요한 의례를 말한다. 각 의례에는 고유한 의미를 가진 떡이 함께 차려졌다.

(1) 삼칠일(三七日)

아이가 태어난지 21일이 되는 날로 아이가 무사히 자란 것을 기념하여 아무것도 넣지 않은 흰색의 백설기를 만드는데 이 백설기는 집안에 모인 가족과 친지들끼리만 나누어 먹고 대문 밖으로는 내보내지 않았다.

(2) 백일(百日)

① 아이가 출생한 지 100일이 되는 날로 백일의 백(百)은 완전·성숙 등을 의미하며 아이가 백일을 무사히 넘기게 되었음을 축하하는 날이다.
② 백일에 백설기를 만들어 백 집이 나누어 먹으면 아이가 무병장수하고 큰 복을 받는다고 하여 많은 이웃들과 나누어 먹었다.
③ 백설기는 아이가 밝고 깨끗하게 자라라는 기원, 붉은팥 수수경단의 붉은색은 귀신으로부터 아이를 보호하는 액막이 의식이 담겨져 있으며 오색송편에는 만물과 조화를 이루며 살라는 의미가 있다.
④ 백일의 오색송편은 평상시의 송편보다 작고 예쁘게 만들었으며 붉은팥 수수경단과 함께 아이가 10살이 될 때까지 생일이나 책례에 반드시 해주는 풍속이 있었다.

(3) 첫 돌

태어난 지 만 일 년이 되는 날로 아이의 장수복록(長壽福錄)을 축원하며 돌 의상을 갖추어 입히고 돌상을 차려줬다. 떡은 백일과 마찬가지로 백설기와 붉은팥수수경단, 오색송편, 인절미, 무지개떡을 준비한다. 백설기와 붉은팥수수경단, 오색송편의 의미는 백일 때와 같으며 무지개떡이나 각종 과일은 아이의 밝고 만물의 조화로운 미래를 기원하는 의미가 있다.

(4) 책례(冊禮)
아이가 자라 서당에 다니면 한 권의 책을 끝낼 때마다 떡과 음식을 만들어 어려운 책을 뗀 것을 축하하고 더욱 학문에 정진하라는 의미로 행하던 의례이다.

(5) 성년례(成年禮)
아이가 자라 어른이 되었음을 축하하며 책임과 의무를 일깨워 주려는 의례로 각종 떡과 약식을 포함한 여러 음식을 차렸다.

(6) 혼례(婚禮)
① 남녀가 만나 부부가 되기 위해 올리는 의례로 혼례는 육례(六禮)라 하여 여섯 단계의 절차를 거쳐 진행될 정도로 중요한 통과의례였다.

② 절차 중 신랑 집에서 신부 집에 함을 보내는 납채(納采)에서 봉치떡(봉채떡)을 하는 풍습이 있는데 봉치떡은 찹쌀 3되와 붉은팥 1되로 2켜의 시루떡을 안치고 그 위 중앙에 대추 7알을 원형으로 올리고 가운에 밤을 1개 올리고 찐 찹쌀시루떡이다.

③ 봉치떡의 찹쌀은 부부간의 금슬을 붉은팥은 액막이를 떡2켜는 부부 한 쌍을 대추 7알은 아들 7명을 의미한다.

④ 달떡과 색떡은 혼례상(동뢰상)에 올리는 떡으로 둥글게 빚은 흰 달떡은 보름달처럼 가득 채우며 밝게 살라는 의미를 지녔다.

(7) 회갑(回甲)
① 태어난 지 60년이 되어 육십갑자가 다시 시작되는 해의 생일을 회갑(回甲) 또는 환갑(還甲)이라 한다. 평균수명이 60이 되지 않던 시기의 회갑은 대단히 경사스러운 일이어서 자손들로부터 큰 축하를 받고 가족 전체를 모아 잔치를 벌였다.

② 회갑연에는 큰상이라 하여 여러 가지 음식을 높이 고여 담아 놓는데 혼례와 70세를 기념하는 희수연(稀壽宴)에도 이상차림을 했다.

(8) 제례(祭禮)
① 고인이 된 조상들을 추모하여 자손들이 올리는 의식이 제례이다. 제례에 올리는 상차림은 지역이나 가문에 따라 그 예법이 다른데 떡 종류로는 시루떡과 편류가 주류를 이루고 인절미등도 사용되었다.

② 붉은 팥고물은 귀신을 쫓는다하여 제례에 사용되지 않는 풍습이 있으나 지역에 따라서는 설, 추석 등의 차례와 제례에 팥시루떡을 올리기도 한다.

3. 향토떡 ★

삼면이 바다로 둘러싸이고 남북으로 길게 뻗는 우리나라는 지역적으로 계절의 변화가 달라 다양한 식재료를 가지고 있어 지역마다 향토색이 짙은 음식과 그 지역을 대표하는 떡들이 있다.

지 역	특 징	떡의 종류
서울·경기지역	떡 종류도 많고 모양도 화려한 특징을 가지고 있다.	색떡, 여주산병, 배피떡(배시루떡), 개성주악, 조랭이떡, 상추설기, 강화근대떡, 쑥버무리, 백련도김치떡, 각색 경단
충청도	양반과 서민의 떡이 구분	증편과 해장떡(주로 뱃사람이 먹던 손바닥크기의 붉은 팥고물을 묻힌 인절미), 쇠머리떡(모듬뱅이), 약편, 호박떡, 호박송편, 햇보리개떡, 산간지역에선 칡개떡, 도토리떡을 만들어 먹음
강원도	산과 바다가 공존하는 지역으로 재료가 다양하여 떡의 종류가 많음	감자시루떡, 감자떡, 감자녹말송편, 댑싸리떡, 메싹떡, 팥소흑임자, 도토리송편, 우무송편, 방울증편, 옥수수설기, 도행병
전라도	곡식이 많이 생산되어 음식 못지않게 떡도 사치스럽고 맛이 각별함	감시루떡, 감고지떡, 감인절미, 나복병, 수리취떡, 고치떡, 삐삐떡(삘기송편), 깨시루떡
경상도	경상도내에는 고장마다 떡이 다르게 발달	• 상주, 문경지역에서는 밤·대추·감으로 만든 설기떡이 경주에서는 열다섯 종류에 달하는 제사떡이 유명하다. • 모시잎송편, 밀비지, 만경떡, 쑥굴레·잣구리, 부편
제주도	삼면이 바다라 쌀보다 잡곡이 흔하여 메밀, 조, 보리, 고구마 등이 떡의 재료로 쓰임	오메기떡, 도돔떡, 좁쌀시루떡(침떡), 달떡, 백시리, 빼대기떡(감개떡), 은절미, 중괴, 약괴, 좁쌀시리, 감제침떡(고구마전분), 빙떡(무채를 소로 넣고 둘둘 말아 부친떡)
황해도	평야지대가 넓어 곡물중심의 떡이 발달, 인심이 후하여 떡의 모양도 비교적 푸짐	큰송편과 오쟁이떡, 혼인절편, 연안인절미, 메시루떡, 무설기, 잡곡떡, 마살떡, 수리취인절미, 닭알범벅, 찹쌀부치기등
평안도	각종 곡물과 과일이 고루 생산되는 지역이고 대륙과 가까워 크고 소담스러운 떡들이 발달	조개송편, 감자시루떡, 강냉이골무떡, 찰부꾸미, 노티녹두지짐, 송기절편, 송기개피떡, 골미떡, 꼬장떡, 니도래미, 뽕떡, 무지개떡
함경도	산악지대이고 기온이 낮아 주로 잡곡위주의 떡이 발달	가랍떡, 언감자송편, 기장인절미, 오그랑떡, 귀리절편, 괴명떡, 콩떡, 깻잎떡, 찹쌀구이 등

예상문제

1 다음 글 중 ( )에 들어갈 시대를 고르면?

> 우리 민족이 언제부터 떡을 먹기 시작했는지 정확히 알 수 없지만 유적들에서 시루 등 떡을 만드는데 필요한 도구들이 출토되는 것으로 미루어 ( )시대 이전부터 만들었을 거라 추측한다.

① 삼국시대 이전 ② 통일 신라
③ 고려시대 ④ 조선시대

2 신라시대에 백결선생이 '설에 이웃에서는 떡을 찧는 방아 소리가 들리는데 가난하여 떡을 치지 못하자 거문고로 떡방아 소리를 내 아내를위로 했다'는 기록이 있는 문헌은?

① 삼국사기 ② 삼국유사
③ 도문대작 ④ 규합총서

해설 「삼국사기」에는 유리왕과 탈해의 왕위계승과 관련된 기록과 백결선생이 아내를 위로하기 위해 거문고로 떡방아소리를 내었다는 기록이 있다.

3 신라 소지왕 때 임금의 생명을 구해준 까마귀의 은혜를 기리기 위해 만든 떡은?

① 율 고 ② 약 과
③ 약 식 ④ 청애병

해설 문 헌
- 「해동역사」: 고려사람들이 밤설기 떡인 율고(栗糕)를 잘 만든다 칭송한 중국인 견문이 기록
- 「지봉유설」: 고려에서는 상사일(음력 3월 3일)에 청애병(쑥떡)을 으뜸가는 음식으로 삼았다.

4 농업기술과 조리가공법의 발달로 전반적인 식생활의 향상과 떡의 종류와 맛도 한층 다양해진 시기는?

① 고려시대 ② 조선시대
③ 일제시대 ④ 해방 후

해설 조리가공법의 발달시기
- 고려시대: 떡이 상품화되어 일반에게 널리 보급

정답 01. ① 02. ① 03. ③ 04. ②

- 조선시대 : 떡이 고급화되었고 전성기를 이룸
- 일제시대 : 떡의 침체기
- 현대 : 세계화 시대에 다양해진 현대인의 기호에 맞추어 맛, 모양, 재료 면에서 다변화를 추구

5 다음 중 고조리서에 쓰여진 떡의 기록이 틀린 것은?

① 설기떡은 「성호사설」에서 기록을 찾아 볼 수 있다.
② 경단류는 「규합총서」에 '경단병'이란 이름으로 처음 기록되었다.
③ 화전은 「도문대작」에 '전화병' '유전병'이라 처음 기록되어있다.
④ 단자류는 「증보산림경제」에 '향애단자'라는 이름으로 처음 기록되었다.

▎해설▎ 경단류는 1680년 「요록」에 '경단병'이란 이름으로 처음기록 되었다.

6 다음 중 떡의 어원 변화로 알맞은 것은?

① 찌다 → 찌기 → 떼기 → 떠기 → 떡
② 찌기 → 찜 → 떼기 → 떠기 → 떡
③ 찜 → 찌기 → 떠기 → 떼기 → 떡
④ 찜 → 찌다 → 떠기 → 떼기 → 떡

7 삼국이 정립되기 이전 떡이 상고시대에 만들어졌을 것이라는 추론으로 틀린 것은?

① 황해도 봉산 신석기 유적에서 갈돌이 발견되었다.
② 함경북도 나진 초도 조개더미 청동기시대 유적에서 시루가 발견되었다.
③ 상고시대에 출토된 유적들로 보아 곡물가루를 시루에 찐 떡을 해 먹었을 것이다.
④ 쌀·피·기장·조·수수 등을 생산하였으며 그 중 많이 이용한 곡식은 쌀이다.

▎해설▎ 삼국시대 이전 상고시대에는 쌀 떡류보다 주로 잡곡 떡류가 더 많았다.

8 이 떡은 고려시대에 감설기가 발전한 것으로 멥쌀가루에 감가루, 대추가루, 밤, 귤병, 계핏가루, 잣, 꿀 등으로 만든 떡으로 「규합총서」에 "맛이 차마 삼키기 안타깝다"라고 기록되어진 떡은?

① 꿀 편
② 두텁떡
③ 석탄병
④ 감설기

정답 05. ② 06. ① 07. ④ 08. ③

9 다음 중 이수광의 「지봉유설」에 기록된 청애병은?

① 쑥설기 ② 쑥질편
③ 느티떡 ④ 두텁떡

해설 「지봉유설」 고려에서는 상사일(음력 3월 3일)에 청애병(쑥떡)을 으뜸가는 음식으로 삼았다하여 떡이 절식음식으로 사용되었음을 알 수 있다.

10 불교의 성행으로 상류층을 중심으로 차를 마시는 음다(飮茶)풍속이 유행 떡과 과정류가 고급화 되었던 시기는?

① 삼국시대 이전 ② 고려시대
③ 삼국시대 ④ 조선시대

11 우리 전통음식에 '약'자가 들어가는 음식의 의미는?

① 순수하게 재료의 맛을 즐기는 음식이다.
② 꿀이 들어간 음식을 말하며 몸에 이로운 음식이라는 개념이 있다.
③ 갖은 양념이 들어간 음식을 말한다.
④ 먹으면 무조건 치료가 되는 음식을 말한다.

해설 우리나라 말에 꿀은 藥이라 하기 때문에 꿀을 넣은 과자를 약과라 하며 약식의 약(藥)은 병을 고쳐주는 동시에 이로운 음식이라는 개념을 함께 지니고 있다.

12 다음 중 발효를 시켜서 만든 떡은?

① 화 전 ② 증 편
③ 부꾸미 ④ 웃지지

해설
- 웃지지 : '우찌지'라고도 하는데 찹쌀가루에 쑥색, 분홍색, 흰색으로 각각 익반죽하여 경단처럼 빚어 기름에 지진 떡
- 발효 떡 : 막걸리를 넣어 발효시킨 떡으로는 증편과 상화병이 있다.

13 증편에 대한 설명 중 알맞지 않은 것은?

① 기주떡 또는 술떡이라고 한다.
② 여름에 잘 상하지 않는 떡이다.
③ 찌는 모양에 따라 명칭이 달라진다.
④ 원래 명칭은 상화병이라 부른다.

정답 09. ① 10. ② 11. ② 12. ② 13. ④

해설 상화병은 밀가루에 술을 넣고 반죽하여 발효시킨 후 콩이나 깨에 꿀을 넣고 소를 만들거나 팥소, 고기소를 넣고 찐 떡이다.

14 다음 중 조선시대에 떡을 기록한 문헌이 아닌 것은?
① 음식디미방
② 규합총서
③ 도문대작
④ 삼국유사

15 다음 중 떡의 역사에 대한 설명으로 알맞지 않은 것은?
① 상고시대이전 유적에서 벼와 시루, 확돌이 출토된 것으로 보아 떡을 만들어 먹었음을 알 수 있다.
② 삼국사기 열전에 백결선생이 가난하여 떡을 찧지 못하는 아내를 위해 달래주기 위하여 거문고로 떡방아 소리를 내었다.
③ 고려시대는 불교의 육식금지와 음다생활 풍습으로 떡 발전의 침체기였다.
④ 관혼상제의 풍습과 세시행사가 관습화되면서 각종 의례가 빈번해졌고 이에 조선시대 떡은 맛뿐만이 아니라 더욱 화려하고 사치스럽게 발전하였다.

해설 떡의 역사
- 고려시대는 육식의 금지와 음다생활 풍습으로 떡, 한과, 차 등이 크게 발전하였다.
- 조선시대에는 유교의 영향으로 음식을 높이 고이는 풍조가 생겨나서 관·혼·상·제때는 신분과 지위의 높고 낮음에 따라 음식이나 떡·한과를 고이는 높이가 달랐으며 이에 따라 떡이 고급화 되어 전성기를 이루었다.

16 떡이 일반인에게 널리 보급되었던 시기는 언제인가?
① 상고시대 이전
② 삼국시대
③ 고려시대
④ 조선시대

17 다음 중 절식으로 먹는 떡의 연결이 틀린 것은?
① 정월 초하루 – 떡국
② 중화절 – 삭일송편
③ 유월유두 – 차륜병
④ 칠석날, 삼복 – 백설기, 증편, 주악

해설 유월유두(음력 6월 15일)
떡수단, 상화병, 밀전병

정답 14. ④ 15. ③ 16. ③ 17. ③

18 수릿날, 천중절, 중오절이라고도 하며 수리취를 넣어 만든 차륜병(수리취절편)과 복숭아나 살구의 과일즙을 반죽하여 만든 도행병을 만들어 먹던 절기는?

① 한 식
② 중양절
③ 단 오
④ 한 식

19 다음 중 설병 이름이 처음으로 기록된 책의 이름은?

① 삼국유사
② 삼국사기
③ 해동역사
④ 지봉유설

> **해설** 삼국유사
> 효소대왕 때 죽지랑이 "공사(公私)로 갔더니 응당 대접하리라 하고 설병(舌餅) 한 합과 술 한 병을 가지고…"라고 기록하였는데 여기서 '설병'이란 떡이 있었음을 알려 주고 있다.

20 다음 중 조선시대 떡 문화의 특징으로 틀린 것은?

① 조선시대 떡은 궁중과 반가를 중심으로 더욱 사치스럽게 발전하였다.
② 조선시대에는 유교의 영향으로 음식을 높이 고이는 풍조가 생겨나서 관·혼·상·제때는 신분과 지위에 따라 고이는 음식의 높이가 달랐다.
③ 조선 시대에는 떡이 고급화 되었지만 전성기를 이루지는 못하였다.
④ 유교가 사회 깊숙이 뿌리를 내리면서 의례와 세시행사에 조과류와 함께 다양한 떡이 등장하게 된다.

21 다음 중 절일과 절식이 잘못 연결된 것은?

① 한식-쑥떡
② 중양절-국화주와 국화전
③ 초파일- 느티떡
④ 추석-삭일송편

> **해설** 노비송편(삭일송편)
> 중화절 음력 2월 1일 민간에서는 머슴날 또는 노비일이라 하여 농사를 시작하기 전 일꾼들을 격려하는 의미에서 큰 송편을 만들어 먹었다. 이 떡은 노비들을 위한 송편이라 '노비송편'이라고도 하며 2월 초하루에 빚었다하여 '삭일 송편'이라고도 한다.

22 다음 중 명절과 연결이 잘못된 떡은?

① 정월대보름 – 약식
② 설날 – 가래떡
③ 추석 – 송편
④ 섣달그믐 – 새알심을 넣은 팥죽

정답 18. ③ 19. ① 20. ③ 21. ④ 22. ④

해설 동지 : 새알심을 넣은 팥죽   섣달그믐(음력 12월 31일) : 온시루떡

23 다음 중 「도문대작」에 유전병(油煎餅)이라 기록된 떡의 종류는?
① 지지는 떡
② 찌는 떡
③ 삶는 떡
④ 치는 떡

해설 「도문대작」은 우리나라의 가장 오래된 식품전문서로 19종류의 떡이 기록 되어 있다.

24 다음 중 백일에 하는 떡이 아닌 것은?
① 백설기
② 오색송편
③ 팥시루떡
④ 붉은 차수수경단

해설 떡의 의미
- 백설기 : 밝고 깨끗하게 자라라는 기원
- 오색송편 : 만물과의 조화
- 붉은 차수수경단 : 액운을 미리 막아주는 기원의 의미

25 다음 중 첫 돌을 맞은 아이를 위한 떡의 의미로 틀린 것은?
① 백설기 : 밝고 깨끗하게 자라라는 기원
② 오색송편 : 만물과 조화를 이루며 살아가라는 의미
③ 인절미 : 찰떡처럼 끈기 있는 사람이 되라는 기원
④ 무지개떡 : 아이에게 있을지 모를 액운을 미리 막아준다는 기원의 의미

해설 무지개떡 : 만물의 조화를 이루는 사람이 되라는 의미

26 다음 중 한글로 '떡' 이라고 처음 기록한 문헌은?
① 성호사설
② 규합총서
③ 요 록
④ 음식디미방

정답 23. ① 24. ③ 25. ④ 26. ②

27 다음 중 ( )에 들어갈 알맞은 말은?

( )에는 큰상이라 하여 여러 가지 음식을 높이 고여 담아 놓는데 한국의 상차림 중에서 가장 화려하고 성대한 상차림이다. ( )에 사용했던 떡은 잔치가 끝난 다음 가족, 친지, 이웃과 함께 나누어 먹는다.

① 혼 례
② 회 갑
③ 제 례
④ 책 례

28 다음 중 회갑이나 제례에 높이 고인 떡 위에 장식으로 올리는 떡의 이름은?

① 약 식
② 충 떡
③ 기 떡
④ 편

29 통과의례 상차림 중 혼례에서 함을 받을 때(납채) 사용되는 떡의 이름은?

① 봉치떡
② 백설기
③ 절 편
④ 가래떡

30 아이가 나이가 들어 어른이 되었음을 축하하고 각종 떡과 약식을 포함한 다양한 음식을 차려 책임과 의무를 일깨워주는 의례는?

① 책 례
② 성년례
③ 혼 례
④ 회갑연

31 조선시대 3대 명절의 하나로 부녀자들은 창포에 머리를 감고 남자들은 씨름 등 민속놀이를 하는 날은?

① 추 석
② 단 오
③ 유 두
④ 한 식

32 다음 중 단오의 절식으로 알맞은 것은?

① 증 편
② 주 악
③ 백설기
④ 차륜병

▎해설▎ 단오(수릿날, 천중절, 중오절) : 수릿날의 수리는 수레를 뜻하여 바퀴모양의 수리취 절편(차륜병)을 먹었다.

정답 27. ② 28. ③ 29. ① 30. ② 31. ② 32. ④

33 다음 중 더운 날씨에도 잘 상하지 않아 삼복에 먹었던 떡은?

① 개피떡 ② 송 편
③ 시루떡 ④ 증 편

해설 증 편
막걸리를 첨가하여 만든 발효 떡으로 다른 떡보다 미생물에 의한 변질이 일어나지 않기 때문에 여름철에 상용되는 떡이다.

34 다음 중 「주례」에 기록된 현대의 인절미와 비슷한 떡은?

① 석탄병 ② 향애병
③ 구이분자 ④ 율 고

해설 구이분자(糗餌粉餈)
「주례」에 나온 말로 조선시대 「성호사설」에서는 이(餌)는 곡물을 빻아 그대로 시루에 쪄낸 떡, 자(餈)는 곡물을 그대로 쪄내어 쳐서 만든 떡, 구(糗)는 볶은 콩, 분(粉)은 가루를 말한다. 쳐서 만든 떡에 콩가루를 묻힌 형태의 떡은 현대의 인절미와 비슷하다.

35 집집마다 팥고물을 두둑하게 켜로 넣고 시루떡을 만들어 고사를 지내는 절기는?

① 상 달 ② 동 지
③ 납 일 ④ 섣달그믐

36 다음 중 유두의 절식이 아닌 것은?

① 흰떡수단 ② 상화병
③ 밀전병 ④ 증 편

해설 유월 유두(음력 6월 15일)
오미자국물에 넣어 만든 떡수단과 상화병과 밀전병을 만들어 먹었다.

37 유두일 절식으로 밀가루를 술로 반죽하여 콩이나 깨에 꿀을 섞어 만든 소를 넣어 찐 떡은?

① 밀전병 ② 상화병
③ 흰떡수단 ④ 증 편

정답 33. ④ 34. ③ 35. ① 36. ④ 37. ②

38 음력 9월 9일로 양수가 겹친다는 명절로 국화주를 마시고 국화전을 만들어 먹었던 절기는?

① 중양절 ② 단 오
③ 칠 석 ④ 유 두

해설 절 기
- **중양절** : 국화주를 마시고 화전인 국화전을 만들어 먹음
- **단오** : 수리취를 넣은 차륜병(수리취절편)과 도행병(복숭아나 살구의 과일즙으로 반죽)을 단오절식으로 즐김
- **칠석** : 백설기와 증편과 찹쌀을 익반죽하여 소를 넣어 기름에 튀긴 주악
- **유두** : 떡수단, 상화병, 밀전병

39 다음 중 봉채떡에 대한 설명으로 알맞지 않은 것은?

① 떡 위에 놓는 대추는 아들을 상징한다.
② 붉은 팥고물은 액운을 면하게 해준다.
③ 떡을 두 켜가 아닌 한 켜로 한다.
④ 봉치떡은 찹쌀시루 떡이다.

40 다음 중 섣달그믐에 집에 남아 있는 재료들을 모두 넣어서 따뜻하게 해먹었던 떡은?

① 온시루떡 ② 모듬백이
③ 팥고물시루떡 ④ 물호박떡

41 다음 중 제례에 올리는 떡의 고물로 적당하지 않은 것은?

① 녹두고물 ② 거피팥고물
③ 붉은 팥고물 ④ 흑임자고물

해설 제례에는 조상신을 모셔오는 의례이므로 붉은 색 고물은 사용하지 않는다.

42 다음 중 '제례'에 대한 설명으로 바르지 않은 것은?

① 고인을 추모하기 위해 자손들이 올리는 의례이다.
② 제례에 사용되는 떡은 편류 등을 층층이 높이 괸 후 그 위에 웃기떡을 올린다.
③ 제례에 조상신을 모셔오는 의례이므로 붉은색 떡은 사용하지 않는다.
④ 제례에 쓰이는 고물은 녹두고물, 거피팥고물, 흑임자고물 등과 붉은 팥고물을 함께 써도 된다.

해설 제례떡에 쓰이는 고물은 녹두고물, 거피팥고물, 흑임자고물 등을 사용한다.

정답 38. ① 39. ③ 40. ① 41. ③ 42. ④

43 쌀보다는 잡곡이 흔해서 잡곡을 이용한 떡이 많은 지역은?

① 제주도　　　　　　　　② 충정도
③ 전라도　　　　　　　　④ 경기도

해설 제주도는 잡곡이 흔하여 메밀, 조, 보리, 고구마 등이 떡의 재료로 쓰였으며 다른 지방에 비해 쌀이 귀해 제사 때만 쌀떡을 썼다.

44 다음 중 양반과 서민의 떡이 구분되어 있던 지역은?

① 서 울　　　　　　　　② 충청도
③ 전라도　　　　　　　　④ 제주도

45 곡식이 가장 많이 생산되어 음식 못지 않게 떡도 사치스런 특징이 있는 지역은?

① 황해도　　　　　　　　② 서울·경기지역
③ 전라도　　　　　　　　④ 평안도

해설 전라도는 다른 지역에서 찾아보기 힘든 깨시루떡을 비롯하여 주악, 감단자, 꽃송편, 모시떡, 수리취떡, 차조기떡, 구기자떡, 풋호박떡, 보리떡, 밀기울떡, 콩대기떡 등이 있다.

46 다음 중 충청도의 향토떡으로 틀린 것은?

① 쇠머리 찰떡　　　　　　② 호박송편
③ 빙 떡　　　　　　　　④ 약 편

해설 충청도의 대표적인 떡은 증편과 해장떡(인절미에 붉은팥고물을 묻힌떡), 곤떡과 모듬뱅이(쇠머리떡) 호박떡, 호박송편, 햇보리개떡이 있으며 산간지역에는 감자떡, 칡개떡, 도토리떡을 만들어 먹었다.

47 다른 지방에 비해 떡이 매우 큼직하고 소담한 특징을 가지고 있는 지역은?

① 황해도　　　　　　　　② 평안도
④ 강원도　　　　　　　　④ 함경도

해설 지역 떡
- 평안도는 각종 곡물이 고루 생산되는 지역으로 대륙과 가까워 크고 소담스러운 떡이 발달
- 대표적인 떡으로는 조개송편, 감자시루떡, 강냉이골무떡, 찰부꾸미, 송기절편, 송기개피떡, 골미떡, 꼬장떡, 뽕떡, 노티녹두지짐, 니도래미, 무지개떡 등이 있다.

정답 43. ① 44. ② 45. ③ 46. ③ 47. ②

48 다음 중 고려속요에 등장하는 「쌍화점」에서 판매하는 떡의 이름은?

① 인절미
② 주 악
③ 개피떡
④ 상화병

49 희고 둥글게 빚은 떡으로 부부가 세상을 보름달처럼 밝게 비추고 서로 둥글게 채워가며 살기를 바라는 의미의 떡은?

① 달 떡
② 경 단
③ 봉채떡(봉치떡)
④ 백설기

50 청동기 시대에 떡을 만들어 먹었을 것이라고 추측할 수 있는 유물은 무엇인가?

① 시 루
② 떡 메
③ 어레미
④ 절 구

해설 청동기 시대 유적에서 벼가 출토되고 시루(함경북도 나진 초도 조개더미)와 연석 돌확의 출토로 청동기 시대부터 떡을 만들어 먹었음을 알 수 있다.

51 다음 중 떡의 어원 설명으로 바르지 않은 것은?

① 떡 : 「음식디미방」에서 떡이라 한글로 기록되어 있다.
② 교이(餃餌) : 쌀가루를 엿에다 섞은 것
③ 탕중뢰환(湯中牢丸) : 물에 삶는 것
④ 만두 : 밀가루를 부풀게 하여 고기소를 싼 것

해설 「음식디미방」에서는 떡을 편이라 했으며 「규합총서」에서 떡이라 한글로 기록되어 있다.

52 사람이 태어나면서 죽을 때까지 거치게 되는 중요한 의례는?

① 통과의례
② 제 례
③ 회혼례
④ 신년하례

해설 통과의례란 사람이 태어나면서 죽을 때까지 평생 꼭 한번 씩 겪는 의례로 이러한 의례를 잘 넘기기를 기원하는 의미로 고유한 의미를 가진 떡이 함께 차려졌다.

정답 48. ④ 49. ① 50. ① 51. ① 52. ①

모의고사

제 1 회 ~ 제 9 회

모의고사

제1회

1 다음 중 곡류가 아닌 것은?
① 조
② 보리
③ 옥수수
④ 콩

2 현미 도정율이 증가함에 따라 영양성분의 변화로 틀린 것은?
① 비타민 손실이 많아진다.
② 소화율이 높아진다.
③ 탄수화물 비율이 감소한다.
④ 수분흡수율이 높아진다.

3 다음 중 아밀로펙틴으로만 구성된 전분은?
① 찹쌀전분
② 멥쌀전분
③ 옥수수전분
④ 고구마전분

4 쌀을 오래 저장하면 냄새가 나는데 쌀의 어떤 성분이 변질되어서인가?
① 지방
② 단백질
③ 섬유질
④ 탄수화물

5 벼의 구성으로 알맞은 것은?
① 현미 80%, 왕겨층 20%
② 현미 75%, 왕겨층 25%
③ 현미 70%, 왕겨층 30%
④ 현미 50%, 왕겨층 50%

6 다음 중 아밀로오스와 아밀로펙틴이 호화와 노화에 미치는 영향으로 알맞은 것은?
① 아밀로펙틴은 호화되기 쉽고 노화되기도 쉽다.
② 아밀로펙틴은 호화되기 쉽고 노화되기 어렵다.
③ 아밀로오스는 호화되기도 쉽지만 노화되기도 쉽다.
④ 아밀로오스는 호화되기도 쉽지만 노화되기는 어렵다.

7 전분이 호화되면 성질에 변화가 생긴다. 그 이유로 틀린 것은?
① 부피 팽창
② 전분의 콜로이드화
③ 점도의 감소
④ 전분의 겔화

8 찹쌀에 대한 설명으로 틀린 것은?
① 식이섬유가 부족하여 다른 부재료와 함께 사용해야 한다.
② 찰떡, 인절미 등의 재료로 이용된다.
③ 찹쌀은 전분의 구성성분이 아미로펙틴만으로 되어 찰지고 소화가 잘되는 특성이 있다.
④ 비타민 E의 함량이 백미보다 6배 높고 비타민 D도 풍부하다.

09 쌀을 불리는 특징으로 맞지 않은 것은?

① 멥쌀의 최대 수분 흡수율은 25%이다.
② 찹쌀의 최대 수분 흡수율은 37~40%이다.
③ 찹쌀은 물에 불리기 전보다 물에 불린 후 무게가 2배 이상 된다.
④ 쌀을 불릴 때 여름철에는 3~4시간 겨울철에는 7~8시간 불리는 게 일반적이지만 현미는 단단하여 12~24시간 정도 불려서 사용한다.

10 다음 중 영양성분이 바르게 연결된 것은?

① 밀 – 글루텐
② 보리 – 오리제닌
③ 쌀 – 호르제인
④ 옥수수 – 루틴

11 부재료 전처리 방법으로 틀린 것은?

① 호박오가리는 불리지 않고 씻어서 사용하면 된다.
② 치자는 살짝 씻은 후 칼집을 내어 그릇에 담고 미지근한 물을 부어 색을 우려낸다.
③ 쑥은 파랗게 데친 후 찬물에 헹구어 사용한다.
④ 석이버섯은 물에 불려 안쪽의 이끼를 비벼 깨끗하게 씻어 사용한다.

12 다음 중 식물성 색소가 아닌 것은?

① 카로티노이드
② 헤모글로빈
③ 안토시안
④ 플라보노이드

13 떡의 모양을 낼 때 사용하는 도구는?

① 떡 메 ② 안 반
③ 떡 살 ④ 번 철

14 식용색소의 구비조건으로 맞지 않는 것은?

① 인체에 축적되지 않는 것
② 인체에 독성이 없는 것
③ 적은 양으로 착색효과가 큰 것
④ 물리·화학적 변화에 쉽게 분해되는 것

15 떡을 만드는 제조과정의 순서가 아닌 것은?

① 물 빼기 ② 분쇄하기
③ 찌 기   ④ 건조하기

16 다음 중 설기떡류가 아닌 것은?

① 율 고   ② 콩설기
③ 무지개떡 ④ 단 자

17 쌀가루를 체치는 이유로 틀린 것은?

① 쌀가루와 천연 착색료를 섞었을 때 균일한 색상을 낸다.
② 큰 입자의 쌀가루를 선별하여 입자가 고른 쌀가루를 만든다.
③ 쌀가루 사이에 공기층이 들어가 떡을 찔 때 수증기가 잘 통과되어 떡이 잘 익는다.
④ 쌀가루를 체에 치면 오히려 공기의 흡입을 막을 수 있다.

18 솥뚜껑을 뒤집은 모양으로 부침개, 화전 등을 지져낼 때 사용한 조리도구는?
① 이남박
② 밑 판
③ 번 철
④ 시 루

19 떡의 제조원리 중 소금을 넣는 과정은?
① 물 빼기
② 치 기
③ 성형하기
④ 쌀가루에 수분주기 전에

20 팥고물을 만들 때 사포닌 성분을 제거하기 위한 방법으로 알맞은 것은?
① 팥을 찜통에 찐다.
② 한번 삶아낸 물을 버리고 다시 삶는다.
③ 소금을 넣고 삶는다.
④ 거품만 걷어 내면 된다.

21 찹쌀가루를 쪄서 꽈리가 일도록 쳐서 소를 넣고 고물을 묻힌 떡은?
① 경 단
② 화 전
③ 단 자
④ 부꾸미

22 찹쌀가루를 익반죽하여 끓는 물에 익히는 떡의 종류는?
① 유전병
② 도 병
③ 증 병
④ 탕 병

23 식품포장의 기능으로 틀린 것은?
① 보호기능
② 안전성
③ 경제성
④ 생산자의 편리성

24 「식품위생법」상 허위표시인 것은?
① 유통기한 표시
② 식품의 영양성분 표시
③ 질병치료의 효능성
④ 원재료 및 함량

25 뻥튀기, 누룽지 등 전분에 물을 가하지 않고 160~180℃로 가열하면 가용성의 덱스트린을 형성하는 현상은?
① 겔 화
② 호정화
③ 호 화
④ 노 화

26 찌는 떡의 한 종류로 쌀가루에 막걸리를 넣어 발효시켜 여름철에 잘 상하지 않는 떡은?
① 증 편
② 단 자
③ 송 편
④ 경 단

27 인류가 가장 오래 이용해 온 천연 감미료는?
① 올리고당
② 꿀
③ 설 탕
④ 물 엿

28 끈기와 밀도가 있어 떡을 촉촉하게 유지하고 잘 굳지 않아 많이 사용하는 감미료는?
① 조 청 ② 물 엿
③ 설탕시럽 ④ 꿀

29 쑥버무리를 만들 때 사용하는 쑥으로 알맞은 것은?
① 이른 봄 채취한 어린 쑥
② 여름철에 채취한 질긴 쑥
③ 삶아서 냉동 보관한 쑥
④ 건조시킨 쑥

30 다음 중 떡 이름과 부재료의 연결이 틀린 것은?
① 청애병 – 쑥
② 승검초편 – 승검초가루
③ 율고 – 밤
④ 송기병 – 감가루

31 다음 중 식품의 위해상 위해요인이 아닌 것은?
① 화학적 요인
② 물리적 요인
③ 미생물적 요인
④ 생물학적 요인

32 수분 활성도에 따른 부패 미생물의 증가 순서는?
① 세균 > 곰팡이 > 효모
② 효모 > 곰팡이 > 세균
③ 세균 > 효모 > 곰팡이
④ 효모 > 세균 > 곰팡이

33 다음 중 분변오염 지표균으로 이 균이 식품에서 발견될 경우 식품의 위생관리가 비위생적이었다는 것을 알 수 있는 균은?
① 대장균 ② 살모넬라균
③ 젖산균 ④ 초산균

34 다음 중 미생물이 관여하는 현상이 아닌 것은?
① 발 효 ② 산 패
③ 변 패 ④ 부 패

35 다음 중 식중독의 특징으로 틀린 것은?
① 폭발적으로 발생한다.
② 환자의 발생이 계절적으로 다르다.
③ 지역적인 특성이 없다.
④ 유해물질이 함유된 식품 섭취로 발생한다.

36 다음 중 감염형 세균성 식중독에 속하는 것은?
① 장티푸스
② 장염비브리오균
③ 포도상 구균
④ 보툴리누스

37 땅콩을 잘못 보관하여 곰팡이가 생겼을 경우 이때 생성되는 독성물질은?
① 베네루핀
② 아플라톡신
③ 삭시톡신
④ 아미그달린

38 다음 중 포도상구균과 가장 관계가 깊은 것은?
① 식품의 곰팡이 독
② 화농성 질환을 가지고 있는 식품취급자
③ 해산물 식중독
④ 바이러스성 식중독

39 다음 중 보툴리누스 식중독이 발생되는 식품은?
① 육류식품
② 유제품
③ 통조림과 병조림 식품
④ 어류식품

40 다음 중 떡의 제조방법으로 틀린 것은?
① 불린 쌀은 체에 밭쳐 30분 정도 물기를 빼 준다.
② 쌀을 불릴 때는 여름에 4~5시간 겨울엔 7~8시간 물에 불린다.
③ 부재료는 재료의 형태에 따라 수분주기, 반죽하기, 찌기, 치기 과정 등에서 넣을 수 있다.
④ 멥쌀은 성글게 찹쌀을 곱게 빻는다.

41 멥쌀가루를 익반죽하여 깨나 콩을 소로 넣어 빚어 찌는 떡은?
① 두텁떡   ② 백설기
③ 송 편   ④ 주 악

42 다음 중 찌는 찰떡류에 해당하는 것은?
① 쇠머리찰떡, 구름떡, 녹두찰편
② 가래떡, 절편, 단자
③ 백설기, 향애병, 석탄병
④ 경단, 단자, 송편

43 100℃ 끓는 물에 15~20분간 가열하여 살균하는 방법은?
① 고압증기 멸균법
② 자비 멸균법
③ 유통증기 멸균법
④ 간헐 멸균법

44 다음 중 3%의 수용액을 피부나 입 안의 상처를 소독하는 소독제는?
① 과산화수소
② 에틸알코올(에탄올)
③ 역성비누
④ 머큐로크롬

45 다음 중 이상적인 소독제 구비조건이 아닌 것은?
① 살균력이 강한 것
② 금속부식성과 표백성이 없는 것
③ 비싼 가격의 소독제
④ 인축에 대한 독성이 적은 것

46 식중독을 일으키는 세균 중 잠복기가 가장 짧은 것은?
① 포도상구균   ② 보툴리누스균
③ 살모넬라균   ④ 세레우스균

47 다음 중 자연독 식중독과 독성물질의 연결이 잘못된 것은?
① 테트로도톡신 – 복어
② 베네루핀 – 모시조개
③ 솔라닌 – 맥각
④ 무스카린 – 버섯

48 다음 중 유해성 감미료는?
① 물 엿
② 자 당
③ 아스파탐
④ 둘 신

49 경구감염병의 예방법으로 가장 적절하지 않은 것은?
① 주위 환경을 청결히 한다.
② 식품을 냉장보관 한다.
③ 보균자는 식품을 취급하지 않는다.
④ 감염원이나 오염물을 소독한다.

50 페디스토마의 제1 중간숙주는?
① 다슬기
② 왜우렁이
③ 물벼룩
④ 민물고기

51 다음 중 인수공통감염병으로 틀린 것은?
① Q열
② 결 핵
③ 콜레라
④ 브루셀라병(파상열)

52 작업장에서 안전한 작업을 위한 행동이 아닌 것은?
① 젖은 손으로는 전기제품을 조작하지 않는다.
② 재료를 기계에 넣을 때는 손대신 누름봉을 사용해야 한다.
③ 기계를 점검할 때는 반드시 전원을 차단한 다음에 점검을 해야 한다.
④ 작업장의 조명은 180룩스로 하면 된다.

53 다음 중 유해하지 않기 때문에 손이나 조리도구 소독에 적당한 소독제는?
① 역성비누
② 과산화수소
③ 알코올
④ 머큐로크롬

54 다음 중 식품위생의 대상이 아닌 것은?
① 식품첨가물
② 포 장
③ 제조방법
④ 기구, 용기

55 다음 중 떡이 만들어진 시기로 알맞은 것은?
① 삼국시대 이전
② 통일신라시대
③ 고려시대
④ 조선시대

56 신라 소지왕 때 임금의 생명을 구해준 까마귀의 은혜를 갚기 위해 만들었다는 떡은?
① 율 고
② 약 식
③ 향애병
④ 두텁떡

57 다음 중 가래떡을 만드는 방법으로 틀린 것은?

① 가래떡은 쌀가루, 물, 소금만을 넣어서 만든다.
② 가래떡을 하루 정도 말려 동그랗게 썰면 떡국용 떡이 된다.
③ 가래떡은 치는 떡의 종류로 찹쌀을 사용하여 만든다.
④ 찐 떡은 스텐볼이나 절구에 넣고 하나로 뭉쳐지도록 쳐서 긴 모양으로 만든다.

58 다음 중 절식으로 먹는 떡의 연결이 바르지 않은 것은?

① 정월 초하루 – 떡국
② 한식 – 쑥단자, 쑥절편
③ 3월 삼짇날 – 진달래화전
④ 석가탄신일 – 두텁떡

59 '맛이 차마 삼키기가 안타까운 고로 석탄병이라 한다'라고 소개하고 있는 책은?

① 규합총서   ② 수문사설
③ 음식디미방 ④ 삼국유사

60 다음 중 함경도의 향토떡이 아닌 것은?

① 감자찰떡   ② 귀리절편
③ 오그랑떡   ④ 쇠머리떡

제2회

모의고사

01 다음 중 전분의 호화 촉진에 미치는 요소로 틀린 것은?

① 전분입자가 클수록
② 수분함량이 적을수록
③ pH가 알칼리 상태일수록
④ 가열온도가 높을수록

02 다음 중 전분의 노화를 억제하는 요인이 아닌 것은?

① 수분함량이 30~60%일 때
② 설탕이나 유화제 첨가
③ 온도가 60℃ 이상이거나 -2℃일 때
④ pH조건이 강산성일 때

03 전분에 물을 가하지 않고 160~180℃로 가열하면 가용성 덱스트린을 형성하는 것은?

① 전분의 호화
② 전분의 노화
③ 전분의 겔화
④ 전분의 호정화

04 효모나 세균 등의 미생물이 효소를 이용해서 식품의 유기물을 분해시키는 과정은?

① 부 패
② 발 효
③ 산 패
④ 변 질

05 다음 중 떡에 사용되는 고물의 특징으로 틀린 것은?

① 고물은 떡에 맛과 영양을 주는 기능을 한다.
② 떡이 서로 붙는 것을 막아 준다.
③ 어떤 고물을 사용하느냐에 따라 떡의 이름이 정해지지 않는다.
④ 시루떡 가루 사이에 공기층을 형성해 그 사이로 김이 잘 스며들어 떡이 잘 익도록 도와준다.

06 다음 중 당 감미의 표준물질이 되는 것은?

① 물 엿
② 꿀
③ 설 탕
④ 올리고당

07 떡에 사용되는 착색료의 기능으로 틀린 것은?

① 일반적으로 쌀 무게의 2%정도 필요하다.
② 떡에 예쁜 색을 나타내어 떡의 기호성을 증진시킨다.
③ 착색료는 형태와 성분에 따라 사용법을 틀리게 해야 한다.
④ 분말과 생채소, 입자의 형태, 섬유질의 함량에 따라 그 사용법이 똑같다.

08 다음 중 쌀의 단백질은?

① 오리제닌
② 호르데인
③ 글루텐
④ 이포메인

09 다음 중 수증기를 이용하여 쌀가루를 호화시키는 떡의 종류는?

① 증병(蒸餅)   ② 도병(搗餅)
③ 탕병(湯餅)   ④ 유전병(油煎餅)

10 다음 중 치는 떡 종류만으로 묶인 것은?

① 백설기, 잡과병, 절편
② 가래떡, 인절미, 은행단자
③ 주악, 가래떡, 인절미
④ 경단, 쑥단자, 인절미

11 익반죽을 하는 이유로 적합하지 않은 것은?

① 반죽이 뭉쳐지지 않아 많이 치대므로 식감이 더욱 쫄깃하다.
② 곡류 가루에 끓는 물을 넣어 반죽하는 것을 말한다.
③ 쌀에는 밀과 같은 글루텐 단백질이 없어서 반죽하였을 때 점성이 생기지 않기 때문이다.
④ 전분의 일부를 호화시켜 점성을 높이기 위해서이다.

12 지방에 따라 기지떡, 지주떡, 벙거지떡, 기증병, 술떡이라고 불리는 떡은?

① 증편   ② 두텁떡
③ 인절미 ④ 주악

13 다음 중 콩류에 대한 설명으로 틀린 것은?

① 수분함량이 14% 이하로 상처가 없고 낟알이 고르며 이물질이 없는 것이 좋다.
② 단백질 함량이 40%로 매우 높아 중요한 양질의 단백질과 지질의 급원이다.
③ 곡류에 부족한 리신과 트립토판의 함량이 매우 높아 곡류에 부족한 단백질을 보완하는 데 효과적이다.
④ 콩은 통풍이 잘되고 햇빛이 들고 건조한 곳에 보관한다.

14 김치 등의 양념을 만들 때도 사용하고 곡식을 문질러 껍질을 벗기거나 찧을 때 사용하는 도구는?

① 맷돌   ② 절구
③ 돌확   ④ 이남박

15 아래에서 설명하는 떡 도구는?

- 주로 나무를 사용하여 만들었으나 도자기로 만든 것도 있다.
- 축원과 감사 길상의 문양이 새겨져 있다.

① 이남박 ② 시루
③ 떡살   ④ 안반

16 우리나라의 계량컵과 계량스푼 사용 시 표준용량으로 알맞지 않은 것은?

① 1컵 = 200㎖   ② 1컵 = 240㎖
③ 1큰술 = 15㎖ ④ 1작은술 = 5㎖

17 다음 중 재료의 계량방법으로 틀린 것은?

① 알갱이 상태의 식품은 계량컵이나 계량스푼에 가득 담아 표면을 평면이 되도록 계량한다.
② 농도가 있는 식품은 계량컵이나 계량스푼에 꾹꾹 눌러 담아 표면이 평면이 되도록 계량한다.
③ 가루상태의 식품은 덩어리가 없는 상태에서 수북이 담아 계량한다.
④ 액체식품인 물, 꿀, 조청, 기름, 간장을 계량컵, 계량수저에 담아 수평상태로 놓고 액체의 표면이 곡선으로 되는 아랫면과 일치되게 읽는다.

18 다음 중 재료의 전처리 방법으로 틀린 것은?
① 멥쌀과 찹쌀을 깨끗이 씻어 불린 후 체에 밭쳐 30분간 물기를 뺀다.
② 현미와 흑미는 멥쌀과 같은 시간으로 불리면 된다.
③ 팥고물 시루떡에 켜켜로 뿌리는 팥고물은 질지 않게 만든다.
④ 팥시루떡에 고물로 사용할 삶은 팥은 대강 찧거나 조금만 으깨어 사용하고 거피팥소로 사용할 경우에는 어레미에 내려 쓴다.

19 음식이 상하기 쉬운 여름철에 사용하기 적당한 고물은?
① 흑임자고물   ② 팥고물
③ 녹두고물   ④ 거피팥고물

20 다음 중 찹쌀과 멥쌀에 두류, 채소류 등 다양한 부재료를 켜켜이 넣고 안친 떡이 아닌 것은?
① 팥고물 시루떡   ② 녹두찰편
③ 물호박떡   ④ 무지개떡

21 찌는 찰떡류의 제조과정으로 맞지 않는 것은?
① 찌는 찰떡류의 찹쌀가루는 방아로 1회만 거칠게 빻아야 한다.
② 찌는 찰떡류는 켜떡과 달리 찹쌀가루에 여러 부재료를 섞어서 쪄내는 떡이다.
③ 찌는 찰떡류에는 쇠머리떡, 구름떡, 영양떡, 콩찰떡 등이 있다.
④ 찹쌀가루는 씻어 일어서 7~8시간 이상 담갔다가 건져서 바로 방아로 빻는다.

22 다음 중 떡 포장 시 주로 사용하는 포장재질은?
① 아밀로오스필름   ② 폴리에틸렌(PE)
③ 알루미늄박   ④ 코팅되지 않은 종이

23 콩설기를 만드는 방법으로 틀린 것은?
① 콩설기에 부재료로 들어가는 서리태는 8시간 정도 불려 물기를 뺀다.
② 체에 내린 쌀가루에 서리태를 넣고 잘 비벼서 섞어 준다.
③ 찜기 바닥에 면포나 시루밑을 깔고 삶은 서리태 1/2가량을 깔고 남은 서리태 1/2을 쌀가루에 섞어 안친다.
④ 찜기를 불에 올려 김이 오른 후 20분 정도 쪄준다.

24 단백질이 미생물의 분해 작용에 의해 악취를 내고 인체에 유해한 물질을 생성하는 현상은?
① 부 패   ② 변 패
③ 산 패   ④ 발 효

25 다음 중 영업에 종사하지 못하는 질병이 아닌 것은?
① 제1급감염병
② 후천성 면역결핍증
③ 비감염성 결핵
④ 피부병 또는 화농성질환

26 다음 중 식품변질에 영향을 주는 인자가 아닌 것은?
① 영양소   ② 수 분
③ 온 도   ④ 조리기구

27 다음 중 산소가 반드시 있어야만 증식이 되는 균은?
① 호기성균
② 혐기성균
③ 통성 혐기성균
④ 편성 호기성균

28 인수공통감염병으로 동물에게 유산을 일으키고 사람에게 열병을 일으키는 것은?
① 탄저
② 결핵
③ Q열
④ 파상열

29 다음 중 소화기계 감염병으로만 묶인 것은?
① 장티푸스, 세균성 이질, 콜레라
② 유행성 간염, 결핵, 살모넬라
③ 살모넬라, 장염비브리오, 병원성 대장균
④ 포도상구균, 보툴리누스

30 다음 중 유해성 착색료가 아닌 것은?
① 아우라민
② 로다민
③ 실크스칼렛
④ 싸이클라메이트

31 다음 중 동물성 자연독이 아닌 것은?
① 삭시톡신
② 베네루핀
③ 시큐톡신
④ 테트로톡신

32 다음 중 이타이이타이 병을 발생시키는 물질은?
① 납(pb)
② 카드뮴(Cd)
③ 수은(Hg)
④ 구리(Cu)

33 다음 중 뉴로톡신이란 독소를 생산하는 식중독 균은?
① 보툴리누스균
② 포도상구균
③ 장염비브리오균
④ 병원성 대장균

34 식품과 식물성 자연독의 연결이 틀린 것은?
① 감자 – 솔라닌
② 청매 – 아미그달린
③ 목화씨 – 고시풀
④ 독보리 – 시큐톡신

35 육류에서 감염되는 기생충이 아닌 것은?
① 무구조충
② 유구조충
③ 선모충
④ 간디스토마

36 아플라톡신을 생산하는 미생물은?
① 효모
② 세균
③ 곰팡이
④ 바이러스

37 쇠고기를 익히지 않고 섭취할 경우 감염되는 기생충은?
① 민촌충
② 갈고리촌충
③ 선모충
④ 폐흡충

38 보통 락스라고 부르며 물에 희석하여 채소, 과일, 음료수, 조리도구 등에 사용하는 소독제는?
① 염소
② 치아염소산나트륨
③ 역성비누
④ 알코올

39 다음 중 다시 사용하지 않을 물건들을 태우는 물리적인 살균방법은?

① 방사선 살균법 ② 화염멸균법
③ 소각멸균법 ④ 건열 멸균법

40 위해요소중점관리기준(HACCP)을 식품별로 정하고 고지하는 자는?

① 대통령
② 복건복지부장관
③ 식품의약품안전처장
④ 시·도지사

41 다음 중 식품첨가물의 사용 목적으로 틀린 것은?

① 식품의 외관을 만족시키고 기호성을 높이기 위해서
② 식품의 변질, 변패를 방지하기 위해
③ 식품의 향과 풍미를 좋게 하려고
④ 영양 강화와는 상관이 없다.

42 다음 중 식품첨가물의 조건으로 틀린 것은?

① 미량으로도 효과가 클 것
② 무미·무취이고 자극성이 없을 것
③ 사용하기 간편하고 가격이 비싼 것
④ 변질 미생물에 대한 증식 억제효과가 클 것

43 다음 중 식품 조리 시 감칠맛을 내기 위해 사용하는 첨가물은?

① 정미료 ② 산미료
③ 착색료 ④ 감미료

44 물리적, 화학적 방법을 사용하여 모든 미생물을 제거 무균상태로 만드는 것은?

① 방 부 ② 멸 균
③ 소 독 ④ 살 균

45 다음 중 켜떡에 대한 설명으로 바른 것은?

① 찹쌀과 멥쌀에 두류, 채소류 등 다양한 부재료를 켜켜이 넣고 찐 떡이다.
② 켜떡에 멥쌀을 사용할 경우 쌀가루를 체에 한번만 내려야 잘 쪄진다.
③ 켜떡으로는 팥시루떡, 느티떡, 영양떡 등이 있다.
④ 켜떡은 도병(搗餠)류에 속하는 떡이다.

46 다음 중 지지는 떡을 만드는 방법으로 바른 것은?

① 쌀가루를 뜨거운 물로 익반죽하여 번철에 기름을 두르고 고명을 올려 지진 떡이다.
② 쌀가루를 익반죽하여 끓는 물에 삶아서 고물을 묻힌 떡이다.
③ 찹쌀에 갖은 양념을 하고 여러 부재료를 넣어 중탕하여 찐 떡이다.
④ 찹쌀가루를 익반죽하여 둥글게 만들어 끓는 물에 삶아 여러 가지 고물을 묻힌 떡이다.

47 다음 중 지지는 떡이 아닌 것은?

① 부꾸미 ② 화 전
③ 주 악 ④ 석탄병

48 다음 중 전염병 발생의 3대 요소가 아닌 것은?
① 감염원(병원체, 병원소)
② 영양소
③ 감염경로(전파방식, 환경)
④ 숙주의 감수성

49 다음 중 영업자와 종업원이 받아야 하는 식품위생 교육 시간은?
① 1시간
② 2시간
③ 3시간
④ 4시간

50 식품을 취급함에 교차오염을 예방하기 위한 방법으로 틀린 것은?
① 위생복은 식품용과 청소용으로 구분하여 사용한다.
② 칼과 도마는 식품별로 구분하여 사용한다.
③ 조리 전 채소류와 육류는 접촉되지 않도록 구분한다.
④ 조리용 장갑은 작업과 관계없이 하나만 사용한다.

51 다음 중 냉장고 사용법 중 틀린 것은?
① 뜨거운 음식은 식혀서 냉장 보관한다.
② 여닫는 횟수를 가능한 줄인다.
③ 식품의 수분이 건조되므로 밀봉하여 보관한다.
④ 온도가 낮기 때문에 장기간 저장해도 괜찮다.

52 다음 중 관능검사에 해당하지 않는 것은?
① 맛
② 색
③ 영양
④ 향

53 우리나라는 청동기 시대부터 떡을 애용했음을 알 수 있는 유물은?
① 시 루
② 디딜방아
③ 떡 메
④ 떡 판

54 우리나라에서 떡을 한자로 표현할 때 주로 사용하는 한자는?
① 이(餌)
② 고(糕)
③ 병(餅)
④ 편(䭏)

55 고려 공양왕때 '유두일에 차수수로 전병을 부쳐 팥소를 싸서 만든 찰전병이 매우 맛이 좋았다'라고 하는 기록과 함께 점서(粘黍)라고 하는 찰기장으로 만든 송편이 기록되어 있는 책은?
① 고려사
② 목은집
③ 삼국사기
④ 음식디미방

56 다음 중 멥쌀 도병류에 속하지 않는 떡은?
① 가래떡
② 깨찰편
③ 절 편
④ 개피떡

57 절식으로 먹는 떡의 연결이 틀린 것은?
① 한식 – 절편이나 쑥단자
② 정월대보름 – 약식
③ 추석 – 삭일송편
④ 중양절 – 국화주와 화전

58 섣달그믐에 집에 남아 있는 재료들을 모두 넣어서 해먹었던 떡은?

① 온시루떡　② 팥고물시루떡
③ 골무떡　④ 찹쌀경단

59 혼례 절차 중 신랑집에서 신부집으로 함을 보내는 납채에 쓰이는 떡은?

① 색 떡　② 달 떡
③ 봉채떡　④ 인절미

60 다음 중 서울·경기지역의 향토떡으로 올바른 것은?

① 석이단자, 개성주악, 여주산병
② 감자시루떡, 옥수수설기, 각색차조인절미
③ 해장떡, 쇠머리떡, 약편
④ 오메기떡, 빙떡, 빼대기

제3회 모의고사

1. 단립종, 원립종으로 길이가 짧고 둥글게 생겼으며 한국, 일본, 중국의 동북부 및 중부아메리카 등에서 재배되는 쌀의 종류는?
① 자포니카형
② 자바니카형
③ 인디카형
④ 장립종

2. 다음 중 멥쌀의 특징으로 틀린 것은?
① 멥쌀은 찹쌀에 비해 아밀로오스 함량이 적다.
② 쌀가루를 빻을 때 기본으로 2번 빻는다.
③ 멥쌀가루로 떡을 만들 때 쌀가루를 여러 번 체에 치는 것이 공기가 많이 들어가 떡의 질감이 푹신하고 부드러워진다.
④ 쌀가루를 여러 번 체를 치는 것은 떡을 찔 때 수증기가 원활하게 통과해 떡이 잘 익는다.

3. 호화된 전분을 공기 중에 방치해 두면 불투명해지고 흐트러졌던 미셀 구조가 규칙적으로 재배열되어 생전분의 구조와 같이 변하는 현상은?
① 호정화
② 겔 화
③ 캐러멜화
④ 노 화

4. 콩을 물에 담가 불리는 이유로 틀린 것은?
① 가열시간의 단축
② 조직의 균일한 연화
③ 영양소 증가
④ 탄닌, 사포닌 등 불순물제거

5. 멥쌀가루를 쪄서 쳐낸 다음 반죽을 밀어 소를 넣고 반달 모양으로 만든 떡은?
① 송 편
② 개피떡
③ 단 자
④ 부꾸미

6. 순 찹쌀가루 반죽에 대추, 깨, 유자 등 다진 소를 넣고 작은 송편모양으로 빚어 기름에 지져낸 떡은?
① 단 자
② 주 악
③ 부꾸미
④ 화 전

7. 팥을 삶을 때 거품이 생기면서 끓어 넘치고 설사를 유발하는 성분은?
① 리 신
② 트리토판
③ 사포닌
④ 지 방

8. 곡식에 섞여 있는 쭉정이, 검부러기, 뉘, 껍질 등의 이물질을 골라낼 때 쓰는 도구는?
① 키
② 조 리
③ 체
④ 이남박

9. 떡의 부재료가 아닌 것은?
① 잣
② 쑥
③ 은 행
④ 카카오

10 다음 중 떡에 색을 내는 재료로 사용되는 것은?
① 착색료 ② 보존제
③ 유화제 ④ 피막제

11 다음 중 탄수화물의 기능이 아닌 것은?
① 1g당 4kcal의 열량을 낸다.
② 소화흡수율이 98%로 거의 체내에서 이용된다.
③ 단백질이 풍부해서 단백질 절약 작용을 한다.
④ 섭취에서 분해까지의 시간이 짧아 피로회복에 좋다.

12 비타민 B_1이 많아 탄수화물 대사에 도움을 주며 각기병 예방에 좋은 떡의 부재료는?
① 대 두 ② 검은콩
③ 강낭콩 ④ 팥

13 떡을 만드는 재료에 대한 설명으로 틀린 것은?
① 콩류 – 콩, 팥, 녹두, 완두콩, 강낭콩 등이 있으며 부재료로 쌀가루와 섞어서 사용한다.
② 호두 – 속껍질을 벗길 때는 따뜻한 물에 담갔다가 벗기는 것이 좋다.
③ 착색료 – 분말과 생 채소, 입자의 형태, 섬유질의 함량에 따라 그 사용법이 같다.
④ 곡류 – 떡의 대표적인 주재료는 찹쌀과 멥쌀이 쓰인다.

14 곡류에 대한 설명으로 틀린 것은?
① 찹쌀은 쌀가루를 빻을 때 약간 거칠게 빻아야 수증기가 재료 사이를 잘 통과하여 떡이 설지 않는다.
② 찹쌀이 멥쌀보다 점성이 더 높다.
③ 멥쌀은 찹쌀에 비해 아밀로오스 함량이 많으므로 쌀가루를 빻을 때 기본으로 2번 내린다.
④ 찹쌀이 들어간 떡은 쌀가루를 체로 쳐야 한다.

15 쌀의 호화와 노화에 대한 설명으로 틀린 것은?
① 전분의 호화를 빨리 진행시키기 위해서 찹쌀가루는 거칠게 빻는다.
② 전분의 호화에 미치는 영향으로 pH조건, 전분입자의 크기, 수분함량 등이 있다.
③ 노화를 억제하기 위해서 떡은 냉장 보관을 한다.
④ 전분이 부드러워지는 것을 호화(α-전분)라 한다.

16 다음 중 감미료 종류가 아닌 것은?
① 설 탕 ② 올리고당
③ 포도당 ④ 물 엿

17 쌀에는 밀과 같은 글루텐 단백질이 없어서 반죽을 할 때 쉽게 점성이 생기지 않아 전분의 일부를 호화시켜 점성을 높이기 위한 반죽을 한다. 이 반죽은?
① 날반죽 ② 익반죽
③ 설탕반죽 ④ 수타반죽

18 떡을 만드는 제조 과정으로 틀린 것은?
① 쌀 씻기 ② 수분주기
③ 찌 기 ④ 이물질 골라내기

19 다음 중 고물을 내릴 때 쓰는 체는?
① 어레미
② 중거리
③ 가루체
④ 고운체

20 찹쌀을 찰밥처럼 쪄서 안반이나 절구에 넣고 떡메로 쳐서 모양을 만든 뒤 고물을 묻히는 떡은?
① 인절미
② 경 단
③ 절 편
④ 단 자

21 2개의 둥글넓적한 돌이 포개어져 있는 모양으로 중앙에 곡식을 넣는 구멍이 있고 손으로 잡고 돌리는 어처구니가 있는 도구는?
① 돌 확
② 맷 돌
③ 절 구
④ 방 아

22 다음 중 곡류의 종류가 아닌 것은?
① 보 리
② 기 장
③ 옥수수
④ 동 부

23 아래는 어떤 식품을 계량할 때 써야 하는 방법인가?

- 부피보다는 무게로 재는 것이 정확하다.
- 흑설탕도 같은 방법으로 재는 것이 정확하다.
- 재료를 실온에 두어 약간 부드럽게 한 뒤 계량컵이나 계량스푼에 빈 공간이 없도록 채워서 표면을 평면이 되도록 깎아서 계량한다.

① 액체식품
② 농도가 있는 양념
③ 고체식품
④ 가루식품

24 다음 중 떡 재료의 전처리 방법으로 틀린 것은?
① 치자를 고를 때는 오래되지 않고 크기가 큰 것을 고르는 것이 좋다.
② 거피팥은 미지근한 물에 담가 8시간 정도 충분히 불려서 사용한다.
③ 말린 과일류는 그냥 쌀가루와 섞어서 사용한다.
④ 고명으로 쓸 대추는 굵고 통통한 대추를 골라 면포로 껍질 표면을 닦아 사용한다.

25 다음 중 재료를 계량하는 기구가 아닌 것은?
① 계량컵
② 저 울
③ 스톱워치
④ 계량스푼

26 떡류를 만드는 과정 중 틀린 것은?
① 쌀가루에 설탕가루를 넣어 찌기도 하고 설탕물을 끓여 식혀 사용하기도 한다.
② 시루에 떡을 찔 때 밀가루에 물을 넣어 반죽(시루번)을 해 시루와 솥 사이에 반죽을 붙여야 김이 새지 않아 떡이 잘 익는다.
③ 무리떡을 찌는 경우 칼집을 넣지 않고 찌는데 조각으로 나눌 경우 찜기에 올리기 전 먼저 칼집을 넣고 찐다.
④ 찜통을 사용할 때 위에 덮는 보자기는 젖은 면포를 덮고 시루를 사용할 경우에는 마른 면포를 사용한다.

27 흰무리라고도 하며 「규합총서」에서는 백설고라고 기록되어 백일이나 돌 때 하는 떡은?
① 송 편
② 백설기
③ 무지개떡
④ 흰인절미

28 증병(甑餅)에 해당하지 않는 떡은?
① 팥고물 시루떡　② 백설기
③ 무지개떡　　　 ④ 절 편

29 제인이라는 단백질이 함유 트레오닌 함량이 비교적 많고 아밀로펙틴 100%로 이루어져 있는 곡물은?
① 찰옥수수　　　② 찰기장
③ 메 밀　　　　　④ 수 수

30 송편을 만드는 방법 중 틀린 것은?
① 송편은 다섯 가지 색을 들여 오색송편을 만들 수 있다.
② 송편 소는 가을에 나오는 밤, 대추, 풋콩, 거피팥, 녹두 등을 사용할 수 있다.
③ 송편을 찔 때 깔고 찌는 솔잎은 피톤치드가 들어 있어 떡이 쉽게 상하지 않게 해준다.
④ 송편은 쌀가루에 끈기가 없기 때문에 날반죽을 하면 안 된다.

31 고물로 사용할 때는 볶아서 속껍질을 벗겨 분태로 사용하며 곰팡이 독소 아플라톡신에 오염될 수 있어 보관에 유의해야 하는 식품은?
① 녹 두　　　　　② 팥
③ 땅 콩　　　　　④ 동 부

32 찹쌀가루를 익반죽하여 둥글게 만들어 끓는 물에 익혀 여러 가지 고물을 묻힌 떡은?
① 단자류　　　　② 경단류
③ 주 악　　　　　④ 부꾸미

33 그릇 위에 올려놓고 쌀가루를 내리거나 술을 거를 때 받침대로 사용하는 도구는?
① 채 반　　　　　② 쳇다리
③ 소쿠리　　　　 ④ 석 작

34 인절미를 만드는 방법으로 틀린 것은?
① 인절미를 만들 때 찹쌀을 쪄서 치거나 찹쌀 가루를 쪄서 쳐서 만든다.
② 안반에 찐 떡을 놓고 칠 때 떡메에 소금물을 발라주면서 꽈리가 일도록 친다.
③ 시판용 콩고물과 흑임자고물에는 소금과 설탕이 들어 있으므로 따로 넣지 않아도 된다.
④ 썰어 놓은 떡이 차가울 때 콩고물을 묻힌다.

35 식품포장의 기능이 아닌 것은?
① 보호기능　　　② 환경친화성
③ 경제성　　　　④ 재활용성

36 떡류 포장표시 사항으로 틀린 것은?
① 제품명
② 영양소 성분
③ 유통기한
④ 주의사항

37 정월대보름의 절식으로 꿀과 밤, 대추, 잣을 넣고 간장과 참기름을 넣어 중탕하는 떡은?
① 약밥(약식)　　　② 증 편
③ 인절미　　　　　④ 두텁떡

38 떡의 종류와 만드는 방법이 틀린 것은?

① 찰떡 – 찰떡을 만드는 데 쓰는 찹쌀가루는 거칠게 1회 빻는다.
② 켜떡 – 쌀가루를 시루에 담을 때 고물을 먼저 깔고 쌀가루, 고물의 순서로 넣는다.
③ 빚어 찌는 떡 – 송편을 쪄낸 후 차가운 물에 담갔다가 바로 건져 물기를 빼고 참기름을 바른다.
④ 약밥 – 약밥을 찔 때 중탕보다 찜기에 찌는 것이 색이 곱고 맛이 좋다.

39 멥쌀로 만든 떡이 아닌 것은?

① 절편
② 콩설기
③ 주악
④ 조랭이떡

40 다음 중 당도가 가장 높은 것은?

① 과당
② 유당
③ 맥아당
④ 포도당

41 개인의 위생 복장에 대한 설명으로 틀린 것은?

① 입과 턱 부분을 감싸는 마스크를 착용한다.
② 지나친 화장과 향수, 인조속눈썹 등의 부착물을 사용하지 않는다.
③ 작업을 할 때는 깨끗한 조리복 또는 작업복을 착용하며 위생 모자를 착용한다.
④ 신발은 신고 벗기 편하며 미끄럽지 않은 재질의 슬리퍼를 착용해도 된다.

42 식품위생법에 식품영업자 및 종업원은 장티푸스, 결핵, 전염성 피부질환에 대한 정기 건강검진을 받는 기간은?

① 1년마다
② 2년마다
③ 3년마다
④ 4년마다

43 탄수화물이 미생물의 작용에 의해 변질되는 현상은?

① 부패
② 변패
③ 산패
④ 발효

44 식품의 점성, 탄력성, 경도 등을 측정하는 식품의 부패판정법은?

① 관능검사
② 물리적 검사
③ 미생물학적 검사
④ 화학적 검사

45 다음 중 식중독 발생 보고 체계로 알맞은 것은?

① 의사 → 보건소 → 시·군·구 → 식약처
② 보건소 → 의사 → 시·군·구 → 식약처
③ 의사 → 시·군·구 → 보건소 → 식약처
④ 보건소 → 시·군·구 → 의사 → 식약처

46 다음 중 식품안전관리인증기준(HACCP)을 수행하는 단계에서 가장 먼저 실시하는 것은?

① 관리기준의 설정
② 기록유지방법의 설정
③ 식품의 위해요소 분석
④ 중요관리점 결정

47 다음 중 식중독을 일으키는 버섯의 독성분은?
① 솔라닌 ② 아마니타톡신
③ 아미그달린 ④ 듀린

48 광절열두조충의 제1 중간숙주와 제2 중간숙주를 바르게 짝지은 것은?
① 연어 – 사람 ② 붕어 – 연어
③ 물벼룩 – 송어 ④ 참게 – 사람

49 식품이 포장되어 있는 상태라도 살균이 가능하지만 사용방법이 어렵고 설비가 비싼 물리적 살균방법은?
① 자외선 살균법
② 방사선 살균법
③ 일광소독법
④ 세균여과법

50 주로 상수도 및 수영장에서 사용하지만 자극성과 금속부식성을 가지고 있는 소독제는?
① 염소
② 치아염소산나트륨
③ 알코올
④ 석탄산

51 다음 중 손소독이나 식기소독에 가장 적합한 소독제는?
① 역성비누
② 알코올
③ 치아염소산나트륨
④ 승홍

52 식품으로 인한 위생상의 위해를 방지하고 식품영양의 질적 향상을 도모함으로써 국민보건의 증진에 이바지하는 것은?
① 식품위생의 위생관리
② 식품위생의 영향
③ 식품위생의 정의 및 목적
④ 식품위생 예방

53 식품위생법상 영업장에서 근무할 수 있는 질환은?
① 결핵
② 비활동성 간염
③ 제1군 감염병
④ 후천성 면역결핍증

54 "가례에 쓰는 자고(餈糕)가 이것이다, 지금도 설기를 숭상한다"라고 기록된 책은?
① 요록 ② 음식디미방
③ 성호사설 ④ 증보산림경제

55 다음 설명 중 틀린 것은?
①「삼국유사」에 처음으로 설병 떡의 이름이 문헌에 나타났으며 설기 또는 설기떡, 인절미나 절편으로 추측할 수 있다.
② 1815년「규합총서」에 석탄병의 유래에 대해 적고 있다.
③「도문대작」은 우리나라 식품전문서로 가장 오래된 책으로 자병 등 19종류의 떡이 기록되어 있다.
④「고려사」에 점서라고 하는 찰기장 송편이 등장한다.

56 다음 중 다른 의미를 가지는 떡은?
① 설기떡 ② 무리떡
③ 버무리 ④ 켜 떡

57 다음 중 절일과 절식이 잘못 연결된 것은?
① 추석 – 오려송편
② 초파일 – 느티떡
③ 단오 – 차륜병
④ 칠석날 – 붉은 시루떡

58 다음 명절과 잘못 연결된 떡은?
① 정월대보름 – 약식
② 설날 – 가래떡
③ 추석 – 송편
④ 동짓날 – 골무떡

59 다음 중 삼짇날에 대한 설명으로 틀린 것은?
① 삼사일 또는 중삼절 이라 하고 음력 3월 1일이다.
② 꽃이 필 무렵 남녀노소가 각기 무리를 이루어 하루를 즐겁게 노는 화전놀이가 있다.
③ 진달래화전과 오미자국물에 녹말을 꽃잎에 묻혀 익히거나 녹말국수를 띄운 화면을 즐겼다.
④ 집안의 우환을 없애고 소원성취를 비는 신제를 지냈다.

60 지역별 떡의 특징에 대한 설명으로 틀린 것은?
① 서울·경기도 : 떡의 종류가 매우 다양하며 떡에 멋을 부려 모양도 화려하다.
② 충청도 : 양반과 서민의 떡이 구분되어 있다.
③ 전라도 : 곡식이 가장 많이 생산되어 음식 못지않게 떡도 사치스럽고 맛이 각별하다.
④ 평안도 : 쌀보다 잡곡이 흔하여 잡곡을 이용한 떡이 많으며 쌀떡을 제사 때만 썼다.

제4회 모의고사

01 찹쌀에 대한 설명으로 맞는 것은?
① 찹쌀은 식이 섬유소가 풍부하여 장 건강에 도움을 준다.
② 아밀로오스 함량이 100%로 이루어져 있다.
③ 설기떡 등의 재료로 이용된다.
④ 비타민 B_1의 함량이 백미보다 적다.

02 다음 중 좋은 쌀을 구분하는 방법으로 알맞은 것은?
① 쌀알이 투명하고 광택이 나는 쌀이 좋은 쌀이다.
② 쌀알이 흐릿하고 쌀알이 깨진 쌀이 좋은 쌀이다.
③ 쌀에서 냄새가 나고 쌀눈 자리가 갈색으로 변한 쌀이 좋은 쌀이다.
④ 산도가 높을수록 좋은 쌀이다.

03 쌀의 취급 및 보관방법으로 틀린 것은?
① 쌀은 습기가 없고 곤충을 차단할 수 있는 용기에 담아 서늘한 곳에 보관한다.
② 쌀 저장 중 온도가 높으면 쌀알이 갈라지고 품질이 저하되기 때문에 서늘한 곳에서 보관한다.
③ 쌀 저장 시 수분함량을 25% 이하로 유지시킨다.
④ 쌀을 세게 문질러 씻으면 쌀이 으깨어지므로 가볍게 씻는다.

04 다음 중 전분의 호화를 억제시키는 요인은?
① 높은 가열온도
② 많은 수분 함량
③ 작은 입자의 전분크기
④ 지 방

05 다음 중 전분 노화를 억제하는 요인이 아닌 것은?
① 전분의 수분함량이 15% 이하이거나 60% 이상일 때 노화가 억제된다.
② pH조건이 강산성일 때 노화가 억제된다.
③ 설탕이나 유화제를 첨가할 때 노화가 억제된다.
④ 0~5℃ 냉장온도일 때 노화가 억제된다.

06 비효소적 갈변반응으로 당류를 높은 온도에서 가열할 때 생성되는 갈색화 현상은?
① 호정화 현상   ② 겔 화
③ 캐러멜화   ④ 마이야르 반응

07 미생물이 효소를 이용해서 식품의 유기물을 분해시키는 과정은?
① 발 효   ② 후 란
③ 변 패   ④ 부 패

8 곡류의 전분을 맥아로 당화시킨 다음 오래 가열하여 농축한 감미료는?
① 올리고당　② 물 엿
③ 조 청　④ 흑설탕

9 다음 중 식물성 색소가 아닌 것은?
① 클로로필
② 안토시아닌
③ 카로티노이드
④ 미오글로빈

10 안토시안은 수용성 색소로 가공 중에 쉽게 변색이 되는데 알칼리일 때 변하는 색상은?
① 적 색　② 청 색
③ 보라색　④ 녹갈색

11 다음 중 천연재료의 색소와 색이 틀린 것은?
① 보라색 - 자색고구마, 흑미, 블루베리
② 노란색 - 치자, 단호박, 송화가루
③ 갈색 - 계핏가루, 커피, 대추고, 송기
④ 분홍색 - 복분자, 딸기, 울금

12 식품첨가물의 사용목적이 아닌 것은?
① 기호성을 증진시킨다.
② 생리작용을 조절한다.
③ 변질을 방지한다.
④ 외관을 보기 좋게 한다.

13 떡에 들어가는 견과류가 아닌 것은?
① 은 행　② 아몬드
③ 잣　④ 카카오

14 다음 중 식품과 영양성분의 연결이 틀린 것은?
① 메밀 - 루틴　② 보리 - 호르데인
③ 밀 - 글루텐　④ 수수 - 제인

15 떡을 만들 때 콩을 넣어 만들면 더 보완이 되는 영양소는?
① 무기질　② 탄수화물
③ 단백질　④ 비타민

16 다음 중 떡에 들어가는 재료 설명으로 틀린 것은?
① 호박오가리는 미지근한 물에 불려서 사용한다.
② 호두는 따뜻한 물에 담갔다가 속껍질을 벗기는 것이 좋다.
③ 쑥은 소금을 넣어 파랗게 데친 후 찬물에 헹구어 사용한다.
④ 멥쌀가루는 덩어리가 없으면 체로 치지 않아도 된다.

17 날콩 속에 들어 있는 단백질 소화액인 트립신의 분비를 방해하는 효소는?
① 안티트립신　② 사포닌
③ 글로불린　④ 글리아딘

18 녹색채소는 뚜껑을 열고 고온 단시간에 데쳐 즉시 찬물에 헹궈주며 불미성분을 제거할 수 있는데 그 성분은?

① 황 산
② 수 산
③ 나트륨
④ 염 소

19 찹쌀가루를 쪄서 꽈리가 일도록 친 다음 고물을 묻히거나 소를 넣어 고물을 묻힌 떡은?

① 인절미
② 단 자
③ 경 단
④ 주 악

20 흰떡을 쳐서 떡살로 모양을 내어 잘라낸 떡의 종류는?

① 증병(蒸餠)
② 도병(搗餠)
③ 전병(煎餠)
④ 탕병(湯餠)

21 향애(香艾)단자란 이름으로 단자류 이름이 처음으로 기록된 책은?

① 증보산림경제
② 요 록
③ 삼국사기
④ 음식디미방

22 다음 중 안반과 떡메는 어떤 종류의 떡을 만들 때 쓰는 도구인가?

① 증병(蒸餠)
② 도병(搗餠)
③ 탕병(湯餠)
④ 유전병(油煎餠)

23 여러 도구 중 쳇다리에 대한 설명으로 바른 것은?

① 그릇위에 올려 체를 받치는 용도로 사용되는 도구이며 술을 거를 때 받침대로도 사용한다.
② 재료를 넣어 말리거나 물기를 뺄 때 사용하는 도구이다.
③ 떡을 찔 때 쓰는 도구이다.
④ 버들가지로 만든 떡이나 한과를 담는 그릇이다.

24 전분이 호화되면 다음과 같이 성질에 변화가 생긴다. 그 이유로 바르지 않은 것은?

① 팽윤에 의한 부피의 팽창
② 전분의 콜로이드화
③ 점도의 감소
④ 전분의 겔화

25 밀가루에 막걸리를 넣어 발효시킨 후 팥소를 넣어 둥글게 빚어 찌는 떡은?

① 증 편
② 화 전
③ 상화병
④ 오메기떡

26 다음 중 고물의 역할이 아닌 것은?

① 시루떡의 경우 떡가루 사이에 공기층을 형성하여 김이 잘 스며들지 않아 떡이 질어지는 것을 막아준다.
② 고물은 떡에 맛과 부족한 영양을 보충해 준다.
③ 삶은 떡에 겉 고물로 사용하며 떡이 서로 붙는 것을 막아 준다.
④ 송편, 개피떡의 속고물로 사용된다.

27 다음 중 계량방법으로 틀린 것은?

① 쌀, 팥, 콩 같은 알갱이는 가득 담아 살짝 흔들어 표면을 평면이 되도록 깎아서 계량한다.
② 농도가 있는 식품은 계량컵이나 계량스푼에 수북이 담아 계량을 한다.
③ 액체재료는 계량컵, 계량수저에 담아 수평상태로 놓고 액체의 표면이 곡선으로 되는 아랫면과 일치되게 읽는다.
④ 버터, 마가린 같은 고체재료는 부피측정 보다 무게로 재는 것이 정확하다.

28 다음 중 천연 착색료의 종류와 그 사용방법이 틀린 것은?

① 천연분말가루 : 가루재료는 물에 녹여서 사용한다.
② 과일류 : 분쇄기에 갈아 고운체에 내려서 사용한다.
③ 단호박 : 씨를 제거하여 찐 다음 껍질을 벗겨 쌀가루와 섞어 체에 내려 사용한다.
④ 치자 : 물에 씻어 칼집을 넣어 물에 담가 색이 우러나면 치자 전체를 사용한다.

29 다음 증병류 중 켜떡류가 아닌 것은?

① 무시루떡　　② 깨찰편
③ 혼돈병　　　④ 잡과병

30 다음 증병(蒸餠)류 중 부풀려 찌는 떡은?

① 증 편　　　② 잡과병
③ 두텁떡　　　④ 자 고

31 찌는 찰떡류 설명으로 틀린 것은?

① 찌는 찰떡류는 켜떡과 달리 찹쌀가루에 여러 부재료를 넣어서 찐 떡이다.
② 쪄서 모양을 만드는 떡이다.
③ 찐 떡을 쳐서 모양을 잡아서 만든다.
④ 찌는 찰떡류에는 쇠머리떡, 구름떡, 영양떡, 개피떡이 있다.

32 포장재 자체를 먹을 수 있어 치즈, 버터에 사용하며 물에 녹지 않는 질기고 신축성 있는 포장재는?

① 아밀로오스 필름
② 알루미늄박
③ 폴리에틸렌
④ 폴리스틸렌

33 다음 중 떡류 포장 표시사항이 아닌 것은?

① 원재료명　　②유통기한
③ 품목보고번호　④ 제조자성명

34 지지는 떡을 만드는 방법으로 틀린 것은?

① 화전위에 올리는 고명은 계절 꽃이 없을 경우 대추나 채소 잎을 사용하여 모양을 내도 된다.
② 찹쌀가루는 많이 치대면서 반죽을 해야 겉 표면이 부드럽고 갈라지지 않는다.
③ 지지는 떡은 기름에 지지기 때문에 굳이 익반죽을 하지 않아도 된다.
④ 여분의 찹쌀가루를 남겨놓고 반죽을 해야 반죽이 질어질 때 수습을 할 수 있다.

35 다음 중 유전병(油煎餅)의 종류가 아닌 것은?
① 혼돈병 ② 주악
③ 부꾸미 ④ 화전

36 감염병 발생의 3대 요인이 아닌 것은?
① 항생제
② 감염경로
③ 감염원
④ 숙주의 감수성

37 개인의 위생관리 방법으로 틀린 것은?
① 조리를 하는 사람은 지나친 화장과 향수, 목걸이, 귀걸이, 시계, 반지 등의 착용을 금한다.
② 머리카락이 흘러내리지 않게 머리를 단정하게 한다.
③ 신발은 오염구역과 비오염구역을 구분하지 않아도 된다.
④ 식품을 취급하는 중에는 음주, 담배를 피우면 안 된다.

38 소화기계 감염병(경구감염병)의 특징이 아닌 것은?
① 환자가 폭발적으로 발생하고 급수지역과 거의 일치한다.
② 계절적·지역적 특성이 강하다.
③ 오염된 식품, 식기구, 의복, 손 등을 통해 입과 체내로 침입하는 소화기계 전염병이다.
④ 잠복기는 짧고 치명률은 높으며 직접 전파로 전염된다.

39 환자의 분변이나 병원체 접촉에 의한 감염으로 중추신경계에 손상을 일으키는 경구감염병의 바이러스는?
① 세균성 이질 ② 소아마비
③ 디프테리아 ④ 콜레라

40 다음 중 인수공통감염병은?
① 탄저 ② 콜레라
③ 장티푸스 ④ 이질

41 다음 중 산소가 있으면 생육할 수 없는 세균은?
① 편성 호기성균 ② 편성 혐기성균
③ 호기성균 ③ 통성 혐기성균

42 다음 중 파리에 의한 감염병이 아닌 것은?
① 이질 ② 콜레라
③ 말라리아 ④ 회충

43 다음 중 보툴리누스균의 독소는?
① 엔테로톡신 ② 뉴로톡신
③ 히스타민 ④ 베네루핀

44 다음 중 식물 종류와 독성분이 잘못 연결된 것은?
① 감자의 썩은 부위 – 셉신
② 청매 – 아미그달린
③ 목화씨 – 고시풀
④ 피마자 – 듀린

45 다음 중 곰팡이 독소가 아닌 것은?
① 시트리닌　　② 아플라톡신
③ 시큐톡신　　④ 에르고톡신

46 수은 중독에 의한 미나마타병의 증세가 아닌 것은?
① 시력약화
② 발음장애
④ 손의 지각이상 장애
④ 골연화증

47 카드뮴의 중독으로 인한 이타이이타이병의 증세가 아닌 것은?
① 신장기능 장애
② 적혈구 색소의 감소
③ 단백뇨
④ 골연화증

48 다음 중 유해성 표백제가 아닌 것은?
① 사이클라메이트
② 롱가리트
③ 과산화수소
④ 삼염화질소

49 식품의 변질·부패를 막고 신선도를 유지시키기 위해서 사용되는 첨가물은?
① 착색료　　② 조미료
③ 보존료　　④ 감미료

50 독성이 강하여 사용이 금지된 감미료가 아닌 것은?
① 사이클라메이트　　② 에틸렌글리콜
③ 니트로아닐린　　　④ 아스파탐

51 오물, 화장실, 하수도 등 습기가 많은 장소의 소독용으로 사용하며 값이 저렴하고 구하기 쉬운 소독제는?
① 석탄산　　② 크레졸
③ 생석회　　④ 승 홍

52 고압증기솥을 사용해 120℃에서 15~20분간 증기열로 살균 아포를 포함한 모든 균을 사멸시키는 소독방법은?
① 고압증기멸균법
② 고온단시간 살균법
③ 자비소독법
④ 소각멸균법

53 HACCP 7원칙 중 마지막 단계에 해당되는 것은?
① 중요관리점 결정
② 한계관리기준 설정
③ 기록보관
④ CCP 모니터링

54 다음 중 식품의 명칭·제조방법 및 품질에 관하여 허위표시 또는 과대광고가 아닌 것은?

① 질병의 예방 또는 치료에 효능이 있다는 내용 표시·광고
② 외국어의 사용 등으로 외국제품으로 혼동할 우려가 있는 표시·광고
③ 제품의 원재료 또는 성분과 같은 내용의 표시·광고
④ 외국과 기술 제휴한 것으로 혼동할 우려가 있는 내용의 표시 문구

55 식품위생교육에 대한 설명이 틀린 것은?

① 영업자 및 유흥종사자를 둘 수 있는 식품접객업 영업자의 종업원은 매년 식품위생에 관한 교육을 받아야 한다.
② 영업을 하려는 자는 미리 식품위생교육을 받아야 한다.
③ 부득이한 사유로 미리 식품위생교육을 받을 수 없는 경우에는 영업을 시작한 뒤에 식품의약품안전처장이 정하는 바에 따라 교육을 받을 수 있다.
④ 집단급식소를 설치·운영하려는 자는 3시간의 위생교육을 받아야 한다.

56 유리와 탈해가 왕위를 서로 사양하다 떡을 깨물어 잇자국이 많은 사람이 왕위를 계승했다는 기록과 거문고의 명인 백결선생이 가난하여 설에 떡을 만들지 못하는 아내를 위해 거문고로 떡방아 소리를 내 위로하였다는 기록이 있는 고서는?

① 삼국유사   ② 삼국사기
③ 해동역사   ④ 고려사

57 우리나라 식품전문서로 가장 오래된 책으로 자병(煮餠) 등이 기록된 고서는?

① 음식디미방   ② 규합총서
③ 도문대작   ④ 수문사설

58 다음 중 절일과 절식이 잘못 연결된 것은?

① 설날 – 떡국
② 중화절 – 노비송편
③ 한식 – 절편, 쑥단자
④ 상달 – 온시루떡

59 통과의례에 사용되는 떡이 틀린 것은?

① 삼칠일 – 붉은 차수수경단
② 첫돌 – 백설기, 붉은 차수수경단, 인절미, 무지개떡
③ 혼례 – 봉치떡, 달떡, 색떡
④ 제례 – 편류

60 지역별 떡의 특징에 대한 설명이 틀린 것은?

① 충청도 – 양반과 서민의 떡이 구분되어져 있다.
② 강원도 – 산과 바다가 공존하는 지역으로 재료가 다양하여 떡의 종류가 많다.
③ 평안도 – 산악지대이고 기온이 낮아 주로 잡곡위주의 떡이 발달하였다.
④ 제주도 – 삼면이 바다라 쌀보다 잡곡이 흔하여 메밀, 조, 보리, 고구마 등이 떡의 재료로 쓰였다.

제5회 모의고사

1. 곡류가 가장 많이 함유하고 있는 영양성분은?
   ① 단백질   ② 지 방
   ③ 탄수화물   ④ 비타민

2. 전분이 규칙적으로 배열되어 물이 침투되지 않는 결정상태를 무엇이라고 하는가?
   ① 호화 상태   ② 노화 상태
   ③ 미셀구조   ④ 콜로이드 구조

3. 다음 중 전분의 호화와 같은 뜻이 아닌 것은?
   ① 전분의 알파화
   ② 전분의 교질화
   ③ 전분의 호정화
   ④ 전분의 젤란틴화

4. 착색료 사용에 대한 설명으로 틀린 것은?
   ① 분말과 생채소는 입자의 형태와 섬유질 등 함량이 비슷해서 똑같이 사용한다.
   ② 기능성을 가진 착색료 사용으로 떡의 기능성이 증진된다.
   ③ 착색제의 성분에 따라 항산화 및 항암작용, 함염작용 등의 다양한 기능성의 떡이 있다.
   ④ 떡에 예쁜 색을 내어 떡의 기호성을 증진시키며 쌀가루 대비 2% 정도 첨가한다.

5. 다음 중 떡에 이용하는 버섯은?
   ① 석이버섯   ② 건표고버섯
   ③ 새송이버섯   ④ 느타리버섯

6. 현미 도정률이 증가함에 따른 변화 중 틀린 것은?
   ① 단백질 손실이 커진다.
   ② 총열량이 증가한다.
   ③ 소화율이 낮아진다.
   ④ 탄수화물의 양이 증가한다.

7. 다음 쌀의 종류 종 점성이 가장 높은 종류는?
   ① 단립종   ② 중립종
   ③ 비립종   ④ 장립종

8. 서류의 특징으로 틀린 것은?
   ① 서류의 일반적인 수분함량은 20~30%로 낮은 편이다.
   ② 서류의 종류에는 감자, 고구마, 토란, 마 등이 있다.
   ③ 고구마는 다른 서류에 비해 당분함량이 많은 편이다.
   ④ 솔라닌(solanin)은 감자가 햇빛에 노출되어 생긴 껍질의 녹색부분이나 발아 중인 싹에 함유되어 있는 유해독성물질이다.

9 쌀가루를 익반죽 하는 이유로 틀린 것은?
① 쌀가루를 끓는 물로 익반죽하면 일부가 호화되어 잘 뭉쳐진다.
② 쌀가루 일부를 호화시켜 점성을 높이지 않기 위해 끓는 물로 반죽을 한다.
③ 멥쌀은 끈기가 적기 때문에 익반죽을 하면 반죽이 끈기가 생긴다.
④ 쌀에는 밀가루와 같은 글루텐이 없기 때문에 일반 반죽으로는 끈기가 생기지 않는다.

10 떡 재료 선택방법으로 틀린 것은?
① 서리태 – 콩을 깨물었을 때 청색이 많이 나는 것으로 선택한다.
② 쑥 – 줄기가 길고 굵은 것으로 늦은 봄에 채취한 것으로 선택한다.
③ 흑임자 – 검은색이 진하며 흰색이 섞이지 않은 것을 구입한다.
④ 백태 – 깨끗하며 색이 노랗고 윤기나는 것을 선택한다.

11 올이 가늘고 구멍이 작은 체로 술이나 간장 등을 거를 때 쓰며 쳇불을 말총 또는 나일론천으로 만든 것은 무엇인가?
① 깁체 ② 고운체
③ 겹체 ④ 가루체

12 수증기가 새어 나가지 않도록 시루와 솥 사이에 바르는 것은?
① 시루밑 ② 시루띠
③ 시루깔개 ④ 시루번

13 다음 중 떡 재료의 연결이 틀린 것은?
① 주재료 – 쌀, 보리, 밀, 조, 수수
② 부재료 – 콩류, 채소류, 과일류
③ 감미료 – 치자, 송화, 울금
④ 향신료 – 계피, 유자

14 찹쌀가루와 찰수수가루를 익반죽 하여 반죽을 동그랗게 빚어 끓는 물에 삶아 고물을 묻힌 떡은?
① 경단 ② 주악
③ 인절미 ④ 우메기

15 송편을 찔 때 솔잎을 사용하는 이유로 틀린 것은?
① 송편에 향을 제공
② 방부제 역할
③ 떡이 서로 달라붙지 않게 하기 위해서
④ 떡에 영양성분을 함유시키기 위해서

16 떡을 제조하는 과정의 설명이 틀린 것은?
① 쌀 씻기와 불리기 – 맑은 물이 나올 때까지 깨끗하게 씻어서 여름철에는 4~5시간 겨울철에는 7~8시간 불린다.
② 쌀가루 분쇄하기 – 멥쌀은 성글게 빻고 찹쌀은 곱게 2번 빻는다.
③ 반죽하기 – 송편과 경단류는 뜨거운 물을 넣어 익반죽한다.
④ 치기 – 절편이과 인절미 같은 떡을 만들 때 필요한 제조과정이다.

17 식품의 갈변 현상 중 성질이 다른 것은?
① 감자의 갈변현상
② 연근 절단면의 갈변현상
③ 사과의 갈변현상
④ 된장의 갈변현상

18 다음 중 재료계량 시 주의사항으로 틀린 것은?

① 저울이 평평하고 단단한 곳에 놓여 있고 수평이 맞는지 확인한다.
② 저울의 범위가 무게를 재고자 하는 범위에 맞는 저울인지 확인하다.
③ 저울을 사용할 경우 0점을 먼저 확인 후 용기를 올린 뒤 다시 0점을 확인 후 계량한다.
④ 농도가 있는 식품은 계량컵이나 계량스푼에 가득 담아서 계량한다.

19 고체 식품을 계량할 경우 올바르게 계량한 것은?

① 고체 식품은 무게보다 부피를 재는 것이 더 정확하다.
② 버터나 마가린은 그대로 잘라 계량컵에 담아서 계량한다.
③ 버터를 실온에 두어 부드럽게 한 후 계량컵에 수북이 담아 계량한다.
④ 버터나 마가린 같은 고체 식품은 부피보다 무게(g)로 재는 것이 정확하다.

20 쌀가루로만 만든 떡은 무엇인가?

① 백설기　　② 감설기
③ 잡과병　　④ 부꾸미

21 켜떡류의 켜를 내는 부재료가 아닌 것은?

① 붉은 팥　　② 녹 두
③ 참 깨　　　④ 은 행

22 쌀가루에 물, 소금, 설탕을 함께 넣어 골고루 비비지 않는 이유로 틀린 것은?

① 쌀가루에 물, 소금, 설탕을 함께 넣어 골고루 비비면 설탕이 녹아 수분함량이 늘어난다.
② 쌀가루에 물, 소금, 설탕을 함께 넣어 골고루 비비면 설탕이 녹지 않아 수분함량이 줄어들기 때문이다.
③ 쌀가루가 끈적해 진다.
④ 쌀가루의 질감이 푹신하지 않고 질겨진다.

23 약밥을 많이 먹는 절기로 알맞은 것은?

① 설 날　　② 정월대보름
③ 추 석　　④ 동 지

24 찹쌀을 밥처럼 쪄서 안반이나 절구에 쳐서 고물을 묻혀 만든 떡은?

① 인절미　　② 단 자
③ 가래떡　　④ 절 편

25 쪄서 치는 떡류가 아닌 것은?

① 절 편　　② 떡국떡
③ 인절미　　④ 송 편

26 찹쌀로 떡을 할 때 멥쌀보다 수분을 적게 주는 이유로 알맞은 것은?

① 쌀을 불린 후 물기를 뺄 때 멥쌀 물기가 더 빨리 빠진다.
② 찹쌀은 아밀로펙틴이 많이 들어 있기 때문이다.
③ 찹쌀은 아밀로오스가 많이 들어 있기 때문이다.
④ 멥쌀이 찹쌀보다 더 빨리 호화가 되기 때문이다.

27 떡에 색을 내주는 천연재료가 아닌 것은?
① 쑥
② 치 자
③ 복분자
④ 딸기주스 가루

28 지지는 떡 종류가 아닌 것은?
① 산 승   ② 주 악
③ 부꾸미   ④ 단자류

29 붉은 팥을 삶을 때 첫 번째 삶은 물을 갈아 주는 이유는?
① 팥을 깨끗하게 하기 위해서
② 부드럽게 하기 위해서
③ 붉은색을 선명하게 하기 위해서
④ 사포닌을 제거하여 설사와 생목이 오르는 것을 방지하기 위해서

30 찹쌀가루를 끓는 물로 익반죽하여 동그랗게 빚어 끓는 물에 삶아 만든 떡은?
① 가래떡   ② 경 단
③ 절 편   ④ 단 자

31 떡을 만드는 방법으로 틀린 것은?
① 찰떡을 만드는 데 쓰는 찹쌀은 방아에 1회 내려 사용한다.
② 켜떡은 찜기에 담을 때 쌀가루를 먼저 깔아 준다.
③ 송편은 찐 후 차가운 물에 담갔다가 바로 건져 물기를 빼 참기름을 바른다.
④ 약밥은 찜기에 찌는 것보다 중탕으로 찌는 것이 설탕의 캐러멜화 반응이 일어나 진한 갈색이 나며 맛이 좋다.

32 식품포장에 대한 설명으로 틀린 것은?
① 식품의 가치 상승을 위해서 포장을 한다.
② 식품의 수송 및 보관을 용이하게 하기 위해 포장을 한다.
③ 유통과정에 식품을 위생적으로 보호하기 위해 포장을 한다.
④ 식품포장은 보관을 용이하게 하기 위해서만 필요한 작업이다.

33 「식품위생법」상 허위 표시인 것은?
① 유통기한 표시
② 식품의 영양성분 표시
③ 원재료명 및 함량
④ 질병의 예방

34 다음 중 단백질이 호기성 세균에 의해 부패하는 현상은?
① 발 효   ② 산 패
③ 후 란   ④ 부 패

35 식품의 부패 판정법으로 틀린 것은?
① 관능검사   ② 화학적 검사
③ 물리적 검사 ④ 영양소 검사

36 제1군 법정 감염병에 대한 설명으로 알맞은 것은?
① 전파속도가 빠르고 국민건강에 미치는 위해정도가 커서 유행즉시 방역대책을 수립해야 하는 감염병
② 간헐적으로 유행할 가능성이 있어 방역대책이 필요한 감염병
③ 예방접종을 통하여 예방 및 관리가 가능한 감염병
④ 기생충에 감염되어 발생하는 감염병

37 다음 중 경구감염병(소화기계 감염병)에 대한 설명으로 틀린 것은?
① 병원체가 음식물과 식기구, 의복, 손 등을 통해 입으로 들어가 감염 증상을 일으킨다.
② 환자가 폭발적으로 발생하고 급수지역과 거의 일치하며 계절적·지역적 특성이 강하다.
③ 잠복기가 길다.
④ 치명률은 낮으며 간접 전파로 전염된다.

38 돼지고기를 가열하지 않고 섭취하면 감염될 수 있는 기생충은?
① 유구조충
② 무구조충
③ 광절열두조충
④ 폐흡충

39 세균성 식중독의 예방대책으로 틀린 것은?
① 조리 전후의 식품은 따로 취급을 해야 한다.
② 식중독을 일으키는 세균은 식품을 냉동하면 사멸시킬 수 있다.
③ 식품을 오랜 시간 실온에 방치하지 않는다.
④ 조리에 쓰는 도구류는 항상 청결하게 하며 사용 후 열탕 소독한다.

40 다음 중 수질오염(수은)에 의해 발생되는 병은?
① 열중증   ② 미나마타병
③ 잠함병   ④ 이타이이타이병

41 보툴리누스 식중독에 대한 설명으로 틀린 것은?
① 통조림과 병조림에서 발생한다.
② 치사율이 가장 높다.
③ 산소를 좋아한다.
④ 독소형 식중독이다.

42 살모넬라균의 주된 감염원은?
① 육류 및 육류가공품
② 민물고기류
③ 조개류
④ 견과류

43 식품위생법에서 영업에 종사할 수 있는 질병은?
① 제1군 감염병
② 후천성 면역결핍증
③ 비감염성인 결핵
④ 피부병 또는 화농성 질환

44 일본에서 폐수에 오염된 식품을 섭취하고 이타이이타이병이 발생하였다. 이와 관련된 유해성 금속 화합물은?
① 구리(Cu) ② 카드뮴(Cd)
③ 수은(Hg) ④ 납(Pb)

45 화학물질에 의한 식중독 원인으로 틀린 것은?
① 유해한 중금속 ② 유해한 첨가물
③ 농 약 ④ 알코올

46 알레르기성 식중독의 원인 식품으로 틀린 것은?
① 고등어 ② 꽁 치
③ 정어리 ④ 우 유

47 열을 이용하는 물리적인 살균방법으로 설명이 틀린 것은?
① 소각멸균법 – 재사용하지 않은 물건을 대상으로 오염된 물건을 소각하는 방법
② 화염멸균법 – 불에 타지 않은 물건을 불꽃에 20초간 넣어 미생물을 사멸시키는 방법
③ 고압증기멸균법 – 고압증기 멸균 솥으로 살균하여 미생물만 아니라 아포까지 사멸시키는 방법
④ 열탕소독법 – 100℃의 증기에서 15~20분간 가열하여 24시간마다 3회 연속으로 하는 소독방법

48 다음 중 식품보관 시 위생상 틀린 것은?
① 상온보관 ② 진공포장
③ 건조해서 보관 ④ 냉동보관

49 살균과 소독의 물리적인 방법이 아닌 것은?
① 일광소독법
② 자비소독법
③ 자외선 살균법
④ 염소 소독법

50 HACCP에 대한 설명으로 틀린 것은?
① 위생적이고 안전한 식품을 제조할 수 있다.
② 원료부터 유통의 전 과정을 관리할 수 있다.
③ 완벽한 사후처리를 추구한다.
④ 종합적인 위생관리 시스템이다.

51 신라 소지왕 때 임금의 생명을 구해준 까마귀의 은혜를 기리기 위해 만든 떡은?
① 율 고 ② 약 과
③ 약 식 ④ 청애병

52 다음 중 떡의 어원 변화로 알맞은 것은?
① 찌다 → 찌기 → 떼기 → 떠기 → 떡
② 찌기 → 찜 → 떼기 → 떠기 → 떡
③ 찜 → 찌기 → 떠기 → 떼기 → 떡
④ 찜 → 찌다 → 떠기 → 떼기 → 떡

53 다음 중 이수광의 「지봉유설」에 기록된 청애병은?
① 쑥설기 ② 쑥절편
③ 느티떡 ④ 두텁떡

54 우리 전통음식에 '약'자가 들어가는 음식의 의미는?

① 순수하게 재료의 맛을 즐기는 음식이다.
② 꿀이 들어간 음식을 말하며 몸에 이로운 음식이라는 개념이 있다.
③ 갖은 양념이 들어간 음식을 말한다.
④ 먹으면 무조건 치료가 되는 음식을 말한다.

55 증편에 대한 설명 중 알맞지 않은 것은?

① 기주떡 또는 술떡이라고 한다.
② 여름에 잘 상하지 않는 떡이다.
③ 찌는 모양에 따라 명칭이 달라진다.
④ 원래 명칭은 상화병이라 부른다.

56 다음 중 떡의 역사에 대한 설명으로 알맞지 않은 것은?

① 상고시대 이전 유적에서 벼와 시루, 확돌이 출토된 것으로 보아 떡을 만들어 먹었음을 알 수 있다.
② 「삼국사기 열전」에 백결선생이 가난하여 떡을 찧지 못하는 아내를 위해 달래주기 위하여 거문고로 떡방아 소리를 내었다.
③ 고려시대는 불교의 육식금지와 음다생활 풍습으로 떡 발전의 침체기였다.
④ 관혼상제의 풍습과 세시행사가 관습화되면서 각종 의례가 빈번해졌고 이에 조선시대 떡은 맛뿐만이 아니라 더욱 화려하고 사치스럽게 발전하였다.

57 다음 중 절일과 절식이 잘못 연결된 것은?

① 한식 – 쑥떡
② 중양절 – 국화주와 국화전
③ 초파일 – 느티떡
④ 추석 – 삭일송편

58 다음 중 첫 돌을 맞은 아이를 위한 떡의 의미로 틀린 것은?

① 백설기 – 밝고 깨끗하게 자라라는 기원
② 오색송편 – 만물과 조화를 이루며 살아가라는 의미
③ 인절미 – 찰떡처럼 끈기 있는 사람이 되라는 기원
④ 무지개떡 – 아이에게 있을지 모를 액운을 미리 막아준다는 기원의 의미

59 다음 중 더운 날씨에도 잘 상하지 않아 삼복에 먹었던 떡은?

① 개피떡
② 송 편
③ 시루떡
④ 증 편

60 다음 중 충청도의 향토떡으로 틀린 것은?

① 쇠머리 찰떡
② 호박송편
③ 빙 떡
④ 약 편

제6회 모의고사

01 다음 중 요오드용액에 의해 청색반응을 일으키는 것은?
① 아밀로펙틴 ② 아밀로오스
③ 펙틴 ④ 덱스트린

02 전분의 호화가 시작되는 온도로 알맞은 것은?
① 40℃ ② 60℃
③ 80℃ ④ 100℃

03 다음 곡물 중 단백질 함량이 가장 높은 것은?
① 찹쌀 ② 보리
③ 수수 ④ 좁쌀

04 다음 대두의 성분 중 거품을 내며 용혈작용을 하는 성분은?
① 사포닌
② 레닌
③ 헤마글루티닌
④ 프로테아제

05 다음 중 찬물을 넣어서 하는 떡 반죽은?
① 날반죽 ② 익반죽
③ 수타반죽 ④ 일반반죽

06 전분에 물을 넣어 가열하여 입자가 팽윤되고 콜로이드상태로 변하여 소화하기 좋은 상태는?
① 노화 ② 호화
③ 호정화 ④ 겔화

07 떡 재료의 보관법이 바르게 연결된 것은?
① 밤 : 껍질을 벗겨서 보관한다.
② 녹차분말 : 대량 구매하여 사용한다.
③ 팥 : 바람이 잘 통하지 않는 곳에 보관한다.
④ 멥쌀 : 습기가 적고 서늘하며 바람이 잘 통하는 곳에 보관한다.

08 체에 관한 설명으로 틀린 것은?
① 가루체 : 지역에 따라 신체, 설된체, 모시미리, 참체, 접체, 벤체라고 한다. 본래 쳇불은 말총을 썼으나 근래에는 나일론 천으로 메운다.
② 중거리 : 지방에 따라 반체, 중거리, 중체라고도 부른다. 시루 편을 만들 때 떡가루를 물에 비비며 내릴 때 주로 이용한다. 쳇불은 천으로 메우기도 한다.
③ 도드미 : 고운 철사로 올을 성글게 짠 구멍이 굵은 체지만 어레미보다 쳇불구멍이 크고 쌀의 뉘를 고를 때 쓴다.
④ 어레미 : 쳇불구멍이 가장 큰 체이고 떡고물을 내리는데 쓰인다.

09 떡살의 문양 중 부귀수복을 기원하는 문양으로 알맞은 것은?
① 바퀴무늬
② 태극무늬
③ 길상무늬
④ 빗살무늬

10 다음 당류 중 감미도가 가장 높은 것은?
① 과 당
② 전화당
③ 설 탕
④ 맥아당

11 찹쌀가루와 찰수수가루를 익반죽하여 반죽을 동그랗게 빚어 끓는 물에 삶아 고물을 묻힌 떡은?
① 경 단
② 주 악
③ 인절미
④ 우메기

12 밀가루에 막걸리를 넣어 발효시킨 후 팥소를 넣어 둥글게 빚어 찌는 떡은?
① 증 편
② 화 전
③ 상화병
④ 오메기떡

13 다음 중 고물의 역할이 아닌 것은?
① 시루떡의 경우 떡가루 사이에 공기층을 형성하여 김이 잘 스며들지 않아 떡이 질어지는 것을 막아준다.
② 떡에 맛과 부족한 영양을 보충해 준다.
③ 삶은 떡에 겉 고물로 사용하며 떡이 서로 붙는 것을 막아 준다.
④ 송편, 개피떡, 단자류의 속 고물로 사용된다.

14 떡을 만들 때 넣는 재료의 설명으로 맞는 것은?
① 소금 : 쌀을 불릴 때 넣으면 더 빨리 불릴 수 있다.
② 설탕 : 떡이 빨리 굳는 것을 지연시켜 준다.
③ 꿀 : 흑설탕을 대신 사용해도 된다.
④ 올리고당 : 설탕보다 칼로리가 높아서 적게 사용해야 한다.

15 식품의 갈변현상 중 성질이 다른 것은?
① 사과의 갈변현상
② 감자의 갈변현상
③ 연근 절단면의 갈변현상
④ 설탕의 캐러맬

16 다음 중 곡식에 있는 쭉정이 껍질 등의 이물질을 골라낼 때 쓰는 도구는?
① 이남박
② 키
③ 조 리
④ 방 아

17 지지는 떡(油煎餠) 종류가 아닌 것은?
① 화 전
② 부꾸미
③ 주 악
④ 단 자

18 다음 중 곡식을 찧거나 가루를 빻을 때 또는 떡을 칠 때 쓰는 도구는?
① 방 아
② 안반과 떡메
③ 절구와 절굿공이
④ 돌 확

19 재료를 계량하는 방법으로 알맞은 것은?

① 액체시품인 계량컵, 계량수저에 담아 수평 상태로 놓고 액체의 표면이 곡선으로 되는 아랫면과 일치되게 읽는다.
② 가루재료를 계량할 때는 계량컵에 재료를 수북이 넣은 후 계량컵을 흔들어 계량을 한다.
③ 무게를 재기 전 저울위에 용기를 올리지 말고 0점을 맞춘 후 계량을 한다.
④ 쌀이나 콩은 계량컵에 가득 담아 계량한다.

20 켜 없이 쌀가루 또는 부재료를 넣어 만든 떡은?

① 지지는 떡
② 무리떡
③ 치는 떡
④ 삶는 떡

21 다음 중 떡을 만드는 재료 전처리 방법으로 알맞은 것은?

① 멥쌀은 씻어 불린 후 바로 빻는다.
② 잣은 고깔을 떼어 곱게 다져 기름기를 빼고 사용한다.
③ 붉은 팥고물을 만들 때는 팥을 물에 충분히 불려서 삶는다.
④ 현미나 흑미는 멥쌀과 똑같이 불려 사용한다.

22 설기떡 종류가 아닌 것은?

① 백설기
② 콩설기
③ 잡과병
④ 화 전

23 백설기 만드는 방법으로 틀린 것은?

① 쌀가루에 소금을 넣고 물로 수분을 맞춘 다음 체에 내려 설탕을 넣고 가볍게 섞는다.
② 쌀가루에 수분을 주고 체에 내려 쌀가루를 손으로 살짝 쥐어흔들어 깨시지 않으면 된다.
③ 설탕과 소금은 수분을 주기 전에 쌀가루에 넣어 준다.
④ 쌀가루를 찜기에 앉힌 다음 김이 오른 후 20분 정도 쪄주면 된다.

24 다음 중 송편을 만드는 방법으로 틀린 것은?

① 쌀가루는 끓는 물로 익반죽하여 반죽한다.
② 불린 쌀을 쑥과 함께 넣고 빻는다.
③ 송편은 날반죽을 하지 않는다.
④ 송편은 빚어 찌는 떡류이다.

25 다음 중 약밥의 재료가 아닌 것은?

① 멥 쌀
② 계핏가루
③ 대추씨 삶아 거른 물
④ 캐러멜소스

26 "인절미"라는 이름을 사용하기 시작한 시기는?

① 삼국시대
② 고려시대
③ 조선시대
④ 현 대

27 가래떡의 종류로 알맞은 것은?

① 쪄서 치는 떡
② 빚어 찌는 떡
③ 지지는 떡
④ 삶는 떡

28 찰떡류의 장기 보관장소로 알맞은 것은?
① 냉장고　　　② 상 온
③ 냉동실　　　④ 온장고

29 찌는 찰떡의 종류가 아닌 것은?
① 구름떡　　　② 녹두찰편
③ 쇠머리떡　　④ 수수부꾸미

30 고명을 만드는 방법으로 틀린 것은?
① 잣은 고깔을 떼고 마른 면포로 닦아 한지나 종이 위에 올려 다져 사용한다.
② 밤은 겉껍질과 속껍질을 벗겨낸 뒤 물에 담갔다가 곱게 채를 썬다.
③ 석이버섯은 따뜻한 물에 담갔다가 이끼를 제거하여 깨끗한 물이 나올 때까지 비벼 씻은 다음 물기를 뺀 후 곱게 채를 썬다.
④ 대추는 면포로 닦은 후 돌려 깎아 밀대로 밀어 채 썬다.

31 송편을 찔 때 솔잎을 깔고 찌는 이유로 알맞은 것은?
① 피톤치드가 들어있어 떡이 쉽게 상하지 않게 해준다.
② 떡을 빨리 상하게 하는 단점이 있지만 솔잎 특유의 향 때문에 넣고 찐다.
③ 송편 모양을 예쁘게 해주기 때문에 넣고 찐다.
④ 오래 전부터 넣었기 때문에 그냥 넣어서 찐다.

32 쌀가루를 만드는 과정 중 주의할 점으로 알맞은 것은?
① 물에 담가두는 시간을 오래 가져야 부드러운 쌀가루가 된다.
② 찹쌀은 멥쌀보다 곱게 갈아야 한다.
③ 여름에는 수침시간을 짧게 겨울에는 수침시간을 길게 한다.
④ 쌀을 세게 문질러 세척한다.

33 팥고물을 만들 때 한번 삶아낸 후 다시 물을 붓고 삶는데 어떤 성분을 제거하기 위한 것인가?
① 사포닌　　　② 타 닌
③ 아미그달린　④ 레 닌

34 화전 재료로 쓸 수 없는 것은?
① 장미꽃　　　② 대 추
③ 쑥 갓　　　 ④ 철쭉꽃

35 쌀가루를 익반죽하여 반달 모양으로 빚어 찌는 떡은?
① 경 단　　　② 송 편
③ 단 자　　　④ 산 승

36 멥쌀가루에 여러 가지 색을 들여 찐 떡은?
① 무지개떡
② 팥시루떡
③ 모듬설기떡
④ 물호박떡

37 찹쌀가루를 익반죽하여 끓는 물에 익히는 떡의 종류는?
① 지지는 떡　② 치는 떡
③ 찌는 떡　④ 삶는 떡

38 떡 포장에 주로 많이 사용되고 있는 포장 재질은?
① 한지류　② 알루미늄박
③ 폴리에틸렌　③ 유리류

39 식품의 최적 보관온도로 틀린 것은?
① 생선·육류, 달걀 1~3℃
② 빵·떡은 냉장보관
③ 과일·채소는 7~10℃
④ 우유·수산 축산가공품 3~5℃

40 다음 중 냉장보관 방법으로 틀린 것은?
① 냉장보관은 주로 채소나 과일에 많이 사용된다.
② 저온으로 미생물 증식을 일시적으로 억제시키는 보관방법이다.
③ 보통 0~10℃의 저온에서 식품을 저장하는 방법이다.
④ 장기간 식품을 보관해도 식품의 품질이 저하되지 않는다.

41 개인위생에 대한 설명으로 틀린 것은?
① 지나친 화장과 장신구는 착용하지 않는다.
② 긴 머리카락은 흘러내리지 않도록 머리망을 이용해 단정하게 한다.
③ 날씨가 더운 여름철 작업장에서는 미끄러지지 않는 슬리퍼를 신는다.
④ 떡 제조시 깨끗한 조리복과 위생모자, 앞치마를 착용한다.

42 다음 중 교차오염이 발생하는 원인이 아닌 것은?
① 맨손으로 식품취급
② 손을 깨끗이 씻고 조리를 할 경우
③ 식품 쪽에서 기침을 할 경우
④ 칼, 도마 등을 혼용해서 사용할 경우

43 식품변질을 위한 미생물 발육인자 중 산소가 없어야만 잘 자라는 균은?
① 통성 혐기성균　② 편성 호기성균
③ 호기성균　④ 혐기성균

44 미생물이 없어도 일어나는 변질은?
① 부 패　② 산 패
③ 변 패　④ 발 효

45 식품의 부패란 주로 무엇이 변질된 것인가?
① 단백질　② 지 방
③ 당 질　④ 비타민

46 세균성 식중독에 대한 설명 중 틀린 것은?
① 오염된 음식물에 의하여 일어난다.
② 잠복기가 짧다.
③ 급성위장 장애를 일으킨다.
④ 면역이 생긴다.

47 식중독 사고가 가장 많이 일어나는 계절은?
① 봄 ② 여름
③ 가을 ④ 겨울

48 간디스토마(간흡충)의 중간숙주는?
① 돼지고기 ② 소고기
③ 담수어 ④ 물벼룩

49 가네미유증(PCB중독) 중독과 관련된 원인물질은?
① 수은 ② 카드뮴
③ 납 ④ PCB

50 칼슘과 인이 소변으로 배출되는 골연화증을 유발하는 중금속은?
① 수은 ② 카드뮴
③ 납 ④ 주석

51 다음 중 병원소가 아닌 것은?
① 건강한 자 ② 환자
③ 매개동물 ④ 보균자

52 손에 염증이 있는 조리사가 만든 음식물 섭취 시 나타날 수 있는 식중독은?
① 포도상구균
② 살모넬라균
③ 보투리누스균
③ 비브리오균

53 우리나라 식품위생법의 목적이 아닌 것은?
① 식품영양의 질적 향상도모
② 식품으로 인한 위생상의 위해방지
③ 국민보건의 증진
④ 몸에 이로운 식품의 개발

54 포도상구균에 대한 식중독 예방책으로 틀린 것은?
① 조리실을 청결하게 관리한다.
② 식품을 가열조리하면 식중독을 예방할 수 있다.
③ 화농성질환과 인후염이 있는 조리사는 식품취급을 금한다.
④ 멸균된 기구를 사용한다.

55 신라시대에 백결선생이 설에 이웃에서는 떡을 찧는 방아소리가 들리는데 가난하여 떡을 치지 못하자 거문고로 떡방아 소리를 내 아내를 위로 했다는 기록이 있는 문헌은?
① 삼국사기 ② 삼국유사
③ 도문대작 ④ 규합총서

56 다음 중 고조리서에 쓰여진 떡의 기록이 틀린 것은?
① 설기떡은 「성호사설」에서 기록을 찾아 볼 수 있다.
② 경단류는 「규합총서」에 '경단병'이란 이름으로 처음 기록되었다.
③ 화전은 「도문대작」에 '전화병' '유전병'이라 처음 기록 되어 있다.
④ 단자류는 「증보산림경제」에 '향애단자'라는 이름으로 처음 기록되었다.

57 불교의 성행으로 상류층을 중심으로 차를 마시는 음다(飮茶)풍속이 유행 떡과 과정류가 고급화 되었던 시기는?

① 삼국시대 이전　② 고려시대
③ 삼국시대　　　　④ 조선시대

58 다음 중 절식으로 먹는 떡의 연결이 틀린 것은?

① 정월 초하루 – 떡국
② 중화절 – 삭일송편
③ 유월유두 – 차륜병
④ 칠석날, 삼복 – 백설기, 증편, 주악

59 다음 중 백일에 하는 떡이 아닌 것은?

① 백설기
② 오색송편
③ 팥시루떡
④ 붉은 차수수경단

60 곡식이 가장 많이 생산되어 음식 못지않게 떡도 사치스런 특징이 있는 지역은?

① 황해도
② 서울·경기지역
③ 전라도
④ 평안도

제7회 모의고사

1. 다음 중 전분의 호화에 영향을 주는 요인이 아닌 것은?
   ① 전분의 종류
   ② 단백질의 함량
   ③ 수분의 함량
   ④ pH

2. 떡에 부족한 단백질을 보완해 주기 위해 넣으면 좋은 부재료는?
   ① 콩
   ② 호박
   ③ 곶감
   ④ 쑥

3. 다음 중 노란색을 내는 천연재료는?
   ① 송기
   ② 송화
   ③ 흑미
   ④ 승검초분말

4. 다음 중 떡에 부재료를 첨가하는 이유로 틀린 것은?
   ① 떡의 맛을 더 좋게 하는 역할을 한다.
   ② 쌀에 부족한 단백질은 콩을 넣으면서 보충할 수 있다.
   ③ 떡을 찔 때 수증기가 잘 올라와 떡이 잘 익도록 해준다.
   ④ 부재료는 약리성이 있기 때문에 많이 넣어야 한다.

5. 쌀가루를 체로 내릴 때 사용하는 체의 단위는 무엇인가?
   ① mesh
   ② mg
   ③ ml
   ④ kg

6. 다음 중 떡의 노화를 방지하기 위한 방법으로 틀린 것은?
   ① 수분이 노화의 가장 큰 원인이므로 수분을 고정할 수 있게 설탕을 넣는다.
   ② 설탕을 첨가하면 탈수제로 작용하기 때문에 노화가 억제된다.
   ③ 떡을 0~4℃ 냉장에서 보관하면 노화가 덜 된다.
   ④ 수분 양이 많으면 떡 노화가 지연되므로 장기간 냉동 보관할 떡은 수분을 더 첨가한다.

7. 다음 중 떡의 제조원리순서로 알맞은 것은?
   ① 쌀불리기 → 물빼기 → 분쇄, 수분주기 → 부재료넣기 → 찌기와 치기
   ② 쌀불리기 → 분쇄.수분주기 → 물빼기 → 부재료넣기 → 찌기와 치기
   ③ 쌀불리기 → 분쇄, 수분주기 → 물빼기 → 찌기와 치기 → 부재료넣기
   ④ 쌀불리기 → 물빼기 → 부재료넣기 → 분쇄, 수분주기 → 찌기와 치기

08 찌는 떡의 한 종류로 쌀가루에 막걸리 넣어 발효시켜서 만든 떡은?

① 송 편 ② 단 자
③ 증 편 ④ 경 단

09 곡류의 전분을 당화시켜 오래 가열하여 수분을 증발시키면서 농축시키는 감미료는?

① 조 청 ② 꿀
③ 설 탕 ④ 올리고당

10 미생물이 효소를 이용해 식품의 유기물을 분해하는 과정은?

① 부 패 ② 후 란
③ 발 효 ④ 변 패

11 쑥을 장기 보관할 때 색감을 유지하기 위한 방법으로 좋은 것은?

① 생 쑥을 냉동시켜 필요할 때마다 해동해서 쓴다.
② 삶을 때 식소다를 넣고 삶는다.
③ 식초를 넣어 삶는다.
④ 삶을 때 뚜껑을 덮고 삶아서 재빨리 찬물에 헹군다.

12 켜떡류의 떡 종류가 아닌 것은?

① 콩설기 ② 팥고물시루떡
③ 석탄병 ④ 녹두찰편

13 약밥(약식)에 대한 설명으로 틀린 것은?

① 삼국유사는 신라시대부터 약식을 먹어 왔음을 알 수 있는 문헌이다.
② 약식의 주재료는 찹쌀이며 부재료는 밤, 대추, 잣 등을 넣는다.
③ 약식의 유래와 관련된 왕은 소지왕이다.
④ 찐 찹쌀을 차갑게 해서 설탕, 계핏가루, 진간장, 캐러멜소스, 꿀, 참기름 등을 넣어 양념을 한다.

14 「동국세시기」에서는 백병(白餠)이라 불렸으며 엽전모양으로 잘게 썰어 설날 떡국을 만들어 먹는 떡은?

① 수리취떡
② 절 편
③ 인절미
④ 가래떡

15 다음 중 고물로 사용하지 않는 재료는?

① 밤 ② 석이버섯
③ 잣 ④ 쑥

16 다음 중 고물에 대한 설명으로 틀린 것은?

① 경단이나 단자에 묻히는 잡곡가루를 말한다.
② 쌀가루 사이에 층을 만들어 떡이 잘 익게 도와준다.
③ 떡의 맛에 별로 영향을 미치지 않는다.
④ 찹쌀가루를 이용한 떡은 켜를 얇게 하고 고물을 깔아야 잘 쪄진다.

17 멥쌀가루에 서리태나 풋콩을 섞어 무리로 찐 떡은?

① 백설기　　② 콩설기
③ 영양떡　　④ 모듬설기떡

18 떡류 포장 시 표시사항으로 틀린 것은?

① 제품명
② 유통기한
③ 살균방법
④ 원재료명

19 떡류를 포장할 때의 방법으로 틀린 것은?

① 떡 포장지인 폴리에틸렌은 기름기 있는 떡을 포장할 때 많이 사용한다.
② 기계를 사용하여 자동 포장을 할 경우 마지막 작업으로 금속 검출기를 통과시킨다.
③ 포장이 완료되면 식품 표시사항을 부착한다.
④ 떡을 포장할 때 냉각시켜 포장하면 포장지에 습기기가 차지 않는다.

20 냉동 보관법에 대한 설명으로 틀린 것은?

① -18℃ 이하로 수분을 냉각시켜 저장하는 방법이다.
② 완성된 떡은 뜨거운 김이 한 김 나간 후에 -18℃ 이하로 냉동보관 해야 한다.
③ 냉동 보관 시 식품의 품질변화가 적으나 장기 보관 시 식품의 품질이 저하된다.
④ 육류·어류의 장기 보관 시 냉동보관법보다 냉장보관법이 더 좋다.

21 작업장에서 주의해야 할 사항으로 틀린 것은?

① 전용화장실을 사용하여야 하며 용변 후 손을 씻도록 한다.
② 식품 취급 기구나 도구가 입, 귀, 머리 등에 닿지 않도록 한다.
③ 작업장 내에서는 금연하고 잡담 등을 하지 않는다.
④ 관계자 외에도 필요한 경우 작업장에 출입을 한다.

22 식품변질(미생물 발육)에 영향을 주는 인자가 아닌 것은?

① 영양소　　② 수 분
③ 온 도　　④ 햇 빛

23 동물에게 불임, 사산, 유산을 일으키고 사람에게는 열병을 나타내는 인수공통감염병은?

① 탄저병
② 파상열(브루셀라증)
③ 결 핵
④ Q열

24 경구감염병(소화기계 감염병) 예방방법으로 틀린 것은?

① 병원체의 제거
② 환자와 보균자의 조기발견과 식품과 음료수의 철저한 위생관리가 필요하다.
③ 쥐, 파리, 바퀴 등 매개체 차단
④ 예방접종은 굳이 필요하지 않다.

25 다음 중 매개곤충이 없어도 전파되는 질병은?
① 말라리아 ② 페스트
③ 장티푸스 ④ 발진티푸스

26 다음 중 유해성 착색료가 아닌 것은?
① 아우라민 ② 로다민
③ 둘 신 ④ 버터옐로우

27 독버섯으로 식중독을 일으키는 독성분이 아닌 것은?
① 무스카린 ② 아마니타톡신
③ 뉴 린 ④ 리 신

28 포도상구균의 독소는?
① 솔라닌 ② 엔테로톡신
③ 뉴로톡신 ④ 테트로톡신

29 독버섯 섭취 시 호흡곤란, 위장장애를 일으키는 원인독소는?
① 셉 신 ② 아미그달린
③ 무스카린 ④ 고시풀

30 발생을 계속 감시할 필요가 있어 발생 또는 유행 시 24시간 이내 신고하여야 하는 감염병은?
① 제1급감염병
② 제2급감염병
③ 제3급감염병
④ 제4급감염병

해설 「감염병 예방 및 관리에 관한 법률」 개정에 따라 감염병 분류 체계는 군별 체계에서 급별 체계로 변경되었다.

31 장염비브리오 균에 감염될 경우 나타나는 주요 증상은?
① 화농성 피부염
② 급성 장염증상
③ 신경마비증상
④ 안면마비와 언어장애

32 보리, 밀, 호밀 등에 기생하는 독소로 맥각 중독을 일으키는 독소는?
① 에르고톡신 ② 아플라톡신
③ 시트리닌 ④ 시트레오비리딘

33 질병발생의 3대 요소가 아닌 것은?
① 병인체 ② 감염경로
③ 숙주의 감수성 ④ 항생제

34 폐디스토마의 제1 중간숙주로 알맞은 것은?
① 물벼룩 ② 다슬기
③ 민물고기 ④ 가재·게

35 물리적·화학적 방법을 시행하여 모든 미생물을 제거하여 무균상태로 만드는 것은?
① 살 균 ② 멸 균
③ 소 독 ④ 방 부

36 식품 취급자가 지켜야 할 준수사항으로 틀린 것은?
① 열이 나거나 설사를 할 때는 식품제조나 조리작업에 참여 할 수 없다.
② 영업자는 영업개시 후 건강진단을 받는다.
③ 손톱은 짧고 깨끗이 청결하게 유지한다.
④ 위생모와 위생복을 착용하고 복장은 항상 청결해야 한다.

37 식품위생법상 식품위생의 대상으로 알맞은 것은?
① 식품, 식품첨가물, 기구, 용기, 포장
② 식품, 식품첨가물, 기계, 용기, 의류
③ 식품첨가물, 부재료, 기계, 장비, 용기 등
④ 식품첨가물, 식품, 기구, 그릇, 용기 등

38 HACCP 7원칙의 관리절차로 올바른 것은?
① 위해요소분석 → 중요 관리점 결정 → 한계관리기준 설정 → CCP모니터링 → 개선조치 → 검증절차 → 문서보관
② 위해요소분석 → 중요 관리점 결정 → 한계관리기준 설정 → 개선조치 → 검증절차 → 문서보관 → CCP모니터링
③ 중요 관리점 결정 → 한계관리기준 설정 → 개선조치 → 검증절차 → 문서보관 → CCP모니터링 → 위해요소분석
④ 중요 관리점 결정 → 한계관리기준 설정 → 개선조치 → 검증절차 → 문서보관 → 위해요소분석 → CCP모니터링

39 다음 중 보건복지부령으로 정하는 영양표시 대상 식품이 아닌 것은?
① 장 류   ② 레토르식품
③ 떡 류   ④ 면 류

40 다음 중 식품 등의 표시사항이 아닌 것은?
① 원재료명   ② 식품의 유형
③ 제조자와 업주명 ④ 주의사항

41 다음 중 식품위생 지표 균은?
① 대장균   ② 포도상구균
③ 비브리오균   ④ 살모넬라균

42 식품을 조리할 때 첨가하는 식품첨가물의 기준과 성분에 관한 규격을 설정하는 기관은?
① 식품의약품안전처
② 보건복지부
③ 관할 보건소
④ 관할 시·도

43 다음 중 조리사를 두지 않은 식품접객영업자와 집단급식소 운영자가 받는 벌칙은?
① 3년 이상의 징역
② 1년 이상의 징역
③ 3년 이하의 징역 또는 3천만원 이하의 벌금
④ 5년 이하의 징역 또는 5천만원 이하의 벌금

44 다음 글 중 ( )에 들어갈 시대를 고르시오.

> 우리 민족이 언제부터 떡을 먹기 시작했는지 정확히 알 수 없지만 유적들에서 시루 등 떡을 만드는데 필요한 도구들이 출토 되는 것으로 미루어 ( )시대 이전부터 만들었을 거라 추측한다.

① 삼국시대 이전 ② 통일 신라
③ 고려시대 ④ 조선시대

45 이 떡은 고려시대에 감설기가 발전한 것으로 멥쌀가루에 감가루, 대추, 밤, 생강전분, 귤병 계핏가루, 잣, 꿀 등으로 만든 떡으로 「규합총서」에 "맛이 차마 삼키기 안타깝다"라고 기록되어진 떡은?

① 꿀 편 ② 두텁떡
③ 석탄병 ④ 감설기

46 다음 중 발효를 시켜서 만든 떡은?

① 화 전 ② 증 편
③ 부꾸미 ④ 웃지지

47 다음 중 조선시대에 떡을 기록한 문헌이 아닌 것은?

① 음식디미방
② 규합총서
③ 도문대작
④ 삼국유사

48 다음 중 조선시대 떡 문화의 특징으로 틀린 것은?

① 조선시대 떡은 궁중과 반가를 중심으로 더욱 사치스럽게 발전하였다.
② 조선시대에는 유교의 영향으로 음식을 높이 고이는 풍조가 생겨나서 관·혼·상·제때는 신분과 지위에 따라 고이는 음식의 높이가 달랐다.
③ 조선 시대에는 떡이 고급화 되었지만 전성기를 이루지는 못하였다.
④ 유교가 사회 깊숙이 뿌리를 내리면서 의례와 세시행사에 조과류와 함께 다양한 떡이 등장하게 된다.

49 다음 중 한글로 '떡'이라고 처음 기록한 문헌은?

① 성호사설 ② 규합총서
③ 요 록 ④ 음식디미방

50 통과의례 상차림 중 혼례에서 함을 받을 때(납채) 사용되는 떡의 이름은?

① 봉치떡 ② 백설기
③ 절 편 ④ 가래떡

51 다음 중 단오의 절식으로 알맞은 것은?

① 증 편 ② 주 악
③ 백설기 ④ 차륜병

52 집집마다 팥고물을 두둑하게 켜로 넣고 시루떡을 만들어 고사를 지내는 절기는?

① 상 달 ② 동 지
③ 납 일 ④ 섣달그믐

53 유두일 절식으로 밀가루를 술로 반죽하여 콩이나 깨에 꿀을 섞어 만든 소를 넣어 찐 떡은?
① 밀전병　　② 상화병
③ 흰떡수단　　④ 증 편

54 음력 9월 9일로 양수가 겹친다는 명절로 국화주를 마시고 국화전을 만들어 먹었던 절기는?
① 중양절　　② 단 오
③ 칠 석　　④ 유 두

55 다음 중 봉채떡에 대한 설명으로 알맞지 않은 것은?
① 떡 위에 놓는 대추는 아들을 상징한다.
② 붉은 팥고물은 액운을 면하게 해준다.
③ 떡을 두 켜가 아닌 한 켜로 한다.
④ 봉치떡은 찹쌀시루 떡이다.

56 다음 중 제례에 올리는 떡의 고물로 적당하지 않은 것은?
① 녹두고물　　② 거피팥고물
③ 붉은팥고물　　④ 흑임자고물

57 쌀보다는 잡곡이 흔해서 잡곡을 이용한 떡이 많은 지역은?
① 제주도　　② 충청도
③ 전라도　　④ 경기도

58 청동기 시대에 떡을 만들어 먹었을 거라 추측할 수 있는 유물은 무엇인가?
① 시 루　　② 떡 메
③ 어레미　　④ 절 구

59 다른 지방에 비해 떡이 매우 큼직하고 소담한 특징을 가지고 있는 지역은?
① 황해도　　② 평안도
④ 강원도　　④ 함경도

60 다음 중 떡의 어원 설명으로 바르지 않은 것은?
① 떡 :「음식디미방」에서 떡이라 한글로 기록되어 있다.
② 교이(餃餌) : 쌀가루를 엿에다 섞은 것
③ 탕중뢰환(湯中牢丸) : 물에 삶는 것
④ 만두 : 밀가루를 부풀게 하여 고기소를 싼 것

제8회 모의고사

1 다음 중 떡에 함유되어 있는 탄수화물의 기능은 무엇인가?
① 열량생성 ② 대사작용
③ 골격형성 ④ 혈액구성

2 떡의 부재료가 아닌 것은?
① 잣 ② 쑥
③ 은 행 ④ 카카오

3 떡을 찔 때 소금의 사용량으로 알맞은 것은?
① 쌀 무게의 2%
② 쌀 무게의 1%
③ 쌀 무게의 4%
④ 쌀 무게의 3%

4 아밀로펙틴 100%로 이루어져 있는 것은?
① 서리태 ② 찰옥수수
③ 보 리 ④ 멥 쌀

5 감미의 표준물질이 되는 식품은?
① 꿀 ② 설 탕
③ 올리고당 ④ 조 청

6 다음 중 쌀의 취급 및 보관 중 잘못된 것은?
① 쌀을 너무 세게 문질러 씻으면 쌀알이 으깨진다.
② 쌀의 저장온도가 높으면 쌀의 품질이 저하된다.
③ 쌀을 보관할 때 습기가 없고 서늘하고 건조한 장소에 보관을 해야 한다.
④ 쌀가루를 만들 때 쌀을 물에 살짝 불려서 빻아야 떡의 질감이 좋아진다.

7 뻥튀기, 누룽지 등 전분에 물을 가하지 않고 160~180℃로 가열하면 가용성의 덱스트린을 형성하는데 이 현상으로 알맞은 것은?
① 겔 화 ② 호정화
③ 호 화 ④ 노 화

8 떡 제조과정에서 떡의 노화를 늦추는 조리과정은?
① 물빼기 ② 치 기
③ 찌 기 ④ 수분주기

9 다른 콩과 달리 붉은 팥을 조리할 때 불리지 않는 이유는?
① 팥의 사포닌 성분을 제거하기 위하여
② 붉은 색이 흐려져서 물에 불리지 않고 삶는다.
③ 팥의 섬유소를 분해하기 때문에
④ 수분흡수율이 너무 좋기 때문에

10 다음 중 서류의 종류가 아닌 것은?
① 고구마　　② 감자
④ 카사바　　④ 비트

11 곡물 저장 시 수분함량에 따라 미생물에 변패되기 쉬운데 이를 방지하기 위해 수분의 함량을 몇%로 저장을 해야 하는가?
① 15% 이하　　② 20% 이하
③ 25% 이하　　④ 30% 이하

12 멥쌀가루를 쪄서 안반에 놓고 친 다음 길게 밀어서 만든 떡은?
① 가래떡　　② 조랭이떡
③ 인절미　　④ 단자

13 다음 중 곡식을 찧거나 가루를 빻을 때 또는 떡을 칠 때 쓰는 도구는?
① 방아　　② 안반과 떡메
③ 절구와 절굿공이　　④ 돌확

14 설탕을 높은 온도로 가열하면 갈색물질이 생성되어 식품에 색과 향미를 주는 현상은?
① 캐러멜화 반응　　② 멜라닌 현상
③ 마이야르반응　　④ 산화반응

15 재료를 계량하는 방법으로 틀린 것은?
① 가루 재료는 흔들거나 누르지 말고 수북이 담아 윗면이 수평으로 깎아서 계량을 한다.
② 액체류는 계량컵, 계량수저에 담아 수평상태로 놓고 액체의 표면이 곡선으로 되는 아랫면과 일치되게 읽는다.
③ 고체 재료는 무게보다 부피로 계량하는 것이 더 정확하다.
④ 곡류는 가득 담아 살짝 흔들어 표면을 평면이 되도록 깎아서 계량한다.

16 떡에 자주 쓰이는 수수에 대한 설명이다. 틀린 것은?
① 수수의 외피는 단단하고 타닌을 함유하고 있다.
② 수수 종류는 메수수와 차수수가 있다.
③ 수수는 타닌이 많아 떫은맛이 없다.
④ 수수는 물에 불린 다음 세게 문질러 씻고 여러 번 헹구어야 떫은맛이 없어진다.

17 송편반죽을 익반죽하는 이유는?
① 송편이 빨리 굳어지고 노화되는 것을 방지하기 위해서
② 송편이 빨리 상하지 않도록 하기 위해서
③ 송편의 식감을 부드럽게 하기 위해서
④ 쌀가루는 밀가루처럼 글루텐이 없어 뜨거운 물로 익반죽을 하여 쌀가루 전분 일부를 호화시켜 끈기가 생기게 하여 쫄깃한 식감을 주기 위해서

18 인절미에 고물로 쓰이지 않는 재료는?
① 거피팥　　② 카카오
③ 콩고물　　④ 흑임자 가루

19 쌀 불리기 과정에서 수분흡수에 영향을 주는 요인이 아닌 것은?
① 쌀의 품종　　② 쌀의 건조정도
③ 쌀의 가격　　④ 물의 온도

20 다음 중 고물의 역할로 틀린 것은?
① 떡의 영양을 높인다.
② 떡을 찔 때 공기층을 형성해 떡이 잘 익게 도와준다.
③ 떡의 맛이 더 좋아진다.
④ 예쁜 색을 주기 위해 고물을 사용한다.

21 찹쌀과 멥쌀에 두류, 채소류 등 다양한 부재료를 켜켜이 넣고 안쳐서 찐떡이 아닌 것은?
① 녹두찰편　　② 승검초편
③ 콩설기　　④ 석탄병

22 백설기를 만드는 방법이 기록되어 있는 책은?
① 규합총서　　② 삼국유사
③ 도문대작　　④ 요록

23 가래떡 만드는 방법으로 틀린 것은?
① 가래떡을 만들 때 기계를 사용할 경우 방아에 내리면서 물을 준다.
② 기계를 사용할 경우 찐 떡을 제병기(가래떡 모양틀)에 넣고 가래떡을 뽑아낸다.
③ 가래떡을 굳혀서 동그랗게 썰면 떡국용 떡이 된다.
④ 송편반죽보다는 수분을 더 넣는다.

24 쇠머리 찰떡과 구름떡, 영양찰떡, 콩찰떡 등의 떡 종류는?
① 증병(蒸餅)　　② 도병(搗餅)
③ 탕병(湯餅)　　④ 유전병(油煎餅)

25 찹쌀가루는 멥쌀가루로 떡을 했을 때 보다 설익을 수 있다. 그 이유로 알맞은 것은?
① 아밀로오스 성분이 많기 때문이다.
② 아밀로펙틴이 적기 때문이다.
③ 아밀로펙틴과 아밀로오스 성분 때문이다.
④ 아밀로펙틴 성분으로만 이루어져 있기 때문이다.

26 썰면 떡의 단면이 구름의 형상과 같아 붙여진 떡의 이름은?
① 잡과병　　② 무지개떡
③ 구름떡　　④ 쇠머리 찰떡

27 찹쌀가루와 찰수수가루를 뜨거운 물로 익반죽하여 둥글납작하게 빚어 여러 가지 소를 넣어 반달 모양으로 접어 기름에 지지는 떡은?
① 주악　　② 산승
③ 부꾸미　　④ 빙떡

28 석탄병(惜呑餠)은 "차마 삼키기 아까운 만큼 맛이 좋고 격이 높은 떡 중에 하나이다"라고 기록된 책은?

① 음식디미방 ② 규합총서
③ 삼국사기 ④ 수문사설

29 다음 중 찌는 떡 종류가 아닌 것은?

① 설기떡 ② 증편
③ 송편 ④ 단자

30 다음 중 치는 떡류가 아닌 것은?

① 절편 ② 단자류
③ 송편 ④ 개피떡

31 다음 중 떡에 대한 설명으로 틀린 것은?

① 켜떡은 찹쌀과 멥쌀에 다양한 부재료를 켜켜이 넣어 찐 떡이다.
② 시루떡은 찐다고 하여 증병(蒸餠)이라 한다.
③ 송편은 찔 때 솔잎을 사용해서 송병(松餠)이라고도 한다.
④ 부꾸미는 익반죽하고 소를 넣어 반달모양으로 빚어서 찐다.

32 다음 중 부풀려 찌는 떡은?

① 상화병 ② 개피떡
③ 부꾸미 ④ 화전

33 약밥(약식)에 대한 설명으로 틀린 것은?

① 약식은 우리나라 정월대보름의 절식이다.
② 삼국사기에 약식에 대한 유래가 나온다.
③ 오기일(烏忌日)에 찰밥을 지어 까마귀에게 제사를 지내면서 전해져 오게 되었다.
④ 약식을 중탕으로 찌면 캘러멜 반응으로 갈색 색깔이 진해지며 맛도 더 좋아진다.

34 인절미 떡에 대한 설명으로 틀린 것은?

① 인절미라는 이름을 사용하게 된 시기는 고려시대이다.
② 인절미는 찹쌀가루나 찹쌀을 쪄서 쳐서 고물을 묻힌 떡이다.
③ 주재료는 찹쌀, 흑미, 차조, 현미 등이 있다.
④ 인절미에 쓰는 고물은 콩가루, 흑임자가루, 깻가루, 카스텔라, 팥(녹두, 거피, 붉은 팥, 동부) 등을 쓴다.

35 가래떡에 대한 설명으로 틀린 것은?

① 가래떡은 도병(搗餠)류의 떡이다.
② 가래떡은 쪄서 안반에 놓고 친 다음 길게 밀어서 만든 흰떡이다.
③ 가래떡을 말려 동그랗게 썰면 떡국용 떡이 된다.
④ 떡국용 가래떡의 직경은 1cm 정도이다.

36 찌는 찰떡류에 대한 설명으로 틀린 것은?

① 찌는 찰떡류는 증병(蒸餠)에 속한다.
② 찹쌀가루에 여러 부재료를 섞어 찐 떡이다.
③ 찌는 찰떡류에는 쇠머리떡, 구름떡, 콩설기 등이 있다.
④ 쇠머리떡은 모듬배기떡이라고도 부른다.

37 지지는 떡류가 아닌 것은?
① 부꾸미
② 산승
③ 메밀총떡
④ 잡과병

38 다음 중 식품포장의 기능이 아닌 것은?
① 용기로서의 기능
② 안전성
③ 환경 불화성
④ 경제성

39 햇빛(자외선조사)에 변질되는 식품포장에 적합한 포장재는?
① 알루미늄박
② 아밀로오스 필름
③ 폴리에틸렌
④ 폴리스틸렌

40 개인 위생에 대한 설명으로 알맞은 것은?
① 날씨가 더운 여름철 작업장에서는 미끄러지지 않는 슬리퍼를 신는다.
② 신발은 오염구역과 비 오염구역을 구분하지 않아도 된다.
③ 식품을 취급하는 중에는 잡담은 해도 담배를 피우면 안 된다.
④ 머리카락이 흘러내리지 않게 머리를 단정하게 한다.

41 미생물이나 효소의 작용에 의해 우리 몸에 유익한 균을 생성하는 현상은?
① 발효
② 산패
③ 변패
④ 부패

42 지방을 공기나 햇볕 등에 오래 방치해 두었을 때 악취가 발생하는 현상은?
① 변패
② 산패
③ 발효
④ 부패

43 오염된 식재료, 기구, 용수가 오염되지 않은 식재료, 기구, 용수 등에 접촉 또는 혼입되면서 전이되는 현상은?
① 관능검사
② 교차오염
③ 자비살균
④ 변패현상

44 다음 중 해충인 모기에 의한 감염병이 아닌 것은?
① 말라리아
② 일본뇌염
③ 뎅기열
④ 살모넬라 식중독

45 독소형 식중독으로 알맞은 것은?
① 포도상구균
② 살모네라 식중독
③ 장염비브리오균
④ 병원성 대장균

46 동물성 자연독 중 연결이 바르게 된 것은?
① 복어 – 테트로톡신
② 섭조개 – 베네루핀
③ 모시조개 – 삭시톡신
④ 대합조개 – 무스카린

47 다음 중 식물성 자연독 중 연결이 틀린 것은?
① 청매 – 아미그달린
② 목화씨 – 고시풀
③ 수수 – 듀린
④ 광대버섯 – 아마니타톡신

48 식품으로 인한 위해를 방지하기 위한 방법이 틀린 것은?
① 냉장 보관된 음식은 섭취 전 충분히 가열한다.
② 식품취급자는 손을 청결하게 유지한다.
③ 쥐, 파리, 바퀴 등을 박멸시킨다.
④ 조리 직후 식품을 냉장 보관한다.

49 세균성 식중독 중에서 잠복기가 가장 짧은 것은?
① 살모넬라 식중독
② 포도상구균 식중독
③ 클로스트리디움 보툴리늄 식중독
④ 병원성 대장균 식중독

50 땅콩을 잘못 보관하여 곰팡이가 생겼을 경우 이때 생성되는 독성물질은?
① 베네루핀 ② 아플라톡신
③ 셉신 ④ 아마니타톡신

51 가열에 의해 사멸되지 않은 식중독은?
① 병원성 대장균
② 살모넬라
③ 장염 비브리오
④ 포도상구균

52 해수균의 일종으로 식염농도 3%에서 잘 생육하며 어패류를 생식할 경우 발생되기 쉬운 식중독은?
① 살모넬라 식중독
② 장염비브리오 식중독
③ 병원성 대장균 식중독
④ 노로바이러스 식중독

53 경구감염병과 비교할 때 세균성 식중독의 특징은?
① 2차 감염이 잘 일어난다.
② 경구감염병보다 잠복기가 길다.
③ 발병 후 면역이 생긴다.
④ 경구감염보다 많은 양의 균으로 발병한다.

54 식품의 원료·제조·가공 및 유통의 각 단계에서 발생할 수 있는 위해요소를 분석·관리하는 제도는?
① 위해요소중점관리기준(HACCP)
② 자가품질검사
③ 제품검사
④ 위생검사

55 삼국이 정립되기 이전 떡이 상고시대에 만들어 졌을 것이라는 추론으로 틀린 것은?
① 황해도 봉산 신석기 유적에서 갈돌이 발견되었다.
② 함경북도 나진 초도 조개더미 청동기시대 유적에서 시루가 발견되었다.
③ 상고시대에 출토된 유적들로 보아 곡물가루를 시루에 찐 떡을 해 먹었을 것이다.
④ 쌀·피·기장·조·수수 등을 생산하였으며 그 중 많이 이용한 곡식은 쌀이다.

56 떡이 일반인에게 널리 보급되었던 시기는 언제인가?

① 상고시대이전 ② 삼국시대
③ 고려시대 ④ 조선시대

57 다음 중 설병 이름이 처음으로 기록된 책의 이름은?

① 삼국유사 ② 삼국사기
③ 해동역사 ④ 지봉유설

58 다음 중 ( )에 들어갈 알맞은 말은?

- ( )에는 큰상이라 하여 여러 가지 음식을 높이 고여 담아 놓는데 한국의 상차림 중에서 가장 화려하고 성대한 상차림이다.
- ( )에 사용했던 떡은 잔치가 끝난 다음 가족, 친지, 이웃과 함께 나누어 먹는다.

① 혼 례 ② 회 갑
③ 제 례 ④ 책 례

59 다음 중 회갑이나 제례에 높이 고인 떡 위에 장식으로 올리는 떡의 이름은?

① 약 식 ② 층 떡
③ 웃기떡 ④ 편

60 아이가 나이가 들어 어른이 되었음을 축하하고 각종 떡과 약식을 포함한 다양한 음식을 차려 책임과 의무를 일깨워주는 의례는?

① 책례 ② 성년례
③ 혼례 ④ 회갑연

제9회 모의고사

1 떡 포장재로 주로 사용하는 것은?
① 폴리스틸렌
② 종 이
③ 아밀로오스 필름
④ 폴리에틸렌

2 떡 포장기능으로 틀린 것은?
① 보존의 용이성   ② 정보성
③ 향미증가   ④ 안정성

3 서속떡의 이름과 관계된 곡물은?
① 기장과 조
② 콩과 보리
③ 귀리와 메밀
④ 율무와 팥

4 봉채떡(봉치떡)에 관한 설명으로 틀린 것은?
① 멥쌀가루로 만드는 떡이다.
② 신부 집에서 만드는 떡이며 떡 가운데에 대추 7개(혹은 9개)를 원형으로 올리고 그 가운데 밤을 한 개 올린다.
③ 2단으로 켜를 만드는데 떡의 두 켜는 부부를 의미한다.
④ 시루에 찌는 떡이다.

5 떡의 노화가 가장 빨리 일어나는 보관상태는?
① 실온보관
② 급속 냉동실 보관
③ 전기보온밥솥 보관
④ 냉장고 보관

6 여름철 따뜻한 바닷물에서 증식되는 호염균에 의한 식중독은?
① 살모넬라 식중독
② 웰치균 식중독
③ 황색포도상균 식중독
④ 장염비브리오 식중독

7 루틴의 함유량이 높아 혈압이나 동맥경화 예방에 효과가 있는 곡류는?
① 보 리   ② 밀
③ 메 밀   ④ 쌀

8 켜떡류가 아닌 것은?
① 녹두편
② 잡과병
③ 팥시루떡
④ 송피병

09 다음 도구 중 곡물을 찧거나 빻을 때 쓰는 도구로 틀린 것은?
① 절 구 ② 맷 돌
③ 키 ④ 방 아

10 혼례의식 중 신랑집에서 신부집으로 함을 보내는 납채(納采)때 사용되는 떡은?
① 은절병 ② 봉치떡
③ 석탄병 ③ 승검초편

11 고임떡에 웃기떡으로 사용되지 않는 떡은?
① 오색송편 ② 단 자
③ 주 악 ④ 화 전

12 음식디미방에 기록된 석이편법에 사용한 고물로 알맞은 것은?
① 잣고물 ② 녹두고물
③ 붉은 팥고물 ④ 흑임자고물

13 쌀의 성분 중 함량이 가장 높은 것은?
① 탄수화물 ② 단백질
③ 지 방 ④ 비타민

14 식품변질(미생물발육)에 영양을 주는 요인이 아닌 것은?
① 온 도 ② 압 력
③ 산 소 ④ 영양소

15 다음 중 고려시대의 떡 종류가 아닌 것은?
① 율 고 ② 청애병
③ 상화병 ④ 남방감저병

16 아이가 태어난 지 만 1년이 되는 날 장수복록을 기원하는 돌상에 쓰이지 않는 떡은?
① 백설기
② 무지개떡
③ 붉은 팥 수수경단
④ 인절미

17 다음 중 어레미의 다른 이름이 아닌 것은?
① 도드미 ② 굵은체
③ 중거리 ④ 고물체

18 경구감염병인 콜레라에 대한 설명이 아닌 것은?
① 항생제를 투여하면 완치가 가능하다.
② 설사, 구토, 갈증, 체온저하 등의 증상이 발생한다.
③ 파리, 바퀴벌레등 해충에 의한 감염병이다.
④ 콜레라는 바이러스성 감염병이다.

19 아이가 자라 서당에 다니며 한 권의 책을 끝낼 때마다 책을 뗀 것을 축하하고 앞으로 더욱 정진하라는 격려의 의미로 행하는 의례는?
① 책 례 ② 성년례
③ 혼 례 ④ 삼칠일

20 전분에 물을 가하지 않고 160~180℃ 이상으로 가열하면 가용성 전분을 거쳐 다양한 길이의 덱스트린이 되는데 이러한 현상은?

① 전분의 호화
② 전분의 노화
③ 전분의 호정화
④ 전분의 겔화

21 복숭아와 살구를 으깨어 즙을 만들어 찹쌀가루와 멥쌀가루에 넣어 버무려 볕에 말린 후 기름종이에 보관하였다가 한겨울 강릉지방에서 즐겨먹던 별미떡은?

① 도행병
② 석이병
③ 괴엽병
④ 애 병

22 다음 중 비타민 B가 많고 철분이 풍부한 것은?

① 은 행
② 밤
③ 잣
④ 율 금

23 다음 중 잠복기가 가장 길며 세균에 의한 감염 질병은?

① 결 핵
② 콜레라
③ 인플루엔자
④ 세균성이질

24 상수도나 수영장 살균제로 염소를 사용하는 이유로 틀린 것은?

① 강한 소독력
② 조작의 간편
③ 트리할로메탄(THM) 생성
④ 적은 소독비용

25 찹쌀을 사용하여 만든 떡은?

① 봉치떡
② 복령떡
③ 무지개떡
④ 석탄병

26 착색료의 종류와 색이 잘못 연결된 것은?

① 초록색 : 쑥, 시금치 승검초분말, 연잎분말
② 갈색 : 계핏가루, 코코아분말, 송기
③ 노랑색 : 치자, 단호박, 송화
④ 붉은색 : 비트, 적파프리카, 울금

27 가래떡의 설명으로 틀린 것은?

① 가래떡을 하루 정도 말려 동그랗게 썰면 떡국용 떡이 된다.
② 가래떡은 치는 떡의 일종으로 멥쌀가루를 사용한다.
③ 가래떡을 길게 밀어서 만든 떡으로 백국이라고도 한다.
④ 가래떡은 멥쌀, 소금, 물을 넣어서 만든다.

28 시절과 시절떡의 연결로 틀린 것은?

① 10월상달 – 붉은 팥 시루떡
② 정조다래 – 가래떡
③ 3월 삼짇날 – 진달래 화전(두견화전)
④ 5월 단오 – 증편

29 상화병에 대한 설명으로 틀린 것은?
① 상화병은 상화, 상외떡, 상애떡이라고도 한다.
② 고려시대 후기 일본의 영향을 받아 만들어졌다.
③ 밀가루를 막걸리로 발효시킨 뒤 팥소를 넣어 둥글게 빚어 쪄낸 떡이다.
④ 보통 유월 유둣날이나 칠월 칠석날 먹으며 절사에도 쓴다.

30 떡류 포장 시 표시사항이 아닌 것은?
① 용기, 포장재질
② 영업소의 대표자명
③ 영업소(장) 명칭(상호) 및 소재지
④ 제품명, 내용량 및 원재료명

31 식품의 재배, 사육 단계에서 발생할 수 있는 1차 오염은?
① 처리장에서의 오염
② 자연환경에서의 오염
③ 제조 과정에서의 오염
④ 유통가정에서의 오염

32 떡의 의미와 종류의 연결이 틀린 것은?
① 기원 – 붉은팥단자, 백설기
② 추모 – 녹두고물편, 거피팥고물편
③ 부귀 – 보리개떡, 메밀떡
④ 풍류 – 진달래화전, 국화전

33 노화에 대한 설명으로 맞는 것은?
① 아밀로펙틴 함량이 증가할수록 노화가 지연된다.
② 냉장실에서 떡의 노지연된다.
③ 찹쌀떡보다 멥쌀 떡이 노화가 느리다.
④ 떡에 쓰이는 부재료는 떡의 노화를 가속시킨다.

34 수분차단성이 좋으며 소량생산에도 포장규격화가 용이한 포장재질은?
① 폴리에틸렌   ② 종이포장재
③ 금속포장재   ④ 유리포장재

35 떡의 제조과정 설명 중 틀린 것은?
① 송편은 멥쌀가루를 익반죽해서 콩, 깨, 밤, 팥 등의 소를 넣고 빚어서 찐 떡이다.
② 찹쌀가루는 방아로 1회만 거칠게 빻아야 떡이 잘 쪄진다.
③ 떡을 익반죽 할 때는 미지근한 물을 한 번에 부어가며 쌀가루에 골고루 가도록 섞는다.
④ 단자는 찹쌀가루를 삶거나 쪄서 익혀 꽈리가 일도록 쳐 고물을 묻힌다.

36 절기와 절식떡의 연결이 틀린 것은?
① 추석 – 삭일송편
② 한식 – 쑥절편, 쑥단자
③ 정월대보름 – 약식
④ 단오 – 차륜병, 도행병

37 떡을 만들 때 사용하는 도구가 아닌 것은?
① 절구
② 떡메
③ 떡살
④ 석작

38 팥을 삶을 때 첫 물을 버리는 이유는?
① 설사를 일으킬 수 있는 성분을 제거하기 위해
② 일정한 색감을 유지하기 위해
③ 적절한 농도를 조절하기 위해
④ 비린 맛을 제거하여 풍미를 돋우기 위해

39 떡에 사용하는 재료의 전처리 설명으로 틀린 것은?
① 쑥은 억세고 질긴 부분을 제거하고 데쳐서 쓸 만큼 싸서 냉동보관 한다.
② 대추고는 물을 넉넉히 넣고 푹 삶아 체에 내려 과육만 거른다.
③ 오미자는 더운 물에 우려 색을 낼 때 사용한다.
④ 호박고지는 물에 불려 물기를 꼭 짜고 사용한다.

40 다음 떡의 종류 중 설기떡은?
① 무시루떡
② 유자단자
③ 송편
④ 잡과병

41 약식에 사용하는 재료로 틀린 것은?
① 호박
② 참기름
③ 대추고
④ 간장

42 떡 제조과정과 떡의 종류가 바르게 연결된 것은?
① 삶는 떡 – 콩찰편과 경단
② 지지는 떡 – 송편과 주악
③ 치는 떡 – 인절미, 가래떡
④ 찌는 떡 – 경단과 송편

43 식품포장재의 구비조건으로 틀린 것은?
① 식품의 가치를 상승 시킬 수 있어야 한다.
② 가격과 상관없이 위생적이어야 한다.
③ 식품의 부패를 방지할 수 있어야 한다.
④ 식품의 상태를 보호할 수 있어야 한다.

44 베로독소를 생산하며 용혈성 요독증후군을 발생시키는 대장균은?
① 장관침입성 대장균
② 장관독소형 대장균
③ 장관병원성 대장균
④ 장관출혈성 대장균

45 익반죽의 설명으로 올바른 것은?
① 멥쌀가루 일부를 호화시켜 점성을 높이기 위해 끓는 물을 넣어 반죽한다.
② 찹쌀가루의 아밀로오스 가지를 조밀하게 만들어 점성을 높인다.
③ 멥쌀가루의 글루텐을 수화시켜 반죽을 좋게 한다.
④ 찬물로 하는 떡 반죽을 말한다.

46 떡 포장 표시사항으로 틀린 것은?
① 식염함량
② 식품의 유형
③ 영업소 명칭 및 소재지
④ 원재료명

47 다음 설명에서 말하는 떡은?

> 햇밤 익은 것, 풋대추 썰고 좋은 침감 껍질을 벗겨 저미고 풋청대콩과 가루에 섞어 꿀을 버무리고 햇녹두 거피하고 찌라.   출처: 「규합총서」

① 은절병
② 잡과병
③ 신과병
④ 백설고

48 가래떡에 대한 설명으로 틀린 것은?
① 정월에 엽전 모양으로 썰어 떡국을 끓인다.
② 찹쌀가루를 쳐서 친 떡으로 도병류에 속한다.
③ 다른 이름으로 흰떡, 백병이라고도 한다.
④ 권모(拳摸)라고도 했다.

49 찌는 찰떡 중 나머지 셋과 성형 방법이 다른 것은?
① 구름떡
② 콩찰편
③ 깨찰편
④ 쇠머리찰떡

50 법랑용기, 도자기, 유약 성분으로 사용되며 공장 폐수로 인한 식수, 어패류 농작물의 오염으로 이타이이타이병 등의 만성중독을 유발하는 유해물질은?
① 비소
② 주석
③ 카드뮴
④ 수은

51 인절미를 칠 때 사용되는 도구가 아닌 것은?
① 안반
② 절구
③ 떡살
④ 떡메

52 더 이상 가수분해(소화) 되지 않는 당류는?
① 유당
② 자당
③ 포도당
④ 맥아당

53 치는 떡류와 관련이 없는 것은?
① 가피병, 은절병
② 백자병, 강병
③ 마제병, 골무떡
④ 떡수단, 재증병

54 고물 만드는 방법으로 틀린 것은?
① 거피 팥고물은 각종 편, 단자, 송편 소 등으로 쓰인다.
② 밤은 쪄서 껍질을 벗긴 다음 뜨거울 때 소금을 넣어 어레미에 내려 사용한다.
③ 녹두고물은 푸른 녹두를 맷돌에 타서 불려 삶아서 사용한다.
④ 붉은 팥고물은 팥이 무를 때까지 삶아 소금을 넣고 빻아서 어레미에 내려 고물로 사용한다.

55 웃기떡으로 올리지 않는 떡은?
① 단자
② 주악
③ 각색편
④ 산승

56 쇠머리찰떡의 설명으로 맞는 것은?
① 모두배기 또는 모듬백이떡이라고도 한다.
② 쇠머리편육이 들어간 떡이다.
③ 멥쌀가루, 검정콩 등을 넣고 만든 떡이다.
④ 전라도에서 즐겨 먹는 떡이다.

57 떡의 명칭과 재료의 연결이 틀린 것은?
① 상실병 – 도토리
② 서여향병 – 도라지
③ 남방감저병 – 고구마
④ 괴엽병 – 어린 느티나무 잎

58 세균성 식중독 특징이 아닌 것은?
① 다량의 균으로 발생한다.
② 2차 감염이 없다.
③ 잠복기가 짧다.
④ 면역성이 있는 경우가 있다.

59 지역별 떡의 종류가 틀린 것은?
① 서울·경기도 : 개성조랭이떡, 여주산병
② 충청도 : 쇠머리찰떡, 꽃산병
③ 경상도 : 모시잎송편, 부편
④ 강원도 : 감시루떡, 감인절미

60 식물성 자연독 연결이 틀린 것은?
① 감자초록색 싹 : 솔라닌
② 목화씨(면실유) : 고시풀
③ 알광대버섯 : 무스카린
④ 독미나리 : 시큐톡신

정답 및 해설

제1회

1	2	3	4	5	6	7	8	9	10	11	12	13	14	15
④	③	①	①	①	③	③	①	③	①	①	②	③	④	④
16	17	18	19	20	21	22	23	24	25	26	27	28	29	30
④	④	③	④	②	③	④	④	③	①	①	②	③	①	④
31	32	33	34	35	36	37	38	39	40	41	42	43	44	45
④	③	①	②	①	②	②	②	③	④	③	①	②	①	③
46	47	48	49	50	51	52	53	54	55	56	57	58	59	60
①	③	④	②	①	③	④	①	③	①	②	③	④	①	④

01 • **곡류** : 쌀, 보리, 밀, 메밀, 조, 기장, 수수, 옥수수
　　• **콩** : 두류는 콩 종류로 콩, 팥, 녹두, 완두콩, 강낭콩 등

02 도정도가 높아질수록 영양가는 낮아지고 소화율, 당질의 양은 증가한다.

03 찹쌀은 아밀로펙틴 함량이 100%이며 멥쌀은 아밀로오스 함량이 20~25%, 아밀로펙틴은 75~80%을 함유하고 있다.

05 벼는 현미80%, 왕겨층20%로 구성되어 있다. 현미는 벼를 탈곡하여 왕겨층을 벗겨낸 것으로 과피, 종피, 호분층과 배유, 배아로 구성되어 있다.

06 아밀로오스는 호화되기 쉽지만 아밀로펙틴은 호화되기가 쉽지 않다.

07 전분이 호화되면 점성은 증가한다.

08 • 찹쌀은 식이섬유가 풍부하여 장 건강에 도움이 된다.
　　• 비타민 B₁의 함량이 백미보다 3배, 니아신은 4배 가량 높다.

09 찹쌀은 물에 불리기 전보다 물에 불린 후의 무게가 1.4배 정도 된다.

10 쌀 : 오리제닌
　보리 : 호르데인
　메밀 : 루틴
　옥수수 : 제인
　조 : 루신트립토판

11 호박오가리는 미지근한 물에 불려 사용한다.

12 동물성 색소에는 헤모글로빈, 미오글로빈 등이 있다.

13 • **안반과 떡메** : 인절미나 흰떡과 같은 치는 떡을 만들 때 사용하는 기구
　　• **번철** : 솥뚜껑을 뒤집은 듯한 모양으로 부침개, 화전 등을 지질 때 사용하는 도구

15 떡의 제조과정
　쌀 씻어 불리기 → 물 빼기 → 쌀가루 분쇄하기 → 수분주기 → 반죽하기 → 부재료 넣기 → 찌기 → 치기

16 • **율고** : 밤설기
　　• **단자** : 치는 찰떡류

17 쌀가루를 체에 치면 공기가 혼입되어 공기층이 형성 떡을 찔 때 증기가 잘 통과한다.

18 이남박 : 쌀을 씻거나 쌀 속의 돌과 같은 이물질을 골라내는 도구이다.

19 쌀을 방아에 빻을 때나 쌀가루에 수분주기 전에 소금을 넣어 준다.

22 • 유전병(지지는 떡) : 기름에 지지거나 튀겨낸 떡(예 화전, 부꾸미, 주악)
  • 도병(치는 떡) : 쌀가루를 찐 후 쳐서 점성이 있는 떡(예 가래떡, 절편, 인절미, 단자류)
  • 증병(찌는 떡) : 수증기를 이용하여 쌀가루를 호화시키는 떡(예 백설기, 팥시루떡, 잡과병, 송편)
  • 탕병(삶는 떡) : 끓는 물에 삶아낸 떡(예 경단류)

23 식품포장의 기능
  ① 용기로서의 기능
  ② 보호기능
  ③ 소비자로부터의 접근용이성
  ④ 정보성, 상품성
  ⑤ 환경친화성
  ⑥ 안전성
  ⑦ 경제성

25 전분의 겔화
  • 호화된 전분을 급속히 냉각하면 단단하게 굳는 현상을 겔화라 한다(예 메밀묵, 도토리묵).
  • 아밀로스 함량이 높은 전분이 겔화가 잘 이루어진다.

28 • 꿀 : 종류별로 독특한 향미가 있고 감미가 높으며 수분 보유력이 뛰어나다.
  • 조청 : 곡류의 전분을 맥아(엿기름)로 삭힌 후 조려서 꿀처럼 만든 감미료로 색이 진하다.

30 송기병 : 소나무의 속껍질을 쌀가루와 섞어서 만든 떡

32 수분 활성도에 따른 부패 미생물의 증가 순서(Aw)
  세균 > 효모 > 곰팡이

33 위생지표균(분변오염지표균)
  대장균, 분변계대장균, 장구균 등 병원균을 모두 검사하기는 현실적으로 어렵기 때문에 위생지표가 되는 세균을 정하여 식품의 안전성을 평가하는 것이다.

34 산패 : 미생물이 아닌 지방을 공기, 햇볕 등에 오래 방치해 두었을 때 악취가 발생하는 현상

35 • 식중독은 유해미생물 및 유해물질이 함유식품 섭취로 발생
  • 겨울철보다는 여름철에 많이 발생

36 감염형 세균성 식중독
  살모넬라 식중독, 장염비브리오 식중독, 병원성대장균 식중독

37 • 모시조개, 바지락, 굴 : 베네루핀
  • 재래된장, 땅콩, 곡류 : 아플라톡신
  • 홍합, 대합조개 : 삭시톡신
  • 청매 : 아미그달린

38 포도상구균
  ① 장내독인 엔테로톡신 내열성이 있어 열에 쉽게 파괴되지 않는다.
  ② 보균자인 식품업자, 분변을 통한 식품감염, 조리실의 하수, 오물, 쥐, 가축의 분변을 통한 식품의 감염
  ③ 원인식품 : 우유 및 유제품, 떡, 콩가루, 빵, 과자류
  ④ 화농성염증, 인후염이 있는 사람은 식품 취급금지, 손 소독, 기구소독, 음식의 냉장보관

39 보툴리누스
  ① 신경독인 뉴로톡신
  ② 원인식품은 완전히 살균되지 않은 통조림, 소시지, 햄 등

40 멥쌀은 곱게 찹쌀은 아밀로펙틴함량이 높기 때문에 성글게 빻는다.

43 열탕소독법(자비멸균법)
  100℃로 끓는 물에 15~20분간 가열하는 방법으로 식기류, 행주 등에 사용한다.

44 • 에틸알코올(에탄올) : 손, 피부, 금속기구 소독
  • 역성비누 : 손소독은 10%용액을 200~400배 희석하고 과일, 채소, 식기소독은 0.01~0.1%
  • 머큐로크롬(3%) : 피부상처, 점막소독

45 소독약의 구비조건
  ① 살균력이 강할 것
  ② 사용이 편하고 가격이 낮을 것
  ③ 금속부식성과 표백성이 없을 것
  ④ 용해성 및 침투력이 높으며 인축에 대한 독성이 적을 것

46 • 포도상구균 : 1~6시간(평균 3시간)
  • 보툴리누스균 : 12~36시간
  • 살모넬라 : 12~24시간(평균 18시간)
  • 세레우스균 : 8~20시간(평균 12시간)

47 • 솔라닌 - 감자의 싹 부위
  • 맥각 - 보리, 밀, 호밀

48 둘신은 설탕의 250배 감미도를 가지고 있다.

50 페디스토마
  제1 중간숙주 다슬기 → 제2 중간숙주 참게, 잠가재 등을 통해 전파

51 인수공통 감염병
  탄저, 결핵, Q열, 파상열(브루셀라증)

52 작업장의 조명은 220룩스 이상으로 해야 한다.

54 식품위생의 대상
  식품, 식품첨가물, 기구, 용기, 포장을 대상으로 하는 음식에 관한 위생을 말한다.

55 삼국시대 이전의 유적들에서 출토된 유물(시루, 갈돌, 돌확)로 보아 삼국이 성립되기 이전부터 떡이 만들어진 것이라 추론하고 있다.

58 석가탄신일 : 느티떡과 장미화전

60 • 쇠머리떡은 충청도의 향토떡이다.
  • 함경도 향토떡 : 가람떡, 언감자송편, 감자찰떡 기장인절미, 오그랑떡, 귀리절편, 괴명떡, 깻잎떡, 콩떡, 찹쌀구이 등이 있다.

제2회

1	2	3	4	5	6	7	8	9	10	11	12	13	14	15
②	①	④	②	③	③	④	①	①	②	①	①	④	③	③
16	17	18	19	20	21	22	23	24	25	26	27	28	29	30
②	③	②	①	④	④	③	②	①	③	④	①	④	①	④
31	32	33	34	35	36	37	38	39	40	41	42	43	44	45
③	②	①	④	④	③	①	②	③	③	④	③	①	④	①
46	47	48	49	50	51	52	53	54	55	56	57	58	59	60
①	④	②	③	④	④	③	①	③	②	②	③	①	③	①

---

01 전분의 호화촉진 요소
  수분함량이 많을수록, 수소결합에 영향을 미치는 소금을 첨가

02 전분의 수분함량이 15% 이하이거나 60% 이상일 때 노화가 억제된다.

03 호정화된 식품으로는 뻥튀기, 미숫가루, 누룽지, 구운 식빵의 표면 등이 있다.

04 발 효
  효모나 세균 등의 미생물이 효소를 이용해서 식품의 유기물을 분해시키는 과정을 발효라고 한다. 발효된 식품은 영양적으로 우수하며 소화가 잘 된다.
  • 증편과 상화병도 막걸리를 첨가하여 만든 발효떡이다.

05 고물은 어떤 고물을 사용하느냐에 따라서 떡의 이름이 정해진다(팥고물시루떡, 녹두찰편, 깨찰편…).

07 분말과 생채소, 입자의 형태, 섬유질의 함량에 따라 사용법을 달리한다.

08 • 오리제닌(oryzeine) : 쌀 단백질
    • 호르데인(hordein) : 보리단백질
    • 글루텐(gluen) : 밀단백질
    • 이포메인(ipomain) : 고구마 단백질

09 • (蒸餠·증병) : 찌는 떡
    • (湯餠·탕병) : 삶는 떡
    • (搗餠·도병) : 치는 떡
    • (油煎餠·유전병) : 지지는 떡

10 치는떡(도병)
    가래떡, 절편, 인절미, 은행단자, 대추단자, 쑥단자 등이 있다.

11 날반죽의 특징
    반죽이 뭉쳐지지 않아 많이 치대므로 식감이 더욱 쫄깃하다.

13 콩은 통풍이 잘 되고 그늘지고 건조한 곳에 보관한다.

16 미국 등 외국에서는 1컵을 240㎖로 하고 있다.

17 가루상태의 식품은 덩어리가 없는 상태에서 수북이 담아 편편한 것으로 고르게 밀어 표면이 수평으로 평면이 되도록 깎아서 계량한다.

18 • 현미와 흑미는 미강부분이 남아 있어 멥쌀이나 찹쌀보다 오랜 시간 불린다.
    • 12~24시간 이상 불린 후 체에 밭쳐 물기를 뺀다.

19 참깨와 흑임자는 음식이 상하기 쉬운 여름철에 사용하기 좋은 고물이다.

20 무지개떡은 색떡이라고도 하는데 쌀가루를 원하는 색의 수대로 나누어 각각의 색을 들여서 고물 없이 시루에 찐 떡이다.

21 찹쌀가루는 씻어 일어서 7~8시간 이상 담갔다가 건져서 30분간 물기를 빼준다.

22 폴리에틸렌(PE)은 인체 무독성으로 식품이 직접 닿아도 되는 소재로 수분 차단성이 좋아 식품 포장용으로 많이 쓰이지만 유지식품에는 녹기 때문에 유해한 영향을 끼친다.

23 콩설기는 쌀가루에 서리태를 섞어서 찌는 떡으로 쌀가루에 섞어서 비비지 않고 가볍게 섞어줘야 한다.

25 • 비감염성 결핵인 경우는 영업에 종사할 수 있다.

26 식품에 영향을 주는 인자 : 영양소, 수분, 온도, pH

27 • 호기성균 : 산소를 필요로 하는 균
    • 혐기성균 : 산소를 필요로 하지 않는 균
    • 통성 혐기성균 : 산소가 있거나 없거나 관계가 없는 균
    • 편성 호기성균 : 산소가 있으면 생육을 할 수 없는 균

29 소화기계 감염병(경구감염병)
    장티푸스, 세균성이질, 파라티푸스, 콜레라, 디프테리아, 성홍열, 유행성 간염

30 ①②③ : 유해성 착색료
    ④ 싸이클라메이트(설탕의 40~50배 감미도)

31 • 삭시톡신 : 섭조개(홍합), 대합조개
    • 베네루핀 : 모시조개, 바지락, 굴
    • 테트로톡신 : 복어
    • 시큐톡신 : 독미나리

32 • 납(pb) : 중추신경장애, 혈액장애
    • 카드뮴(Cd) : 공장폐수 오염된 어패류로 인한 이타이이타이병
    • 구리(Cu) : 중추신경장애
    • 수은(Hg) : 수은으로 오염된 어패류 미나마타병

33 • 보투리누스 : 뉴로톡신(신경독)
    • 포도상구균 : 엔테로톡신(장내독소)
    • 장염비브리오 : 감염형 식중독
    • 병원성대장균 : 베로톡신(일명 햄버거병)

34 • 독미나리 : 시큐톡신
   • 독보리 : 테물린

35 간디스토마는 어패류에 의해 감염되는 기생충이다.

36 아플라톡신은 땅콩, 곡류, 메주, 간장, 된장에 생성되는 곰팡이 독소이다.

37 • 쇠고기 : 민촌충(무구조충)
   • 돼지고기 : 갈고리촌충(유구촌충)

38 • 염소 : 주로 상수도와 수영장에서 사용, 자극성과 금속부식성
   • 알코올(70%) : 유리나 금속기구, 손, 피부 등에 사용
   • 역성비누 : 0.01~0.1% 희석해서 사용. 식품, 조리 도구, 식기, 손 등에 사용

39 • 화염멸균법 : 불에 타지 않은 물건을 불꽃 속에 20초 이상 넣어 미생물을 없애는 살균방법
   • 방사선 살균법 : 식품에 방사선을 쐬어 균을 죽이는 방법
   • 건열멸균법 : 건열 멸균기를 사용하여 160℃에서 2시간, 140℃에 3시간 가열하는 살균방법

42 식품첨가물의 조건
   ① 미량으로도 효과가 클 것
   ② 무미, 무취이고 자극성이 없을 것
   ③ 사용하기 간편하고 경제적일 것
   ④ 독성이 없거나 극히 적을 것
   ⑤ 공기, 빛, 열에 대한 안전성이 있고 pH에 의한 영향을 받지 않을 것

43 • 산미료 : 식품의 조리·가공 시 신맛을 내기 위해 사용
   • 착색료 : 식욕을 촉진하고 상품가치를 높이기 위해 사용
   • 미료 : 식품조리·가공 시 단맛을 내기 위해 사용

44 • 멸균 : 살균보다 강력한 물리적·화학적 방법으로 살아 있는 세포, 미생물을 제거하는 방법

• 소독 : 물리적·화학적 방법으로 전염병의 전염을 방지하기 위해 병원균만 제거하는 방법
• 방부 : 미생물 번식을 막아 물질이 변질되는 것을 막는 방법

45 • 멥쌀가루로 만드는 떡은 체로 여러 번 치는 것이 공기가 많이 들어가서 떡의 질감이 부드러우며, 수증기가 원활하게 통과하기 때문에 떡이 더 잘 익는다.
   • 켜떡은 찌는 떡, 증병류이며 영양떡은 켜떡이 아니라 무리떡이다.

46 경단
   쌀가루를 익반죽하여 끓는 물에 삶아서 고물을 묻힌 떡이다.

47 석탄병은 멥쌀가루에 감가루, 대추, 밤, 생강전분, 계핏가루, 잣, 꿀 등을 섞어 찐 떡이다.

48 전염병 발생 3대 요소
   감염원(병원체, 병원소), 감염경로, 숙주의 감수성

50 조리용 장갑은 작업별로 사용한다.

53 함경북도 나진 초도 조개더미(청동기 시대)의 시루와 유적지에서 벼가 출토

57 • 추석(음력 8월 15일) : 오려송편
   • 중화절(음력 2월 1일) : 삭일송편(노비송편)이라 하여 큰 송편을 만들어 농사가 시작되는 절기에 종들에게 나이 수 대로 송편을 나누어주어 노비를 격려하였다.

59 봉채떡의 2켜는 부부를 의미하며 찹쌀은 찰떡처럼 부부가 화목하게 지내기를 기원하는 뜻이다.

60 • 강원도 : 감자시루떡, 옥수수설기, 각색차조인절미
   • 충청도 : 해장떡, 쇠머리떡, 약편
   • 제주도 : 오메기떡, 빙떡, 빼대기

제3회

1	2	3	4	5	6	7	8	9	10	11	12	13	14	15
①	①	④	③	②	②	③	①	④	①	③	④	③	④	③
16	17	18	19	20	21	22	23	24	25	26	27	28	29	30
③	②	④	①	①	②	④	③	③	③	④	②	④	①	④
31	32	33	34	35	36	37	38	39	40	41	42	43	44	45
③	②	②	④	④	②	①	④	②	①	③	②	②	③	①
46	47	48	49	50	51	52	53	54	55	56	57	58	59	60
③	②	③	②	①	①	③	②	③	④	④	④	④	①	④

01 • **자바형(자바니카형)** : 일본형과 인도형의 중간형태로 끈기가 적다.
   • **인도형(인디카형)** : 장립종으로 가늘고 길게 생겼으며 끈기가 적어 밥알이 서로 떨어짐

02 • **멥쌀** : 아밀로오스 20~25%, 아밀로펙틴 75~80%
   • **찹쌀** : 아밀로펙틴 100%

03 • **호화** : 가열하지 않은 천연상태의 전분에 물을 넣고 가열하면 익어서 투명해지고 부드럽게 연화되는 α전분의 상태를 전분의 호화라 한다.
   • **노화** : 호화된 전분의 수분이 빠져나가면서 원래의 생전분(β-화) 상태의 미셀구조로 되돌아가는 현상을 노화라 한다. 노화된 전분은 불투명해지고 소화율도 떨어지며 품질 또한 저하된다.
   • **겔화** : 아밀로오스 함량이 높은 전분을 가열, 호화시킨 후 식으면 굳어 수분이 빠져 나오지 못하고 반고체가 되는 현상을 전분의 겔화라 한다(예 묵 종류).
   • **캐러멜화** : 설탕을 180℃ 이상 가열하면 갈색물질인 캐러멜 색소를 형성 식품의 색과 향미에 영향을 준다.

05 • 개피떡을 궁중에서는 갑피병(甲皮餠)이라 하였고 「조선무쌍신식요리제법」에서는 가피떡(加皮餠)이라 하였으며 얇은 껍질로 소를 싸서 만들었다고 갑피병이라 불렀다.
   • 갑피병이 갑피떡에서 개피떡으로 명칭이 바뀌었으며 소를 넣고 접어 반달모양으로 찍을 때 공기가 들어가 볼록하기 때문에 바람떡이라고도 한다.

06 • **단자** : 쌀가루에 부재료를 섞어서 물을 약간만 넣고 쪄낸 다음 꽈리가 일도록 치대어 안반이나 도마에 놓고 잘게 끊어서 고물을 묻히는 떡이다.
   • **경단** : 찹쌀가루를 익반죽하여 반죽을 둥글게 빚어서 삶아 내어 고물을 묻힌 떡이다. 궁중에서는 경단이라 하지 않고 단자라 하였다.

07 리신과 트리토판은 필수아미노산이다.

08 • **조리** : 불린 쌀을 일어 돌을 골라내는 도구
   • **이남박** : 쌀 등을 씻거나 이물질을 골라내는 도구

10 • **보존제** : 균류나 곰팡이 증식을 억제하여 식품의 부패를 방지
   • **유화제** : 서로 혼합되지 않은 두 종류의 액체를 안정된 물질을 만들기 위해 완화하는 역할
   • **피막제** : 과실, 과채의 표피에 천연피막제나 합성 피막제를 얇게 발라서 수분증발을 막고 세균, 곰팡이의 침입을 방지하기 위해 이용

11 • 탄수화물은 단백질 절약작용을 한다.
   • 탄수화물만으로 에너지 공급이 충분하면 단백질을 에너지로 연소하지 않고 단백질 특유의 기능을 할 수 있게 된다.
   • 지방의 완전연소에 관여한다.

12 • **대두** : 흰콩 혹은 백태라 불리며 단백질과 수분이 풍부하다.
   • **검은콩** : 비타민 B와 리신, 아스파라긴산 등 필수아미노산과 불포화지방산이 풍부하다.
   • **강낭콩** : 칼슘과 칼륨, 아연 등 미네랄이 풍부하게 들어 있으며 적은 양이지만 필수아미노산으로 구성된 질이 높은 단백질이 들어 있다.
   • 팥은 비타민 B_1이 0.56mg, 대두는 비타민 B_1이 0.23mg, 검은콩은 비타민 B_1이 0.17mg

13 착색료
 - 분말과 생채소, 입자의 형태, 섬유질의 함량에 따라 그 사용방법이 달라진다.
 - 분말류는 수분 첨가량을 늘려 주고, 생채소 또는 과일류는 수분 첨가량을 낮춰 준다.

14 찹쌀가루 100%로 떡을 할 때는 원칙적으로 쌀가루를 체에 내리지 않지만 체에 내릴 경우는 굵은 체를 사용한다.

15 떡의 노화를 억제하기 위해서는 냉동보관을 한다.

16 포도당은 탄수화물의 최종 분해산물이다.

22 동 부
 - 팥과 비슷해 보이지만 크기가 약간 길어 구별이 되며 품종에 따라 다양한 색이 있다.
 - 떡이나 빵 속에 넣는 소나 고물로 사용한다.

24 떡을 만드는 방법에 따라 말린 과일류는 물을 뿌려 불리거나 이물질을 제거한 후 사용한다.

25 스톱워치
 - 초(秒)보다 더 작은 단위의 경과시간을 재는 시계.
 - 시곗바늘을 임으로 영까지 되돌려 작동하였다가 멈추게 함으로써 시간을 잴 수 있다.

26 시루에는 젖은 면포를 위에 덮고 떡을 찐다.

28 절편은 도병(搗餠)류이다.

30 쌀에는 밀과 같은 글루텐 단백질이 없어 전분의 일부를 호화시켜 점성을 높여 반죽을 수월하게 하기위해 익반죽을 하지만 날반죽의 특징은 반죽이 뭉쳐지지 않아 많이 치대므로 송편의 식감이 더욱 쫄깃하다.

31 재래식 된장, 곶감, 땅콩, 곡류에 아플라톡신(aflatoxin) 독소를 생성하고 간암을 유발하기도 한다.

34 떡이 뜨거울 때 고물을 묻혀야 고물이 잘 묻는다.

35 식품포장의 기능
 용기로서의 기능, 보호기능, 소비자부터의 접근용이성, 정보성, 상품성, 환경친화성, 안전성, 경제성

36 떡류 포장 표시사항
 ① 제품명
 ② 식품유형 : 식품기준 및 규격의 최소단위
 ③ 영업장 상호 및 소재지
 ④ 유통기한
 ⑤ 원재료명
 ⑥ 용기, 포장재질
 ⑦ 품목보고번호
 ⑧ 주의사항
 ⑨ (해당 경우에 따라)성분명 및 함량, 보관방법 등

38 약밥은 찜기나 압력솥에 찌기도 하나 중탕으로 찌는 것이 설탕의 캐러멜화 반응이 계속 일어나 진한 갈색이 나며 맛이 좋고 부드럽다.

39 조랭이떡은 멥쌀가루에 물을 내려 찌고 안반이나 절구에 쳐서 흰떡을 만들어 가늘게 민 다음 가운데를 잘록하게 눌러 끊어준 떡으로 치는 떡에 속하며 개성지방에서는 정월 초에 조랭이떡으로 떡국을 끓여 차례상에 올렸다.

40 당의 감미도
 과당 > 전화당 > 설탕 > 포도당 > 맥아당 > 갈락토오스 > 유당

43
 - 부패 : 단백질식품이 미생물 세균의 번식에 의해 분해를 일으켜 인체에 유해한 물질을 생성하는 현상
 - 변패 : 단백질 이외의 성분 탄수화물, 지방이 미생물 작용에 의해 변질되는 현상
 - 산패 : 유지식품이 보존, 조리, 가공 중에 변하여 변화로 품질이 낮아지는 현상
 - 발효 : 식품이 미생물이나 효소작용에 의해 우리 몸에 유익한 균을 생성하는 현상

46 HACCP관리 수행단계
 식품의 위해요소 분석 → 중요관리점 결정(CCP) → 한계관리 기준 설정 → CCP모니터링 체계 확립 → 개선조치방법수립 → 검증절차 및 방법수립 → 문서화 및 기록유지

47
 - 솔라닌 : 감자의 초록색 싹부위
 - 아미그달린 : 청매
 - 듀린 : 수수

48 광절열두조충(간촌충)의 제1중간숙주는 물벼룩, 제2중간숙주는 연어, 송어이다.

50 • 염소 : 상수도와 수영장에서 사용(잔류염소량 0.2ppm)
   • 차아염소산나트륨 : 채소, 과일, 음료수, 식기, 조리도구에 사용
   • 알코올 : 유리, 금속기구, 손, 피부에 사용
   • 석탄산 : 3~5%의 수용액을 기구, 손, 의류, 오물 등의 소독에 사용 살균력이 안정적이며 다른 소독제의 살균력 표시기준

51 • 역성비누 : 원액을 200~400배로 희석하여 손, 식품, 기구 등에 사용, 무독성이며 살균력이 강하나 보통비누와 섞어서 쓴다. 유기물(단백질)이 존재하면 효과가 떨어진다.
   • 승홍 : 0.1%의 수용액(피부소독). 부식성이 있어 비금속기구 소독

53 영업에 종사할 수 없는 질병
   • 결핵(비감염성인 경우는 제외)
   • 콜레라, 장티푸스, 파라티푸스, 세균성이질, 장출혈성대장균감염증, A형간염
   • 피부병 또는 그 밖의 고름형성(화농성) 질환
   • 후천성 면역결핍증(AIDS)

55 목은 이색의 저서 「목은집」에 점서라고 하는 찰기장 송편이 등장한다.

57 칠석날(삼복)
백설기와 더운 날씨에도 잘 상하지 않는 술을 넣어 발효시킨 증편과 소를 넣고 빚어 기름에 튀긴 주악을 만들어 먹었다.

58 • 동지 : 새알심을 넣은 팥죽
   • 납일 : 팥소를 넣은 골무모양의 떡

59 삼짇날 : 사일 또는 중삼절이라 하고, 음력 3월 3일이다.

60 • 제주도 : 쌀보다 잡곡이 흔하여 잡곡을 이용한 떡이 많으며 쌀떡을 제사 때만 썼다.
   • 평안도 : 다른 지방에 비해 떡이 매우 큼직하고 소담하다.

제4회

1	2	3	4	5	6	7	8	9	10	11	12	13	14	15
①	①	③	④	④	③	①	③	④	②	④	②	④	④	③
16	17	18	19	20	21	22	23	24	25	26	27	28	29	30
④	①	②	②	②	①	②	①	③	③	①	②	④	④	①
31	32	33	34	35	36	37	38	39	40	41	42	43	44	45
④	①	④	③	①	①	③	④	②	①	②	③	②	④	③
46	47	48	49	50	51	52	53	54	55	56	57	58	59	60
④	②	①	③	④	③	①	③	③	④	②	③	④	①	③

01 • ②, ③ 멥쌀에 대한 설명
   • 비타민 B_1의 함량이 백미보다 3배, 니아신은 4배가량 높다.

02 쌀알이 흐릿하고 깨지고 냄새가 나며 쌀눈 자리가 갈색으로 변한 쌀은 묵은쌀이고 산도는 낮을수록 좋은 쌀이다.

03 쌀 저장 시 수분함량을 15% 이하로 유지해야 미생물로 인한 변질을 막을 수 있다.

04 20% 이상의 설탕이나 지방을 첨가하면 호화가 억제된다.

05 온도가 60℃ 이상이거나 -2℃ 이하일 때 노화가 억제된다.

06 마이야르반응(아미노카르보닐반응)
식빵, 간장, 된장의 비효소적 갈변반응

07 발 효
미생물이 효소를 이용해서 식품의 유기물을 분해시키는 과정으로 발효된 식품은 영양적으로 우수할 뿐만 아니라 소화도 잘 된다.

09 동물성 색소에는 헤모글로빈(혈색소), 미오글로빈(육색소), 헤모시아닌(연체동물), 아스타산틴(새우, 가재, 게)이 있다.

10 안토시안은 과일과 채소 등의 적색과 자색의 색소 (딸기, 포도, 가지)
- 산성(식초) : 적색
- 중성 : 보라색
- 알칼리(식소다첨가) : 청색

11 울금 : 약재, 식용, 착색제(노란색)등으로 사용한다.

12 생리작용을 조절 : 비타민, 무기질, 물

13 떡에 들어가는 견과류에는 밤, 호두, 은행, 땅콩, 아몬드 등이 있다.

14 • 옥수수의 단백질 : 제인
- 수수 : 타닌

15 떡을 만들 때 부재료인 콩을 넣으면 식물성 단백질을 더 보충할 수 있다.

16 멥쌀 떡은 체로 여러 번 치는 것이 공기가 많이 들어가 떡이 잘 익으며 부드럽고 푹신한 떡을 만들 수 있다.

17 • 글로불린 : 순단백질 중 물에 잘 용해되지 않는 단백질을 글로불린이라 총칭한다.
- 글리아딘 : 불성 단순 단백질로 글루테닌과 함께 소맥 단백질의 주성분인 글루텐을 구성하는 성분이다.

• 날콩 속에는 단백질의 소화액인 트립신의 분비를 억제하는 안티트립신이 들어 있어서 소화가 잘 되지 않지만 콩을 가열하면 파괴된다.

18 녹색채소 중 특히 시금치, 아욱, 근대는 수산이 존재하므로 반드시 뚜껑을 열고 데쳐서 수산을 날려보낸다. 수산은 체내 칼슘흡수를 저해하며 신장 결석을 일으키기도 한다.

20 도병(搗餠)
시루에 찐 떡을 절구나 안반 등에서 친 떡으로 인절미류, 절편, 가래떡, 개피떡, 달떡, 단자류가 있다.

22 안반과 떡메는 치는 떡인 도병류(搗餠)를 만들 때 필요한 도구이다.

23 • 채반, 소쿠리 : 재료를 넣어 말리거나 물기를 뺄 때 사용하는 도구
- 시루나 대나무 찜기 : 떡을 찔 때 쓰는 도구
- 동고리, 석작 : 버들가지로 만든 떡이나 한과를 담는 그릇

24 전분이 호화되면 점성은 증가한다.

26 시루떡의 경우 떡가루 사이에 공기층을 형성하여 김이 잘 스며들어 떡이 질어지는 것을 막아준다.

27 잼, 고추장 같은 농도가 있는 식품은 계량컵이나 계량스푼에 꾹꾹 눌러 담아 평면이 되도록 깎아서 계량을 한다.

28 치자는 물에 씻어 칼집을 넣어 물에 담가 색이 우러나면 체에 밭쳐 물만 따라서 사용한다.

29 • 혼돈병 : 거피팥가루를 볶은 것에 계핏가루를 섞어 맨 밑에 깔고 떡가루를 얹은 후 밤소를 줄지어 놓고 그 위에 쌀가루를 덮고 대추채, 밤채, 통잣을 박은 다음, 볶은 거피팥고물을 두껍게 뿌리고 다시 그 위에 같은 순서로 켜를 올려 봉우리지게 하여 시루에 찐 떡이다.
※ 혼돈병은 찹쌀가루를 전체적으로 깔지 않고 두툼떡처럼 봉우리지게 깔기도 한다.
- 잡과병 : 멥쌀가루에 밤, 대추, 곶감, 호두, 잣 등의 여러 견과류를 섞어 시루에 찐 무리떡이다.

30 • 증편과 상화병은 막걸리를 넣어 발효(부풀린)떡이다.
  • 백설기 : 성호사설(星湖僿說)에는 '가례에 쓰는 자고(餈糕)가 이것이다'라고 기록되어 있다.

31 개피떡은 찰떡류가 아닌 멥쌀로 만든 떡이다.

32 • 알루미늄박 : 햇빛(자외선조사)에 변질되는 식품의 포장에 적합하다(과자, 담배, 커피, 버터, 치즈, 마가린 등)
  • 폴리에틸렌 : 인체무독성으로 식품이 직접 닿아도 되는 소재로 수분 차단성이 좋아 식품포장용으로 많이 쓰이지만 유지식품에 녹아 유해한 영향을 끼친다.
  • 폴리스틸렌 : 끓는 물속에서는 완전히 변형이 되는 포장재로 상온에서 건조식품의 보존에 적합한 포장재이다.

33 떡류 포장 표시사항
  ① 제품명
  ② 식품유형 : 식품기준 및 규격의 최소단위
  ③ 영업장 상호 및 소재지
  ④ 유통기한
  ⑤ 원재료명
  ⑥ 용기, 포장재질
  ⑦ 품목보고번호
  ⑧ 주의사항
  ⑨ (해당 경우에 따라)성분명 및 함량, 보관방법 등

34 지지는 떡도 익반죽을 해야 반죽이 잘 된다.

35 • 주악, 화전, 부꾸미는 지지는 떡(유전병, 油煎餠)
  • 혼돈병은 찌는 찰떡류

37 식품을 취급하는 사람은 신발을 오염구역과 비 오염구역을 구분하여 신는다.

38 소화기계 감염병은 잠복기는 짧고 치명률은 낮으면 간접전파로 전염된다.

39 • 세균성 이질과 콜레라의 병원체는 세균으로 오한, 발열, 구토, 설사, 복통 등의 증상
  • 디프테리아는 병원체는 세균으로 편도선이상과 발열 호흡곤란 등의 증상이 나타남

40 인수공통감염병
  탄저, 결핵, Q열, 파상열(브루셀라증), 야토병, 광견병

41 • 호기성균 : 산소가 반드시 있어야만 증식이 가능한 균
  • 편성 호기성균 : 산소가 없어도 증식하지만 있으면 더 잘 증식하는 균
  • 통성 혐기성균 : 산소가 있거나 없거나 잘 증식하는 균

42 • 파리에 의한 감염병 : 이질, 콜레라, 장티푸스, 디프테리아, 결핵, 파라티푸스, 십이지장충, 회충, 요충, 편충 등이 있다.
  • 모기 : 말라리아, 일본뇌염, 뎅기열, 황열

43 • 포도상구균의 독소 : 엔테로톡신
  • 히스타민 : 알레르기유발 물질
  • 모시조개, 바지락, 굴의 동물성 자연독 : 베네루핀

44 • 피마자 : 리신
  • 수수 : 듀린

45 시큐톡신은 독미나리의 식물성 자연독이다.

47 납(Pb)중독
  적혈구 색소의 감소, 빈혈, 체중감소, 시력장애 등의 증상이 있다.

48 사이클라메이트는 유해성 감미료이다.

49 • 착색료 : 식품에 색을 부여하거나 소실된 색채를 복원시키기 위해 사용되는 첨가물
  • 조미료 : 식품에 지미(旨味 ; 맛난 맛)를 부여하기 위해 사용되는 첨가물

51 • 석탄산 : 기구, 손, 의류, 오물 등의 소독에 사용 단점은 피부자극성과 금속 부식성이 있다.
  • 크레졸 : 피부 자극은 비교적 약하지만 소독력은 석탄산보다 2배 정도 강하며 단점은 강한 냄새
  • 승홍 : 부식성이 있어 비금속기구 소독

52 • 고온단시간 살균법 : 70~75℃에서 15~20초간 가열 후 급랭. 우유, 과즙 살균에 사용
• 자비소독법 : 끓는 물 100℃에서 식기류, 행주, 의류 등을 15~20분간 살균
• 소각멸균법 : 다시 사용하지 않을 물건들을 태우는 방법

53 HACCP 7원칙
위해요소분석(HA) → 중요관리점결정(CCP) → 한계관리기준 설정(CL) → CCP모니터링 → CA개선조치 → 검증절차 수립 → 기록 보관 및 문서화방법 설정

55 • 집단급식소를 설치·운영하는 자 : 3시간
• 집단급식소를 설치·운영하려는 자 : 6시간

57 자병(煮餠) : 지지는 떡

58 • 10월 상달 : 붉은 팥시루떡
• 12월 섣달그믐 : 온시루떡

59 삼칠일에는 아무것도 넣지 않은 백설기를 만드는데 아기와 산모를 속세와 구별하여 신성한 산신의 보호아래에 둔다는 의미가 있다.

60 평안도
각종 곡물과 과일이 고루 생산되는 지역이고 대륙과 가까워 크고 소담스러운 떡들이 발달하였다.

제5회

1	2	3	4	5	6	7	8	9	10	11	12	13	14	15
③	③	③	①	①	③	①	①	②	②	②	④	③	①	④
16	17	18	19	20	21	22	23	24	25	26	27	28	29	30
②	④	④	④	①	④	②	②	①	④	②	④	④	④	②
31	32	33	34	35	36	37	38	39	40	41	42	43	44	45
②	④	④	④	④	①	③	①	②	②	①	③	④	②	④
46	47	48	49	50	51	52	53	54	55	56	57	58	59	60
④	④	①	④	③	③	①	①	②	④	③	④	④	④	③

02 전분의 호화(gelatinization)
• 전분에 물을 가하여 가열하거나 알칼리 용액과 같은 용매로 처리하면 점성도가 증가하여 전체가 반투명인 균일한 콜로이드 물질(풀)이 되는 현상을 호화 또는 α화라 한다.
• 생전분 입자는 물 분자도 들어갈 수 없는 치밀한 구조로 되어 있는데 이를 미셀 구조라 한다.
• 물을 가하여 가열하면 미셀 구조가 녹아 사이가 넓어지면서 틈이 생기는데 이를 팽윤이라 하며 미셀 구조가 바깥쪽으로부터 차례로 무너지는 현상을 호화라 한다.

03 전분에 물과 열을 가하면 점도가 큰 투명 또는 유백색의 콜로이드의 용액이 되고 농도가 높거나 용액이 냉각되면 반고체의 겔을 형성하는 현상을 전분의 호화, 교질화, 젤라틴화라 한다.

06 현미를 도정함에 따라 단백질과 지방의 손실이 커지고 상대적으로 탄수화물양이 증가되어 소화율은 높아진다.

07 쌀은 단립종(원립종), 중립종, 장립종으로 구분. 점성(찰기)이 가장 높은 품종은 단립종이다.

08 서류의 일반적인 수분함량은 70~80%로 높은 편이다.

10 • 쑥은 오래되지 않고 줄기가 가늘고 길지 않은 것이 좋고 이른 봄에 채취한 냄새가 진한 쑥이 좋다.
• 쑥의 보관방법은 줄기가 익을 정도로 삶아 잘 손질하여 적당량씩 개별 포장하여 냉동 보관한다.

11 고운체는 지방에 따라 곰방체(보성), 술체(거문도), 풀체(경기), 접체(경기)라 부른다.

13 감미료는 단맛을 주는 부재료이다. 감미료에는 설탕, 꿀, 물엿, 조청, 올리고당 등이 있다.

15 송편을 찔 때 솔잎을 깔고 찌는 이유는 떡이 서로 달라붙지 않게 하고 떡에 솔잎 향을 주며 상하지 않게 방부제 역할을 하기 때문이다.

16 멥쌀은 곱게 2번 빻고 찹쌀은 성글게 빻는다.

17 ①, ②, ③ 효소적 갈변현상(페놀화합물이 멜라닌으로 전환)
④ 아미노카르보닐반응(비효소적 갈변) : 식빵, 간장, 된장의 갈변

18 잼과 같은 농도가 있는 식품은 계량컵이나 계량스푼에 꾹꾹 눌러 담아 표면이 평면이 되도록 깎아서 계량한다.

19 계량컵이나 계량스푼으로 잴 때는 실온에 두어 약간 부드럽게 한 후 빈공간이 없고 평면이 되도록 깎아서 계량한다.

22 쌀가루에 소금을 넣고 물로 수분을 준 다음 골고루 비벼 섞어 체에 내린 후 설탕을 넣고 가볍게 섞어 찌면 떡의 질감이 부드러워지고 푹신하다.

25 송편은 익반죽한 쌀가루를 빚어서 찌는 떡이다.

26 멥쌀과 찹쌀은 물 빠지는 속도는 비슷하며 떡을 할 때 멥쌀이 찹쌀보다 수분이 더 필요하다.

28 산승은 찹쌀가루에 꿀을 넣고 익반죽하여 둥글납작하게 지져낸 후 잣가루와 계핏가루를 묻힌 떡이다. 작게 만들어 웃기떡으로 사용되었다.

29 팥을 삶을 때 설사를 유발하는 사포닌을 제거하기 위해 한번 끓인 후 그 물을 버리고 새물을 부어 삶는다.

31 • 켜떡은 시루나 찜기에 고물을 먼저 깔고 쌀가루 고물 순으로 평평하게 펴서 안친다.

• 멥쌀 떡은 여러 켜를 안쳐 쪄도 잘 익지만 찰떡은 증기가 쌀가루 사이로 잘 오르지 못해 중간이 잘 익지 않게 될 수도 있어 시루나 찜기에 쌀가루를 얇게 안쳐 찌거나 한 켜씩 번갈아 안쳐서 찌면 좋다.

32 식품포장의 기능
용기로서의 기능, 보호기능, 소비자로부터의 접근용이성, 정보성, 상품성, 환경친화성, 안전성, 경제성

33 질병의 예방 또는 치료에 효능이 있다는 내용 표시·광고

35 식품의 부패 판정법
관능검사, 물리적 검사, 미생물학적 검사, 화학적 검사 등이 있다.

37 주요 경구감염병
장티푸스, 콜레라, 세균성 이질, 급성회백수염, 파라티푸스, 유행성 간염, 성홍열, 디프테리아

38 유구조충(갈고리촌충) : 돼지고기를 충분히 가열해서 먹으면 예방할 수 있다.

39 식품을 냉동하면 일시적 예방은 가능하나 미생물을 완전히 사멸시킬 수는 없다.

40 원인별 직업병
• 고열환경(이상고온) : 열중증
• 고압환경(이상고기압) : 잠함병(잠수병) 잠수부, 해녀에게 발생
• 카드뮴중독 : 이타이이타이병
• 저압환경 : 고산병(산소 부족으로 두통, 어지러움, 식욕부진, 짧은 호흡)

42 살모넬라식중독의 원인식품
달걀, 닭고기, 샐러드, 우유, 생선, 알, 식육 및 그 가공품

43 영업에 종사할 수 없는 질병
• 결핵(비감염성인 경우는 제외)
• 콜레라, 장티푸스, 파라티푸스, 세균성이질, 장출혈성대장균감염증, A형간염
• 피부병 또는 그 밖의 고름형성(화농성) 질환
• 후천성 면역결핍증(AIDS)

44 • 수은중독 : 미나마타병(언어장애, 지각이상)
   • 납중독 : 요독증 증세

45 • 농약 : 유기인제, 유기염소제, 유기수은제, 비소화합물
   • 유해한 중금속 : 납, 수은, 크롬, 카드뮴중독

46 알레르기 식중독
   • 프로테우스 모르가니(Proteus morgamii)가 대표적인 균이며 독소는 히스타민이다.
   • 원인식품 : 고등어, 꽁치, 정어리 등의 붉은 살 생선과 그 가공품 등이다.

47 • 열탕소독법(자비 소독) : 끓는 물 100℃에서 15~20분간 가열하는 방법으로 식기, 행주 등에 이용되는 소독법이다.
   • 간헐멸균법 : 100℃의 증기에서 15~30분간 가열하여 24시간마다 3회 연속으로 하는 소독방법이다.

49 살균과 소독은 물리적인 방법과 화학적인 방법이 있는데 약품을 이용하여 소독하는 방법은 화학적 방법이다.

51 • 「해동역사」 : 고려 사람들이 밤설기 떡인 율고(栗糕)를 잘 만든다고 칭송한 중국인 견문이 기록
   • 「지봉유설」 : 고려에서는 상사일(음력 3월 3일)에 청애병(쑥떡)을 으뜸가는 음식으로 삼았다.

53 「지봉유설」
   고려에서는 상사일(음력 3월 3일)에 청애병(쑥떡)을 으뜸가는 음식으로 삼았다고 하여 떡이 절식음식으로 사용되었음을 알 수 있다.

54 우리나라 말에 꿀은 藥이라 하기 때문에 꿀을 넣은 과자를 약과라 하며 약식의 약(藥)은 병을 고쳐주는 동시에 이로운 음식이라는 개념을 함께 지니고 있다.

56 • 고려시대는 육식의 금지와 음다생활 풍습으로 떡·한과·차 등이 크게 발전하였다.
   • 조선시대에는 유교의 영향으로 음식을 높이 고이는 풍조가 생겨나서 관·혼·상·제때는 신분과 지위의 높고 낮음에 따라 음식이나 떡·한과를 고이는 높이가 달랐으며 이에 따라 떡이 고급화 되어 전성기를 이루었다.

57 중화절 음력 2월 1일 민간에서는 머슴 날 또는 노비일이라 하여 농사를 시작하기 전 일꾼들을 격려하는 의미에서 큰 송편을 만들어 먹였다. 이 떡은 노비들을 위한 것으로 '노비송편'이라고도 하며 2월 초하루에 빚었다 하여 '삭일송편'이라고도 한다.

58 무지개떡 : 만물의 조화를 이루는 사람이 되라는 의미

59 증편은 막걸리를 첨가하여 만든 발효 떡으로 다른 떡보다 미생물에 의한 변질이 일어나지 않기 때문에 여름철에 상용되는 떡이다.

60 충청도의 대표적인 떡은 증편과 해장떡(인절미에 붉은 팥고물을 묻힌 떡), 곤떡과 모듬뱅이(쇠머리떡), 호박떡, 호박송편, 햇보리개떡이 있으며 산간지역에는 감자떡, 칡개떡, 도토리떡을 만들어 먹었다.

제6회

1	2	3	4	5	6	7	8	9	10	11	12	13	14	15
②	②	④	①	①	②	④	③	③	①	①	③	①	②	④
16	17	18	19	20	21	22	23	24	25	26	27	28	29	30
②	④	③	①	②	②	④	③	③	①	③	①	③	④	②
31	32	33	34	35	36	37	38	39	40	41	42	43	44	45
①	③	①	④	②	①	④	③	②	④	③	②	④	②	①
46	47	48	49	50	51	52	53	54	55	56	57	58	59	60
④	②	③	④	②	①	①	④	②	①	②	②	③	③	③

02 전분이 호화되기 시작되는 온도는 60~65℃이다.

03 찹쌀 7.4%, 보리 8%, 수수 7.5%, 조 8.9%

04 • 레닌 : 단백질 가수분해 효소
 • 헤마글루티민 : 많은 콩과식물에 천연적으로 존재하는 독성물질을 가열하면 분해되어 독성을 잃음
 • 프로테아제 : 단백질 분해효소

07 떡재료 보관방법
 • 밤 : 껍질채 저온창고에 보관한다가 필요할 때마다 꺼내 쓴다.
 • 녹차분말 : 직사광선을 피하고 건랭한 곳에 보관 소량 구입하여 바로 쓴다.
 • 팥 : 서늘하고 바람이 잘 통하는 곳에 보관한다.

08 도드미는 쳇불 구멍이 어레미보다 좁아 좁쌀이나 쌀의 뉘를 고를 때 쓴다.

09 길상무늬
 장수나 행복 따위의 좋은 일을 상징하는 무늬, 십장생이나 나비를 소재로 구성한다.

10 당질의 감미도
 과당 > 전화당 > 설탕 > 포도당 > 맥아당 > 갈락토오스 > 젖당

14 • 소금은 삼투압 현상으로 수분을 뺏는 역할을 하며 흑설탕은 색이 진하므로 색을 진하게 내주는 약식이나 수정과에 사용한다.
 • 올리고당은 100g당 293kcal로 설탕(100g당 400kcal) 보다 칼로리가 낮다.

15 ①, ②, ③ 효소적 갈변현상(페놀화합물이 멜라닌으로 전환)

19 • 쌀가루나 밀가루 등 가루를 계량할 때는 계량컵을 흔들면 가루의 양이 더 많이 들어가게 되어 계량이 정확하지 않다.
 • 저울위에 용기를 올리고 난 후 0점을 맞춘 후 계량을 한다.
 • 쌀이나 콩 같은 낟알 재료는 계량컵 수북이 담아 한 번 흔든 후 평평하게 만들어 계량한다.

22 화전은 기름에 지지는 떡이다.

24 송편은 익반죽을 하거나 날반죽을 하여 모양을 만들어 찌는 떡이다.

26 조선 16대 임금인 인조가 이괄의 난을 피해 공주로 피난을 갔을 때 임씨 성을 가진 백성이 콩고물에 묻힌 떡을 진상. 임씨가 만든 절묘한 맛의 떡이라는 뜻으로 '임절미'라 칭하다가 발음상 편의로 '인절미'로 굳어지게 되었다.

27 치는 떡(호화된 쌀가루를 쪄서 친후 점성을 높이는 떡)
 가래떡, 절편, 인절미, 단자류 등

28 냉장고와 상온은 떡이 노화되기 쉽기 때문에 장기 보관 장소로는 부적합하다.

29 수수부꾸미는 기름에 지지는 찰떡류이다.

30 껍질을 벗긴 밤이 수분이 많으면 밤 채를 썰 때 쉽게 부서지므로 물에 담가두지 말고, 속껍질을 벗겨 채를 썰거나 설탕물에 담가 두었다가 물기를 말려 채를 썬다.

31 송편을 찔 때 솔잎을 깔고 찌는 이유
송편이 서로 달라붙지 않게 해주며 솔잎의 향 때문에 송편이 상하지 않게 해주기 때문이다.

34 철쭉꽃은 독성이 있어서 식용으로 사용하지 않는다.

36 무지개떡은 여러 가지 색을 넣어 찐 떡이고, 모듬설기떡은 여러 종류의 재료를 섞어서 찐 떡이다.

37 경단(삶는 떡)
찹쌀가루를 익반죽하여 둥글게 만들어 끓는 물에 익혀 여러 가지 고물을 묻힌 떡이다.

38 포장재
종이를 비롯한 다양한 종류가 있으나 떡류 포장은 주로 플라스틱 포장 재질인 폴리에틸렌(PE)을 주로 사용하고 있다.

39 빵과 떡을 냉장 보관하면 빨리 노화가 된다.

40 냉장법은 보통 0~10℃의 저온에서 식품을 한정된 기간 동안 신선한 상태로 보존하는 방법으로 장기간 식품을 보관하면 식품의 품질이 저하된다.

41 작업장에서는 앞부분이 막히고 신기 편하며 미끄럽지 않은 재질의 조리화 또는 안전화를 신는다.

43 • 호기성균 : 산소를 필요로 하는 균
• 혐기성균 : 산소를 필요로 하지 않는 균
• 통성 혐기성균 : 산소가 있거나 없거나 관계가 없는 균
• 편성 호기성균 : 산소가 없으면 생육을 할 수 없는 균

45 • 부패 : 단백질식품이 미생물 세균의 번식에 의해 분해를 일으켜 인체에 유해한 물질을 생성하는 현상
• 변패 : 단백질 이외의 성분 탄수화물, 지방이 미생물 작용에 의해 변질되는 현상
• 산패 : 유지식품이 보존·조리·가공 중에 변하여 품질이 낮아지는 현상
• 발효 : 식품이 미생물이나 효소작용에 의해 우리 몸에 유익한 균을 생성하는 현상

46 세균성 식중독
① 식중독균에 오염된 식품을 섭취하여 발병
② 식품의 많은 양의 균 또는 독소에 의해서 발병
③ 살모넬라 외에는 2차 감염이 없음
④ 짧은 잠복기
⑤ 면역이 되지 않음

48 간흡충(간디스토마)
제1 중간숙주(왜우렁이) → 제2 중간숙주(담수어 : 붕어, 잉어)

49 PCB중독(가네미유증, 미강유중독)
식욕부진, 구토, 체중 감소 등

50 카드뮴 중독 : 이타이이타이병의 원인물질이며 신장장애, 골연화증, 단백뇨 등의 증상이 나타난다.

51 병원소 : 감염원으로 환자, 보균자, 접촉자, 매개동물이나 곤충, 토양, 오염식품, 오염식기구 등이 있다.

52 포도상구균은 화농성 질환을 일으키는 대표적인 원인균이다.

53 식품위생법의 목적은 식품으로 인한 위해방지와 식품영양의 질적 향상을 도모하여 국민보건의 증진에 기여하고자 하는데 있다.

54 장내독소인 엔테로톡신의 독소는 내열성이 있어 열에 쉽게 파괴되지 않는다.

55 「삼국사기」에는 유리왕과 탈해의 왕위계승과 관련된 기록과 백결선생이 아내를 위로하기 위해 거문고로 떡방아소리를 내었다는 기록이 있다.

56 경단류는 1680년 「요록」에 '경단병'이란 이름으로 처음기록 되었다.

58 유월유두(음력 6월 15일) : 떡수단, 상화병, 밀전병

59 떡의 의미
• 백설기 : 밝고 깨끗하게 자라라는 기원
• 오색송편 : 만물과의 조화
• 붉은 차수수경단 : 액운을 미리 막아주는 기원의 의미

60 전라도는 다른 지역에서 찾아보기 힘든 깨시루떡을 비롯하여 주악, 감단자, 꽃송편, 모시떡, 수리취떡, 차조기떡, 구기자떡, 풋호박떡, 보리떡, 밀기울떡, 콩대기떡 등이 있다.

제7회

1	2	3	4	5	6	7	8	9	10	11	12	13	14	15
②	①	②	④	①	③	①	③	①	③	②	①	④	④	④
16	17	18	19	20	21	22	23	24	25	26	27	28	29	30
③	②	③	①	④	④	④	②	④	③	③	④	②	③	③
31	32	33	34	35	36	37	38	39	40	41	42	43	44	45
②	①	④	④	①	②	①	①	③	③	①	②	①	④	③
46	47	48	49	50	51	52	53	54	55	56	57	58	59	60
②	④	③	②	①	④	①	②	①	③	③	①	①	②	①

01 **전분의 호화에 영향을 주는 요인**
전분의 종류, 전분입자의 크기, 수분 함량, 수침시간과 가열온도, 첨가물, pH조건

02 쌀에는 아미노산이 부족하기 때문에 콩을 넣어주면 부족한 단백질과 맛을 보충할 수 있다.

03 • 노란색 : 송화, 치자, 단호박
• 갈색 : 송기, 대추고, 계핏가루
• 초록색 : 쑥, 승검초분말, 녹차, 모싯잎

05 mg, kg은 무게, ml는 부피를 잴 때 사용하는 단위이다.

06 0~4℃ 냉장고에 저장해 두면 노화가 촉진되어 빨리 굳는다.

08 막걸리를 첨가하여 발효시킨 떡으로는 증편과 상화병이 있다.

10 • 부패 : 단백질이 혐기성 미생물에 분해되어 악취가 나고 유해한 물질이 생성되는 현상
• 후란 : 호기성 세균이 단백질 식품을 변질시키는 현상

• 변패 : 단백질 이외의 식품이 변질되는 현상

11 • 녹색식물의 엽록소에 있는 화합물인 클로로필은 산이나 빛에 의해 분리되어 변색의 원인이 된다.
• 클로로필은 알칼리에 안정하고 산에 불안정한 성질을 가지고 있기 때문에 채소를 데칠 때 소금을 약간 넣어주면 더욱 선명한 녹색을 유지시킬 수 있으며 조리 시 생기는 휘발성 유기산은 채소를 누렇게 변화시킬 수 있으므로 뚜껑을 열어 휘발시킨다.

12 콩설기는 쌀가루에 물을 주어 한 덩어리로 찐 떡으로 쌀가루만 넣어 찌거나 다른 부재료를 넣어 찌기도 한다.

16 고물은 떡에 맛과 영양을 높여 주기도 하지만 쌀가루 사이에 층을 만들어 그 틈새로 증기가 올라오게 하여 떡이 잘 익도록 해준다.

18 **떡류 포장표시 사항**
제품명, 식품의 유형, 영업소(장)의 명칭(상호) 및 소재지, 유통기한, 원재료명, 용기, 포장재질, 품목보고번호, 성분명 및 함량(해당 경우에 한함), 보관방법(해당 경우에 한함), 주의사항

19 폴리에틸렌(PE)포장재는 기름기, 알코올, 산성성분에서는 인체에 유해한 화학물질이 쉽게 녹아 나온다.

20 0℃ 이하에서 육류, 어류 등의 식품을 동결시켜 식품을 보존하는 방법이다. -20℃ 이하에는 어패류를 장기간 저장할 수 있다.

22 식품변질(미생물 발육)에 영양을 주는 인자
① 영양소(탄소, 질소, 비타민, 무기질 등)
② 수분
③ 온도
④ pH

23 인수공통감염병
① 결핵 : 소
② 탄저, 비저 : 양, 말
③ Q열 : 소, 양, 염소, 개, 고양이 등 감염된 동물의 생우유

24 경구감염병의 예방방법
- 환자의 분비물 및 사용한 물품을 철저히 소독 살균하여 병원체를 제거한다.
- 환자와 보균자의 조기발견과 식품과 음료수의 철저한 쥐, 파리, 바퀴 등 매개체 차단 등 위생관리가 필요하다.
- 충분한 영양섭취와 휴식 및 예방접종이 필요하다.

25 장티푸스는 비위생적인 생활과 음식, 오염된 음료수를 통해서 감염된다.

26 둘신은 설탕의 250배 감미도로 유해성 감미료이다.

27 리신은 피마자의 독성분이다.

28
- 솔라닌 : 감자의 초록색 싹 부위
- 뉴로톡신 : 보툴리누스균의 독소
- 테트로톡신 : 복어

29 자연독 식중독
- 셉신 : 감자의 썩은 부위
- 아미그달린 : 청매
- 무스카린 : 광대버섯
- 고시풀 : 목화씨

31 장염비브리오균에 감염되면 복통, 설사, 발열, 구토 중증일 때는 혈변을 보기도 함(여름철에 집중 발생)

33 질병발생의 3대 요소
① 감염원(병원체, 병인소)
② 감염경로(전파방식, 환경)
③ 숙주의 감수성(개인면역에 대한 감수성)

34 폐흡충(폐디스토마)
제1 중간숙주(다슬기) → 제2 중간숙주(민물게, 민물가재)

35
- 살균 : 미생물을 제거하여 무균상태로 만드는 방법
- 멸균 : 살균보다 강력한 물리적·화학적 방법으로 살아 있는 세포, 미생물, 아포까지 제거하는 방법
- 소독 : 물리적, 화학적 방법으로 전염병의 전염을 방지하기 위해 병원균만 제거하는 방법
- 방부 : 미생물 번식을 막아 물질이 변질되는 것을 막는 방법

36 영업자는 영업개시 전 건강진단을 받는다.

37 식품위생의 대상으로는 식품, 식품첨가물, 기구 또는 용기, 포장을 대상으로 한다.

39 장류 중에서(한식메주, 한식된장, 청국장 및 한식메주를 이용한 한식간장)은 제외된다.

40 식품의 포장 표시사항
① 제품명
② 식품의 유형
③ 영업소(장)의 명칭(상호) 및 소재지
④ 유통기한
⑤ 원재료명
⑥ 용기·포장 재질
⑦ 품목보고 번호
⑧ 성분명 및 함량
⑨ 보관방법(해당 경우에 해당)
⑩ 주의사항

41 대장균은 분변오염의 지표 균으로 검출시 다른 병원성 미생물의 존재 가능성을 나타내기 때문에 식품위생 지표 균으로 이용된다.

42 식품의약품안전처장은 국민보건을 위하여 필요하면 판매를 목적으로 하는 식품 또는 식품첨가물에 관한 제조·가공·사용·조리·보존방법에 관한 기준과 성분에 관한 규격의 사항을 정하여 고시한다.

43 조리사를 두지 않은 식품접객영업자와 집단급식소 운영자, 영양사를 두지 않은 집단급식소의 운영자는 3년 이하의 징역 또는 3천만원 이하의 벌금에 처한다.

46 • **웃지지** : 찹쌀가루를 익반죽하여 가운데 소를 넣어 반으로 접어 눌러 붙이고 고명을 얹어 기름에 지져낸 것으로 그 모양과 색이 화려하여 주로 편의 웃기떡으로 많이 쓰인다.
 • 막걸리를 넣어 발효시킨 떡은 증편과 상화병이 있다.

47 삼국유사
 고려후기 고승 일연이 1281년(충렬왕 7)에 편찬한 역사서

51 단오(수릿날, 천중절, 중오절)
 수릿날의 수리는 수레를 뜻하여 바퀴모양의 수리취절편(차륜병)을 먹었다

52 상달은 음력 10월로 수확을 끝내고 팥고물을 두둑하게 켜로 넣고 시루떡을 만들어 고사를 지냈다.

54 • **중양절** : 국화주를 마시고 화전인 국화전을 만들어 먹었다.
 • **단오** : 수리취를 넣은 차륜병(수리취절편)과 도행병(복숭아나 살구의 과일즙으로 반죽)을 단오절식으로 즐겼다.

• **칠석** : 백설기와 증편과 찹쌀을 익반죽하여 소를 넣어 기름에 튀긴 주악을 먹었다.
• **유두** : 떡수단, 상화병, 밀전병을 먹었다.

55 봉채떡의 두 켜는 부부를 의미하며 찹쌀은 찰떡처럼 부부가 화목하게 지내기를 기원하는 뜻이다.

56 제례에는 조상신을 모셔오는 의례이므로 붉은색 고물은 사용하지 않는다.

57 제주도는 잡곡이 흔하여 메밀, 조, 보리, 고구마 등이 떡의 재료로 쓰였으며 다른 지방에 비해 떡이 귀해 제사 때만 쌀떡을 썼다.

58 청동기 시대 유적에서 벼가 출토되고 시루(함경북도 나진 초도 조개더미)와 연석 돌화의 출토로 청동기 시대부터 떡을 만들어 먹었음을 알 수 있다.

59 평안도는 각종 곡물이 고루 생산되는 지역으로 대륙과 가까워 크고 소담스러운 떡이 발달했다. 대표적인 떡으로는 조개송편, 감자시루떡, 강냉이골무떡, 찰부꾸미, 송기절편, 송기개피떡, 골미떡, 꼬장떡, 뽕떡, 노티녹두지짐, 니도래미, 무지개떡 등이 있다.

60 「음식디미방」에서는 떡을 편이라 했으며, 「규합총서」에서 떡이라 한글로 기록되어 있다.

제8회

1	2	3	4	5	6	7	8	9	10	11	12	13	14	15
①	④	②	②	②	④	②	②	②	④	①	①	③	①	③
16	17	18	19	20	21	22	23	24	25	26	27	28	29	30
③	②	②	③	④	③	①	④	①	④	③	③	②	④	③
31	32	33	34	35	36	37	38	39	40	41	42	43	44	45
④	①	②	①	④	②	④	③	①	④	②	②	②	④	①
46	47	48	49	50	51	52	53	54	55	56	57	58	59	60
①	④	④	②	②	④	②	④	①	④	③	①	②	③	②

05 설탕의 감미는 100으로 당의 감미 표준물질이다.

06 쌀은 충분히 불려야 호화가 잘 되어 떡의 질감이 좋아진다.

07 겔 화
호화전분을 냉각시키면 단단하게 굳은 현상을 겔화라 한다.

08 떡을 치는 과정은 떡의 식감을 좋게 하고 떡이 딱딱해지는 노화속도를 늦추어 준다.

10 • 서류 : 감자나 고구마 등의 작물로서 덩이줄기나 덩이뿌리를 이용한 작물
 • 카사바 : 고구마와 같은 외관을 가진 식물로 열대지방에서 훌륭한 탄수화물 공급원으로 활용

14 비효소적 갈변
 ㉠ 마이야르 반응(아미노카르보닐 반응)
  • 단백질과 당의 결합으로 인해 자연적으로 일어나는 반응이며 열에 의해 촉진된다.
  • 분유, 간장, 된장, 누룽지, 케이크, 쿠키, 오렌지주스 등의 갈변반응이 대표적이다.
 ㉡ 캐러멜화 반응
  • 당류를 고온(180~200℃)으로 가열했을 때 산화 및 분해산물에 의한 갈변을 말한다.
  • 카라멜화는 간장, 소스, 합성청주, 약식 등에 이용된다.
 ㉢ 아스코르브산의 산화반응
  감귤류의 가공품인 오렌지주스나 옹축물 등에서 일어나는 갈변 반응 이다.

15 버터나 마가린 같은 고체 재료는 실온에 두어 부드럽게 만들어 계량컵이나 수저에 담아 빈 공간 없이 담아 수평으로 깎아 계량한다. 부피측정보다 무게로 재는 것이 더 정확하다.

16 수수는 타닌이 많아 물에 불린 다음 세게 문질러 씻고 여러 번 헹구어야 떫은맛이 없어진다.

19 쌀 수분흡수에 영향을 주는 요인
쌀의 품종, 쌀의 건조정도, 물의온도, pH

20 고물은 떡의 맛과 영양을 높여 주기도 하지만 쌀가루 사이에 공기층을 만들어 그 사이로 증기가 올라오게 하여 떡이 잘 익도록 해준다.

21 콩설기는 쌀가루와 부재료를 넣어 한 덩이가 되게 하여 찐 떡으로 '무리떡'이라고도 한다.

23 가래떡은 설기보다 수분을 더 넣고 송편반죽보다는 수분을 적게 넣는다.

25 찹쌀가루는 멥쌀가루보다 아밀로펙틴의 함량이 높아 떡을 찔 때 설익을 수 있기 때문에 찹쌀가루는 방아로 1회만 거칠게 빻아야 떡이 잘 쪄진다.

29 단자류는 찹쌀가루를 쪄서 친 다음 고물을 묻히거나 소를 넣어 고물을 묻힌 떡이다.

30 시루에 찐 떡을 절구나 안반 등에서 친 떡으로 인절미류, 절편, 가래떡, 개피떡, 달떡, 단자류가 있다.

31 • 송편은 멥쌀가루를 익반죽하여 소를 넣어 오므려 붙인 뒤 반달 모양으로 빚어서 찐다.
 • 부꾸미는 익반죽하고 소를 넣어 반달모양으로 빚어서 지지는 떡이다.

32 부풀려 찌는 떡으로는 증편과 상화병이 있다.

33 삼국유사
신라 소지왕 10년 정월 15일에 왕이 행차를 하는데 까마귀 한 마리가 안내하는 연못으로 가니 백발노인이 금갑을 향해 활을 쏘라고 알려 주어 황급히 궁궐로 돌아와 금갑을 향해 활을 쏘니 왕을 해치려고 하는 자를 처단해 위기를 모면하게 되었다. 이때부터 정월 15일을 오기일(烏忌日)로 정해 까마귀 색과 비슷한 찰밥을 지어 까마귀에게 제사를 지내게 되어 그 풍습이 전해져 오면서 약밥(약식)이 되었다.

34 인절미라는 이름을 쓰게 된 시기는 조선 인조 이괄의 난 때이다.

35 떡볶이 떡 직경은 1cm, 가래떡 직경은 3cm 정도

36 콩설기는 찌는 찰떡류가 아닌 찌는 설기류이다.

37 기타 지지는 떡류에는 메밀총떡, 토란병, 빙떡 등이 있으며 마를 넣어 만든 서여향병과 녹두를 이용하여 만든 빈대떡도 있다.

38 식품포장의 기능
① 용기로서의 기능
② 보호기능
③ 정보성, 상품성
④ 환경친화성
⑤ 안전성
⑥ 경제성
⑦ 소비자로부터의 접근용이성

39 • 알루미늄박 : 햇빛(자외선조사)에 변질되는 식품의 포장에 적합하다(과자, 담배, 커피, 버터, 치즈, 마가린 등).
• 폴리에틸렌 : 인체 무독성으로 식품이 직접 닿아도 되는 소재로 수분 차단성이 좋아 식품포장용으로 많이 쓰이지만 유지식품에 녹아 유해한 영향을 끼친다.
• 폴리스틸렌 : 끓는 물속에서는 완전히 변형이 되는 포장재로 상온에서 건조식품의 보존에 적합한 포장재이다.

43 자비 살균
100℃ 끓는 물에 식기, 행주 등을 소독하는 방법이다.

44 살모넬라 식중독은 쥐에 의해 감염되는 식중독이다.

45 독소형 식중독으로는 포도상구균과 보툴리누스균이 있다.

46 • 섭조개(홍합), 대합조개 : 삭시톡신
• 모시조개, 굴, 바지락 : 베네루핀
• 광대버섯 : 무스카린

47 • 알광대버섯 : 아마니타톡신
• 광대버섯 : 무스카린

48 조리한 식품은 되도록 즉시 섭취하도록 한다.

49 세균성 식중독 잠복기는 평균 12~36시간으로 짧은 편이나 그 중 포도상구균 식중독은 잠복기가 식후 3시간 정도로 가장 짧다.

50 • 베네루핀 : 모시조개, 바지락, 굴
• 솁신 : 감자의 썩은 부위
• 아마니타톡신 : 알광대버섯

51 살모넬라, 병원성대장균, 장염 비브리오는 가열하여 섭취하면 예방할 수 있는 세균성 식중독(감형형)이다.

52 장염비브리오균은 호염성세균으로 식염수 3~4%에서 생육한다.

53 소화기계 감염병(경구감염병)
• 감염병균에 오염된 식품과 오염된 물 섭취로 감염
• 적은 양의 균으로 발병
• 2차 감염됨, 긴 잠복기, 면역이 됨

55 삼국시대 이전 상고시대에는 쌀 떡류보다 주로 잡곡 떡류가 더 많았다.

57 삼국유사
효소대왕때 죽지랑이 "공사(公私)로 갔더니 응당 대접하리라 하고 설병(舌餠) 한 합과 술 한 병을 가지고"라고 기록하였는데 여기서 '설병'이란 떡이 있었음을 알려 주고 있다.

제9회

1	2	3	4	5	6	7	8	9	10	11	12	13	14	15
④	③	①	①	④	④	③	②	③	②	①	①	①	②	④
16	17	18	19	20	21	22	23	24	25	26	27	28	29	30
④	③	④	①	②	①	③	①	③	①	③	③	④	②	②
31	32	33	34	35	36	37	38	39	40	41	42	43	44	45
②	①	③	①	①	①	④	①	③	④	③	②	④	④	①
46	47	48	49	50	51	52	53	54	55	56	57	58	59	60
①	③	②	①	③	③	③	②	③	③	①	②	④	④	③

03 서속(黍粟조와 기장) 가루에 밤과 대추를 버무려 찌는 떡

05 0~4℃일 때 떡의 노화가 빨리 일어난다.

08 • 잡과병 : 멥쌀가루에 밤, 대추, 곶감, 호두, 잣 등의 여러 가지 견과류를 섞어 시루에 찐 무리떡
 • 송피병 : 송피(소나무 속껍질)을 삶아 우려 말린 가루를 멥쌀가루와 섞은 다음 팥고물을 사이에 켜켜로 안쳐 찐 떡. 송피떡은 송기떡이라고도 하는데 「도문대작」에는 떡 이름만 기록되어 있다.

09 키
곡식에 섞여 있는 쭉정이, 검부러기, 껍질 등의 이물질을 골라낼 때 쓰는 기구

10 • 인절미(은절병) : 충분히 불린 찹쌀을 밥처럼 쪄서 안반이나 절구에 담고 떡메로 쳐서 모양을 만든 뒤 고물을 묻힌 떡이다.
 • 승검초편(당귀편) : 멥쌀가루에 승검초가루, 막걸리, 설탕물, 꿀을 넣고 손으로 비벼 체에 내린 후 시루에 평평하게 깔고 대추채와 밤 채, 석이버섯채 고명을 얹어가며 안쳐 찐 떡이다.

11 • 단자 : 찹쌀로 만들어 속에 소를 넣고 꿀을 발라 고물을 묻힌 떡
 • 주악 : 찹쌀가루를 송편처럼 빚어 기름에 지지는 떡
 • 화전 : 찹쌀가루 반죽을 둥글고 납작하게 빚어서 기름에 지지는 떡으로 계절에 따라 다양한 꽃을 고명으로 얹는다.

12 석이편법(석이버섯떡)
석이버섯을 깨끗이 씻어 다져 쌀가루에(멥쌀에 찹쌀가루) 섞어 잣을 다져 켜를 놓은 떡이다.

13 탄수화물이 70~80%, 단백질과 지방 그밖에 철, 인, 비타민 B 복합체와 지방을 함유

14 식품변질(미생물발육)에 영향을 주는 인자
영양소, 수분, 온도, pH, 산소

15 고려시대의 떡의 종류
 • 율고 : 찹쌀가루에 삶아 으깬 밤을 넣어 버무린 후 잣을 고명으로 얹어 찐 떡으로 중양절의 절식 밤떡 또는 밤가루 설기라고 부른다.
 • 청애병 : 쑥을 넣고 만든 떡
 • 수단 : 흰떡 수단이라고도 하며 멥쌀가루로 만든 흰떡을 작은 경단모양으로 만들어 녹말가루를 입힌 뒤 끓는 물에 삶아 찬물에 헹구어 이를 꿀물에 띄어 마시는 음료
 • 시고 : 찹쌀과 곶감가루를 버무려 찐 것에 호두가루를 묻힌 경단모양의 떡
 • 상화병(상외떡, 상화병) : 밀가루를 누룩이나 막걸리로 반죽하여 부풀려 팥으로 만든 소를 넣고 빚어 시루에 찐 떡
 • 남방감저병 : 찹쌀가루에 고구마가루를 섞어 시루에 찐 떡이다.

16 돌상에 올라가는 떡
백설기, 붉은팥수수경단, 오색송편, 무지개떡

17 어레미의 다른 이름
도드미, 굵은체, 고물체

18 세균성 감염병
 • 호흡기계통 : 한센병, 디프테리아, 성홍열, 폐렴, 결핵, 백일해
 • 소화기계통 : 장티푸스, 파라티푸스, 콜레라, 세균성 이질

20 전분의 호정화(dextrinzatin)
   예 식빵으로 만든 토스트, 미숫가루, 뻥튀기, 팝콘, 비스킷 등

21 • 석이병 : 멥쌀가루에 석이가루를 섞어진 떡
   • 괴엽병 : 어린 느티나무 잎을 섞은 떡
   • 애병 : 쑥시루떡

23 ①, ②, ④ 결핵, 콜레라, 세균성이질 : 세균
   ③ 인플루엔자 : 바이러스에 의한 감염

24 트리할로메탄(THM)
   물이 함유하고 있는 유기물질과 정수과정에서 살균제로 사용되는 염소가 서로 반응하여 생성되는 발암물질이다.

25 ②, ③, ④ 멥쌀떡
   • 복령떡(백복령병) : 멥쌀가루와 백복령가루를 섞어 설탕물로 촉촉이 내려 거피팥고물을 켜켜이 안쳐서 찐 전라도 지방의 떡이다.

26 착색료의 종류

색	착색료의 종류
초록색	쑥, 시금치, 모싯잎, 녹차가루, 승검초분말, 연잎분말, 보리새싹, 클로렐라분말
노랑색	치자, 단호박, 단호박가루, 송화, 울금
주황색	주황파프리카(피멘톤), 황치즈가루
붉은색	딸기분말, 냉동딸기, 적파프리카, 비트
보라색	자색고구마, 흑미, 포도, 복분자, 블루베리
갈 색	계핏가루, 코코아분말, 커피, 대추고, 송기, 도토리
검은색	흑임자, 석이버섯, 흑미

27 백 국
   밀가루에 찹쌀가루를 더 넣어 빚은 누룩 삼해주 등 고급약주를 빚을 때 사용한다.

28 • 정조다래 : 설날에 조상에게 지내는 제사
   • 단오 : 수리취절편(차륜병), 쑥절편, 쑥인절미
   • 유두절 : 상화병, 떡수단

29 상화병은 고려시대 때 원나라로부터 전래된 상화병에서 유래한 것으로 추측하고 있다. 상화병은 고려시대 때 원나라로부터 전래된 상화병에서 유래한 것으로 추측하고 있다.

34 폴리에틸렌(플라스틱 포장재)
   • 무독성으로 식품에 직접 닿아도 되며 수분 차단이 좋다.
   • 식품포장에 가장 많이 사용한다.

37 석 작
   대나무로 만든 뚜껑이 있는 바구니로 떡이나 한과를 보관하는 그릇이다.

39 오미자는 더운물에 불리면 떫은맛이 진해질 수 있기 때문에 찬물에서 불린다.

40 • 무시루떡(나복병) : 나복은 무의 한자어 멥쌀가루에 굵게 채 썬 무와 팥고물을 켜켜이 놓아가며 찐 시루떡(켜떡)
   • 잡과병 : 멥쌀가루에 밤, 대추, 곶감, 호두, 잣 등의 여러 견과류를 섞어 시루에 찐 무리떡(설기떡)

42 • 찌는 떡 : 설기떡류, 켜
   • 치는 떡 : 찹쌀도병(인절미류), 멥쌀도병(가래떡, 절편, 개피떡)
   • 삶는 떡 : 경단류
   • 지지는 떡 : 전병, 화전, 주악, 부꾸미류

44 베로독소
   병원성 대장균 O-157을 생산하는 세포 변성 단백질 독소

47 신과병
   멥쌀가루에 밤, 대추, 단감 등의 햇과실을 넣고 녹두고물을 두둑하게 얹어 시루에 쪄낸 햇과실떡이다.

48 권모(拳模)
   가락을 짧게 자른 흰떡

50 이타이이타이병
   신장 세뇨관의 기능장애로 단백뇨와 골연화증 증세가 나타남

52 • 포도당 : 단당류
   • 유당, 자당, 맥아당 : 이당류

53
- 가피병 = 바람떡 = 개피떡
- 인병(引餠) = 은절병 = 인절미
- 백자병 = 잣박산(잣을 꿀이나 엿에 버무려 반듯하게 만든 음식)
- 강병 : 생강을 즙을 내어 꿀과 갱엿을 넣고 조려서 호박 빛깔이 되었을 때 작게 타원형으로 빚어 잣가루를 그 위에 뿌려서 만든다.
- 환떡(환병) : 멥쌀가루에 송피(소나무 속껍질)와 청호(제비쑥)을 섞어 오색으로 만든 둥근 떡. 큰 것은 마제병이라 한다. 「동국세시기」
- 골무떡 : 멥쌀가루로 만든 작은 절편 크기가 골무만하다고 골무떡이라고 한다.
- 떡수단 : 흰떡 수단이라고도 하며 멥쌀가루로 만든 흰떡을 작은 경단모양으로 만들어 녹말가루를 입힌 뒤 끓는 물에 삶아 찬물에 헹구어 이를 꿀물에 띄어 마시는 음료
- 재증병 : 멥쌀가루를 쪄서 절구에 넣고 치다가 소를 넣어 송편모양으로 만든 뒤 다시 쪄준 떡

54 녹두고물은 푸른 녹두를 맷돌에 타서 불려 쪄서 사용한다.

55
- 산승 : 가루 등을 익반죽하여 꿀을 넣고 동글납작하게 지지는 떡
- 각색편 : 멥쌀가루에 설탕물, 꿀과 진간장, 승검초 가루를 섞어 각각 대추, 밤, 석이버섯을 고명으로 올려 시루에 쪄낸 떡이다.

56 떡을 썰어 놓은 모습이 쇠머리편육 같다고 하여 쇠머리찰떡 이름이 붙여졌으며 모두배기, 모듬백이 라고도 하며 충청도의 향토음식이며 콩, 밤, 대추, 팥 등을 찹쌀가루에 섞어 찐 떡이다.

57 서여향병
마를 쪄서 꿀에 담갔다가 찹쌀가루를 입혀 기름에 지져 잣가루를 입힌 것. 「규합총서」에 떡이름과 그 제법이 기록되어 있는 것으로 보아 조선 후기에 만들어 먹었던 것으로 추측된다.

59
- 강원도 : 감자시루떡, 감자떡, 방울증편
- 전라도 : 감시루떡, 감인절미

60
- 광대버섯 : 무스카린
- 알광대버섯 : 아마니타톡신

기출문제

- 2020
- 2019

2020 기출문제

*수험생의 기억에 의해 복원된 문제로 원 문제와 다를 수 있습니다.

1 켜떡의 종류가 아닌 것은?
① 색 떡
② 각색편
③ 팥시루떡
④ 찰 편

해설
- **색떡** : 멥쌀가루에 천연의 재료들을 섞어 한 칸씩 올려 찐 떡이다.
- **각색편** : 멥쌀가루에 설탕물, 꿀과 진간장, 승검초가루를 섞어 각각 대추, 밤, 석이버섯을 고명으로 올려 시루에 쪄낸 떡으로 켜를 지어 안친 떡이다.

2 다음 체의 종류 중 가장 고운체의 이름은 무엇인가?
① 어레미체
② 도드미체
③ 깁 체
④ 중간체

해설
- 고운체는 지방에 따라 곰방체(보성), 술체(거문도), 풀체(경기), 접체(경기)라 부른다.
- 명주실로 짠 것을 깁체라 한다.

3 복숭아와 살구즙을 찹쌀가루와 멥쌀가루에 넣어 버무려 시루에 찐 떡의 종류는?
① 도행병
② 석이병
③ 도 병
④ 괴엽병

해설 떡의 종류
- **도행병** : 복숭아와 살구즙을 찹쌀가루와 멥쌀가루에 넣어 버무려 시루에 찐 떡의 종류로 강원도(강릉) 향토 떡이다.
- **도병** : 시루에 쪄낸 찹쌀이나 멥쌀을 따뜻할 때 찧어 끈기가 나게 한 떡이다(인절미, 가래떡, 절편, 개피떡 등).
- **석이병** : 멥쌀가루에 석이가루를 섞어진 떡이다.
- **괴엽병** : 어린 느티나무 잎을 섞은 떡

4 「규합총서」 원문에 찹쌀가루, 승검초가루, 계핏가루, 후춧가루, 건강, 황률, 밤, 대추 등의 여러 가지 재료를 이용하여 만드는 법이 기록되어 있는 떡의 이름은?
① 약 식
② 송기떡
③ 혼돈병
④ 개피떡

정답 01. ① 02. ③ 03. ① 04. ③

해설 떡 이름
- **건강** : 생강을 말린 약재
- **송기떡** : 송기(소나무의 속껍질 부분)가루를 멥쌀가루와 버무려 시루에 쪄 안반에 친 떡

5 찹쌀가루에 고구마 가루를 섞어 시루에 찐 떡의 이름은?
① 복령떡　　　　　　　　② 구선왕도고
③ 서여향병　　　　　　　④ 남방감저병

해설 떡 이름
- **복령떡** : 백복령가루와 쌀가루를 설탕물이나 꿀물에 버무려서 시루에 안쳐 찐 떡
- **구선왕도고** : 구선왕도고에 대한 기록은 「동의보감」, 「규합총서」에서 찾아 볼 수 있는데 아홉 가지 약재를 이용해 만든 전통떡
- **서여향병** : 마를 통째로 찐 다음 썰어서 꿀에 재어 두었다가 찹쌀가루를 묻혀 번철에 지져낸 다음 잣가루를 입힌 떡

6 찹쌀 고두밥에 대추, 밤, 잣 등을 섞은 다음 기름과 꿀, 간장으로 버무려 찐 음식으로 약반이라고도 하며 정월 대보름에 먹는 절식음식은?
① 약 식　　　　　　　　② 부꾸미
③ 꼬장떡　　　　　　　　④ 감제떡

해설 절식음식
- **꼬장떡** : 좁쌀가루를 반죽하여 동그랗게 만든 다음 끓는 물에 삶아서 여러 고물을 입힌 떡
- **감제떡** : 감제침떡, 빼대기떡이라고도 하며 「규합총서」에 고구마가 우리나라에 들어올 때 감저라는 이름으로 들어왔기 때문에 감저병이라고도 하며 남방(일본)에서 들어 왔다하여 남방감저병 이라고도 한다

7 약식과 같은 음식종류를 담는 그릇으로 알맞은 것은?
① 종 지　　　　　　　　② 보시기
③ 합　　　　　　　　　　④ 종 발

해설 그 릇
- **종지** : 간장, 고추장등을 담는 그릇
- **보시기** : 김치, 깍두기 같은 반찬을 담는 그릇
- **종발** : 종지보다 조금 넓고 평평한 그릇

8 가장 먼저 추수한 햅쌀을 가루 내어 떡을 빚어 차례를 지내는 송편은?
① 노비 송편　　　　　　② 오려 송편
③ 꽃 송편　　　　　　　④ 호박 송편

정답　05. ④　06. ①　07. ③　08. ②

9 멥쌀가루를 푹 쪄서 안반에 친 다음 떡살로 눌러 만든 떡은?
① 개피떡
② 인절미
③ 주 악
④ 절 편

10 멥쌀가루에 막걸리를 넣고 부풀려 찐 떡으로 여름에 만들어 먹기 좋은 떡은?
① 기주병
② 색 편
③ 부 편
④ 절 편

해설
- **기주병** : 달착지근하면서 새큼한 맛이 나는 술떡으로 증편, 기주떡, 기지떡, 기증병, 벙거지떡, 상화, 상애떡 등으로 불린다.
- **부편** : 찹쌀가루를 익반죽한 뒤 소를 넣고 둥글게 그 위에 대추나 곶감채를 얹어 거피 팥고물을 뿌려 쪄내는 떡이다. '부편'이라는 말 자체가 웃기떡을 이르는 말이듯 각색편의 웃기로 많이 쓰인다.

11 다음 중 증편에 사용되는 고명으로 틀린 것은?
① 대추채
② 석이채
③ 맨드라미꽃
④ 철쭉꽃

해설 고 명
잣, 흑임자, 대추채, 석이채, 국화꽃잎, 맨드라미꽃잎 등을 쓴다. 철쭉꽃은 미량의 독성이 있어 식용으로 사용할 수 없어 옛날부터 개꽃이라 부름

12 다음 중 시대별 역사 및 떡에 대한 설명이 알맞게 연결된 것은?
① 선사시대 – 우리 조상들은 신석기 시대부터 벼농사를 짓고 밥을 해먹었다.
② 삼국시대 – 불교의 영향으로 떡과 한과 등이 크게 발전되어 청애병, 율고, 상화가 널리 보급이 되었다.
③ 고려시대 – 「고려사」에 광종이 걸인들에게 떡을 시주하고 신돈이 부녀자에게 떡을 던져주었다는 기록이 있는 것으로 보아 떡이 일반화되고 상품화됨을 알 수 있다.
④ 조선시대 – 「음식디미방」, 「규합총서」, 「조선무쌍신식요리제법」은 조선시대 떡의 유래와 조리법까지 설명해 주는 귀중한 자료로 평가 받고 있다.

해설 시대별 역사 및 떡
- **청동기** : 벼농사를 짓고 밥을 해먹기 시작
- **고려시대** : 불교의 영향으로 떡과 한과 등이 크게 발전되어 청애병, 율고, 상화가 널리 보급이 되었다.
- **「조선무쌍신식요리제법」** : 1924년 위관 이용기가 지은 한국음식책

정답 09. ④ 10. ① 11. ④ 12. ③

13 다음 중 가래떡에 대한 설명으로 틀린 것은?

① 가래떡은 멥쌀가루에 소금과 물을 넣어 쪄서 만든다.
② 가래떡은 오래 치면 맛이 좋지 않다.
③ 가래떡은 멥쌀가루를 쪄서 안반에 놓고 매우 쳐서 둥글고 길게 늘여 만든 것이다
④ 「동국세시기」에 백탕(白湯) 또는 병탕(餠湯)이란 음식을 설날 아침에 반드시 먹었으며 손님이 오면 이것을 대접했다.

해설
- 가래떡은 오래 칠수록 쫄깃하고 맛이 좋다.
- **병탕** – 맑은 장국에 가래떡을 얄팍하게 썰어 넣어 끓인 국

14 경구감염병과 세균성 식중독의 설명으로 틀린 것은?

① 테트로도톡신 독성분은 100℃로 끓이면 제거된다.
② 포도상구균은 김밥, 도시락, 떡, 빵, 과자류 등이 원인 식품이다.
③ 경구감염병은 음식물, 손, 물, 곤충, 쥐 등 감염원으로부터 세균이 입을 통하여 체내로 침입하는 감염병이다.
④ 보툴리누스균은 신경독소인 뉴로톡신을 생산한다.

해설 복어독인 테트로도톡신은 끓여도 제거가 되지 않는다.

15 100℃에서 30분간 가열해도 파괴되지 않고 잠복기가 짧으며 열에 매우 강해 열처리 한 식품을 섭취할 경우에도 식중독을 일으키며 장독소 엔테로톡신을 생성하는 것은?

① 포도상구균　　　　　② 보툴리누스
③ 노로바이러스　　　　④ 병원성대장균

16 땅콩, 곡류, 메주, 간장 등에 생기는 곰팡이독으로 알맞은 것은?

① 맥각독　　　　　　　② 오크라톡신
③ 베네루핀　　　　　　④ 아플라톡신

해설 곰팡이 독
- **맥각독** : 보리, 밀, 호밀
- **오크라톡신** : 곡류
- **베네루핀** : 모시조개, 바지락의 동물성 식중독

정답 13. ②　14. ①　15. ①　16. ④

17 다음 중 떡의 주재료가 아닌 것은?

① 멥 쌀
② 조
③ 보 리
④ 서리태

해설 떡의 주재료
쌀, 보리, 밀, 조, 수수 등

18 다음 중 인절미 만드는 방법으로 틀린 것은?

① 불린 찹쌀에 소금을 넣어 2번 빻아 쌀가루를 만든다.
② 시루에 쌀가루를 안치기전 시루밑에 물을 묻혀 물기를 제거하고 설탕을 고르게 뿌린다.
③ 익은 떡반죽을 꺼내 펀칭기에 넣고 적당히 잘 치댄다.
④ 보기 좋게 성형을 한 다음 콩고물을 묻혀 인절미를 완성한다.

해설 불린 찹쌀은 두 번이 아니라 1회 빻아 쌀가루를 만든다.

19 다음 중 삼월 삼짇날 먹는 떡이 아닌 것은?

① 진달래화전
② 화 면
③ 쑥 떡
④ 느티떡

해설 삼짇날에는 진달래화전, 화면, 수면, 산떡, 쑥떡 등을 만들어 먹었다.

20 중화절에 먹는 떡으로 맞는 것은?

① 노비송편, 삭일송편
② 느티떡, 유엽병
③ 쑥절편, 쑥인절미
④ 주악, 백설기

해설 농사를 시작하기 전에 일꾼들을 격려하는 의미에서 커다란 송편을 만들어 먹였는데 노비들을 위한 송편이라는 의미에서 '노비송편', 2월 초하루에 빚었다 하여 '삭일송편'이라 한다.

21 다음 중 붉은색을 내는 천연색소는?

① 송 화
② 울 금
③ 승검초분말
④ 비 트

해설 천연색소
- 송화 : 소나무의 꽃가루(노란색)
- 울금 : 생강과의 식물(노란색)
- 승검초분말 : 당귀잎가루(초록색)

정답 17. ④ 18. ① 19. ④ 20. ① 21. ④

22 다음 중 식품의 변질 요인이 아닌 것은?

① 온 도 ② 압 력
③ 산 소 ④ 효 소

해설 미생물의 번식조건
영양소(탄소원, 질소원, 무기염류), 수분, 온도, 최적의 pH, 산소

23 다음 중 미량원소인 것은?

① 마그네슘 ② 칼 슘
③ 인 ④ 철

해설 미량원소
극히 적은 양이기는 하나 식물의 생육에 없어서는 안 될 원소로 철(Fe), 망간(Mn), 붕소(B), 구리(Cu), 몰리브덴(Mo), 염소(Cl), 아연(Zn) 등이 있다

24 다음 중 떡기계와 공정이 틀리게 연결된 것은?

① 제병기 – 시루에 찐 떡을 제병기에 넣으면 원하는 모양의 떡을 만들 수 있다.
② 증편기 – 스팀보일러와 연결해 증편과 송편을 찔 수 있는 기계이다.
③ 스팀 펀칭기 – 인절미, 송편반죽, 바람떡 등을 반죽할 때 사용한다.
④ 롤러 밀 – 쌀 롤러에서 뭉쳐 나온 쌀가루를 풀어 주는 기계이다.

해설 떡기계와 공정
• 롤러 밀 : 롤러를 이용해 불린 쌀을 가루로 분쇄하는 기계이다.
• 쌀가루 분쇄기 : 롤러 밀에서 뭉쳐 나온 쌀가루를 풀어 주는 기계이다.

25 다음 중 조리장의 작업 환경으로 바르지 않은 것은?

① 조리실에서 가장 효과가 좋은 후드의 형태는 사방 개방형이다.
② 조리장은 손님이 내부를 볼 수 있는 구조로 되어 있어야 한다.
③ 조리장 바닥에 배수구가 있는 경우 덮개를 설치하지 않아도 된다.
④ 식품별 보존과 보관기준에 맞는 냉장시설 또는 냉동시설을 갖추어야 한다.

해설 조리장 바닥에 배수구가 있는 경우 덮개를 설치해야 한다.

26 찹쌀가루를 반죽하여 송편처럼 만든 다음 기름에 지져 꿀이나 조청을 바르고 상을 괼 때 웃기떡으로 쓰는 떡은?

① 주 악 ② 부꾸미
③ 설 병 ④ 빙 떡

정답 22. ② 23. ④ 24. ④ 25. ③ 26. ①

해설 떡 종류
- 설병 : 백설기, 흰무리라고도 하며, 「삼국유사」에 효소왕대죽지랑조에 설병(舌餠)이라는 말이 나온다.
- 빙떡 : 메밀가루를 묽게 반죽하여 번철에 기름을 두르고 반죽을 얇게 펴 가운데 삶아 양념한 무채를 소로 넣고 말아서 지져낸 떡이다.

27 지지는 떡을 만들 때 사용하는 도구로 맞는 것은?
① 돌 확
② 번 철
③ 떡 메
④ 안 반

28 인절미나 절편을 칠 때 사용하는 도구가 바른 것은?
① 안반과 떡메
② 밀방망이와 편칼
③ 떡살과 떡메
④ 절구와 맷돌

29 다음 중 인절미를 뜻하는 단어가 아닌 것은?
① 인 병
② 은절병
③ 인절병
④ 절 병

해설 절병(切餠)
떡살로 눌러 모나거나 둥글게 만든 떡

30 떡이란 단어를 처음으로 사용한 문헌은?
① 규합총서
② 음식디미방
③ 역주방문
④ 증보산림경제

31 다음 중 떡에 대한 설명으로 틀린 것은?
① 첨세병 – 설에 먹는 떡국을 옛날에는 나이를 한 살 더 먹는 떡이라는 의미로 첨세병이라 불렸다.
② 부편 – 찹쌀가루를 익반죽한 뒤 소를 넣고 둥글게 그 위에 대추나 곶감채를 얹어 거피 팥고물을 뿌려 쪄내는 떡이다.
③ 석탄병 – '떡이 차마 삼키기 아까울 정도로 맛이 있다'라고 해서 붙여진 이름이다.
④ 차륜병 – 멥쌀가루에 수리취나 쑥을 섞어 만든 절편으로 한식의 절식이다.

정답 27. ② 28. ① 29. ④ 30. ① 31. ④

해설 떡의 종류
- **석탄병** : 「부인필지」, 「규합총서」, 「조신요리세법」, 「조선무쌍신식요리제법」 등의 여러 문헌에 소개되어 있다.
- **차륜병** : 멥쌀가루에 수리취나 쑥을 섞어 만든 절편으로 단오절식의 하나이다.

32 다음 중 떡의 한자어로 내용이 틀린 것은?

① 교이(絞飴) – 쌀가루를 엿에 섞은 것
② 담(餤) – 얇게 떡을 만들어 고기를 싼 것
③ 이(餌) – 「성호사설」에서 밀가루 이외의 곡물가루를 쪄낸 떡의 의미로 사용
④ 만두(饅頭) – 가루를 반죽하여 국에 넣고 삶는 것

해설 떡의 어원
- **만두(饅頭)** : 밀가를 부풀게 하여 소를 넣은 것
- **박탁(餺飥)** : 가루를 반죽하여 국에 넣고 삶는 것

33 다음 중 떡류의 보관과 관리에 대한 설명으로 틀린 것은?

① 떡류는 당일 제조 판매를 원칙으로 한다.
② 여름철에는 실온에서 24시간 보관을 해도 된다.
③ 진열전의 떡은 빛이 들지 않고 서늘한 곳에서 보관한다.
④ 오래 보관된 떡은 소비자에게 판매를 하면 안 된다.

34 다음 중 「주례」에서 나온 구이분자에 대한 떡의 설명으로 바른 것은?

① 쳐서 만든 떡에 콩가루를 묻힌 형태로 지금의 인절미와 비슷하다.
② 멥쌀가루에 막걸리를 넣고 부풀린 형태의 떡이다.
③ 쌀가루에 여러 가지 재료를 섞어 시루에 찐 설기떡 종류이다.
④ 쌀가루를 익반죽하여 소를 넣고 기름에 지진 부꾸미 형태의 떡이다

해설 구이분자(糗餌粉餈)
「주례」에서 나온 말로 「성호사설」에서 이(餌)는 곡물을 빻아 시루에 찐 떡, 자(餈)는 곡물을 쪄서 만든 떡, 구(糗)는 볶은 콩, 분(粉)은 가루를 말한다 하여 쳐서 만든 떡에 콩가루를 묻힌 형태의 떡으로 지금의 인절미와 비슷하다고 할 수 있다.

35 다음 중 멥쌀가루에 요오드용액을 넣었을 때 반응하는 색상은?

① 적갈색　　　　　　　　　② 반응이 없음
③ 청남색　　　　　　　　　④ 노란색

해설 쌀가루의 요오드용액 반응
- **멥쌀가루** : 청남색
- **찹쌀가루** : 적갈색

정답 32. ④　33. ②　34. ①　35. ③

36 다음 중 당의 감미도 순서가 알맞은 것은?

① 과당 > 전화당 > 설탕 > 포도당 > 맥아당 > 젖당
② 과당 > 설탕 > 맥아당 > 전화당 > 포도당 > 젖당
③ 설탕 > 맥아당 > 전화당 > 포도당 > 젖당 > 과당
④ 전화당 > 설탕 > 포도당 > 맥아당 > 젖당 > 과당

해설 당의 감미도순서
과당 > 전화당 > 설탕 > 포도당 > 맥아당 > 갈락토오스 > 젖당

37 식품의 미생물검사에서 초기 부패를 나타내는 단위로 알맞은 것은?

① 10^3
② 10^5
③ 10^7
④ 10^9

해설 초기 부패단계(식품이 상하기시작하는 단계)
살아있는 세균수가 1g당 $10^6 \sim 10^7$ 정도이거나 휘발성 염기질소량이 100g당 30mg 경우 초기 부패로 본다.

38 다음 중 식품의 변질 부패에 의해 생성되는 물질이 아닌 것은?

① 암모니아
② 아 민
③ 글리코겐
④ 트리메틸아민

해설 생성물질
• 아민류와 암모니아 : 단백질 부패시
• 트리메틸아민 : 생선의 비린내 성분
• 글리코겐 : 동물성 다당류

39 다음 중 떡을 만드는 멥쌀과 찹쌀을 불렸을 때(8시간 기준) 늘어난 쌀의 부피를 바르게 설명한 것은?

① 멥쌀 1.2~1.3배, 찹쌀 1.3~1.4배
② 멥쌀 1.3~1.4배, 찹쌀 1.4~1.5배
③ 멥쌀 1.4~1.5배, 찹쌀 1.5~1.6배
④ 멥쌀 1.5~2배, 찹쌀 2~2.5배

40 다음 중 위생관리의 필요성으로 맞지 않은 것은?

① 식중독과 같은 위생사고 예방
② 질병의 예방 및 치료
③ 상품의 가치 상승
④ 상점의 이미지 개선

해설 위생관리로 질병을 예방할 수 있지만 치료를 할 수는 없다.

정답 36. ① 37. ③ 38. ③ 39. ① 40. ②

41 조리실 환경을 위생적으로 관리함으로 예방할 수 있는 감염병은?
① 풍 진　　　　　　　　② 백일해
③ 홍 역　　　　　　　　④ 콜레라

해설 콜레라, 장티푸스, 파라티푸스, 세균성 이질, 장출혈성 대장균감염증, A형 감염은 소화기계 감염병(경구감염병)으로 물, 음식, 식기 등을 매개로 하여 입을 통하여 감염이 되므로 환경을 위생적으로 관리하면 예방이 가능하나 홍역, 풍진, 콜레라는 호흡기계 감병이다.

42 HACCP의 의무적용 대상식품에 해당하지 않는 것은?
① 과자, 빵류　　　　　② 즉석섭취식품
③ 비가열 음료　　　　④ 껌 류

해설 HACCP 대상식품에 껌류는 포함되지 않는다.

43 다음 중 포장의 기능이 아닌 것은?
① 용기로서의 기능　　② 안전성
③ 영양첨가의 기능　　④ 경제성

44 다음 중 떡류 포장의 표시사항이 아닌 것은?
① 제품명　　　　　　　② 영업장의 대표이름과 소재지
③ 유통기한　　　　　　④ 식품의 유형

해설 떡류포장의 표시사항
① 제품명　　　② 식품의 유형　　③ 영업장의 명칭과 소재지
④ 유통기한　　⑤ 원재료명　　　⑥ 용기·포장·재질
⑦ 품목보고번호등

45 다음 중 재료를 계량하는데 쓰는 도구가 아닌 것은?
① 전자 저울　　　　　② 스톱워치
③ 계량스푼　　　　　③ 계량컵

정답 41. ④　42. ④　43. ③　44. ②　45. ②

46 다음 중 재료계량 시 틀린 것은?

① 버터나 마가린 등 고체 식품은 부피보다 무게로 계량하는 것이 정확하다.
② 쌀·팥·콩 등 알갱이로 된 식품은 계량컵에 담아 살짝 흔들어 표면이 평면이 되도록 깎아서 계량한다.
③ 흑설탕 같이 끈적이는 성질이 있는 재료는 빈공간이 없도록 계량컵에 눌러 담아 평면이 되도록 계량한다.
④ 밀가루, 쌀가루 설탕 등 가루상태인 재료는 수북이 담아 그냥 계량을 하면 된다.

47 다음 중 지지는 떡의 종류가 아닌 것은?

① 화 전   ② 주 악
③ 빙 떡   ④ 단 자

┃해설┃ 단자는 치는 떡 종류이다.

48 전분에 물을 넣지 않고 160~180℃로 가열하면 가용성 덱스트린으로 분해가 되어 소화가 잘 되는 갈색물질로 변화하는 현상은?

① 노 화   ② 호 화
③ 호정화   ④ 겔 화

┃해설┃ 호정화 된 식품으로는 뻥튀기, 미숫가루, 누룽지, 구운 식빵 등이 있다.

49 다음 중 색을 내주는 착색료 사용방법으로 틀린 것은?

① 생쑥, 모시잎과 같이 섬유질이 있는 재료는 질긴 섬유질을 제거하고 쌀과 같이 분쇄하여 사용한다.
② 단호박가루 등 분말 형태의 재료들은 물에 녹여서 사용한다.
③ 과일로 색을 낼 때에 쌀에 들어가는 물의 양은 그대로 넣어줘도 된다.
④ 착색료는 쌀 무게의 2%정도가 적당하다

┃해설┃ 과일은 수분함량이 많기 때문에 과일첨가 양에 따라 쌀가루에 들어가는 수분을 조절해야 한다.

50 다음 중 쌀가루를 익반죽 하는 이유로 틀린 것은?

① 쌀가루를 익반죽하면 잘 뭉쳐져서 반죽을 하기가 쉽다.
② 익반죽은 쌀가루 일부를 노화시켜 점성을 높이기 위해서 한다.
③ 쌀가루를 끓는 물로 익반죽 하면 일부가 호화되어 끈기가 생긴다.
④ 쌀가루는 밀가루와 같은 글루텐 성분이 없어서 익반죽을 한다.

정답 46. ④ 47. ④ 48. ③ 49. ③ 50. ②

51 다음 중 「조선무쌍신식요리제법」에 쌀가루를 쪄서 둥글게 만들어 가운데 소를 넣은 떡으로 알맞은 것은?

① 유 병
② 교 이
③ 혼 돈
④ 만 두

해설
- 유병 : 기름에 지지는떡
- 교이 : 쌀가루를 엿에 섞은 것

52 쌀가루와 고물에 간장으로 간을 하고 임금님의 생신상에 올라간 대표적인 궁중 떡은?

① 주 악
② 두텁떡
③ 약 식
④ 단 자

53 다음 중 떡을 만드는 쌀가루의 특징으로 맞지 않는 것은?

① 찹쌀은 아미로펙틴 함량이 높아서 멥쌀보다 수분흡수율이 높다.
② 쌀은 여름철에 3~4시간 겨울철에는 7~8시간 불린다.
③ 찹쌀의 최대수분 흡수율은 37~40%이고 멥쌀은 최대수분 흡수율은 25%이다.
④ 현미와 흑미는 일반쌀과 같이 7~8시간 정도 불리면 된다.

해설 왕겨만 벗겨낸 현미와 흑미는 12~24시간 정도를 불려야 한다.

54 다음 소독·살균방법 중 물리적 방법이 아닌 소독은?

① 자외선 살균법
② 소각 멸균법
③ 열탕소독법
④ 염소소독

해설 염소소독은 화학적 소독방법이다.

55 다음 중 식품위생법상 식품위생의 대상이 되지 않는 것은?

① 식품과 식품첨가물
② 기구, 용기
③ 의약품
④ 식품포장

해설 식품위생
식품, 식품첨가물, 기구 또는 용기, 포장을 대상으로 하는 음식에 대한 위생을 말한다.

정답 51. ③ 52. ② 53. ④ 54. ④ 55. ③

56 사람이 태어나면서 죽을 때까지 거치게 되는 중요한 의례는?

① 통과의례　　　　　　　　　② 책 례
③ 성년례　　　　　　　　　　④ 제 례

57 통과의례때 쓰는 떡의 연결이 맞지 않는 것은?

① 백일(百日) - 백설기, 붉은 차수수경단, 오색송편
② 성년례(成年禮) - 각종 떡과 약식
③ 혼례(婚禮) - 봉치떡, 달떡, 색떡
④ 삼칠일(三七日) - 꿀설기

58 다음 중 시대별 떡의 역사에 대한 설명이 틀린 것은?

① 신석기시대 - 떡을 만들 수 있는 갈돌, 돌확(확돌), 시루 등의 도구가 발견되었다.
② 삼국 및 통일신라시대 - 「삼국사기」, 「삼국유사」 문헌에 떡에 관한 이야기가 기록되어져 있다.
③ 고려시대 - 곡물의 생산이 늘고 유교의 성행으로 음다풍속이 유행하였다.
④ 조선시대 - 농업기술의 발전과 음식 조리와 가공기술이 발달하였다.

해설 고려시대에 불교의 성행으로 음다풍속이 유행하여 떡의 종류와 조리법이 다양해졌다.

59 다음 중 돌상에 차리는 떡의 의미가 틀린 것은?

① 백설기 - 신성함과 순진무구하게 자라기를 바라는 기원이 담겨 있다.
② 오색송편 - 우주만물과 조화롭게 살아가라는 의미를 담고 있다
③ 인절미 - 책임과 의무를 일깨워 주는 의미가 있다.
④ 수수팥경단 - 액을 미리 막아주는 기원의 의미를 담고 있다.

해설 인절미는 찰떡처럼 끈기 있는 사람이 되라는 기원의 의미를 담고 있다.

60 붉은 팥고물을 써서 2켜만 안치고 떡 위에 대추와 밤을 둥글게 돌려 올리고 함이 들어올 때 시루 째 상에 올리는 붉은 팥 시루떡은?

① 봉치떡　　　　　　　　　　② 연안인절미
③ 달 떡　　　　　　　　　　　④ 색 떡

정답 56. ①　57. ④　58. ③　59. ③　60. ①

기출문제

01 떡을 만들 때 쌀 불리기에 대한 설명으로 틀린 것은?

① 쌀은 물의 온도가 높을수록 물을 빨리 흡수한다.
② 쌀의 수침시간이 증가하면 호화개시 온도가 낮아진다.
③ 쌀의 수침시간이 증가하면 조직이 연화되어 입자의 결합력이 증가한다.
④ 쌀의 수침시간이 증가하면 수분함량이 많아져 호화가 잘 된다.

해설 쌀의 수침시간이 증가하면 조직이 연화되어 입자의 결합력이 감소한다.

02 떡 제조 시 사용하는 두류의 종류와 영양학적 특성으로 옳은 것은?

① 대두에 있는 사포닌은 설사의 치료제이다.
② 팥은 비타민 B_1이 많아 각기병 예방에 좋다.
③ 검은콩은 금속이온과 반응하면 색이 옅어진다.
④ 땅콩은 지질의 함량이 많으나 필수지방산은 부족하다.

해설 팥은 비타민 B_1이 많아 각기병 예방에 좋다.

03 병과에 쓰이는 도구 중 어레미에 대한 설명으로 옳은 것은?

① 고운 가루를 내릴 때 사용한다.
② 도드미보다 고운체이다.
③ 팥고물을 내릴 때 사용한다.
④ 약과용 밀가루를 내릴 때 사용한다.

해설 어레미
- 쳇불의 눈 크기에 따라 어레미, 중거리, 가루체, 풀체로 나눈다.
- 어레미는 쳇불 눈의 지름이 3mm 이상 되는 것으로 콩, 팥과 같이 낱알이 큰 곡물을 선별할 때 사용한다.

4 떡의 영양학적 특성에 대한 설명으로 틀린 것은?

① 팥시루떡의 팥은 멥쌀에 부족한 비타민 D와 비타민 E를 보충한다.
② 무시루떡의 무에는 디아스타제가 들어있어 소화에 도움을 준다.
③ 쑥떡의 쑥은 무기질, 비타민 A, 비타민 C가 풍부하여 건강에 도움을 준다.
④ 콩가루 인절미의 콩은 찹쌀에 부족한 단백질과 지질을 함유하여 영양상의 조화를 이룬다.

│해설│ 팥에는 비타민 B₁과 사포닌, 섬유소가 풍부하게 들어 있다.

5 두텁떡을 만드는 데 사용되지 않는 조리도구는?

① 떡 살
② 체
③ 번 철
④ 시 루

│해설│ 떡살은 절편류의 표면을 눌러 모양을 새길 때 사용하는 도구이다.

6 치는 떡의 표기로 옳은 것은?

① 증병(蒸餠)
② 도병(搗餠)
③ 유병(油餠)
④ 전병(煎餠)

│해설│ 떡의 표기
- 증병(蒸餠) : 찌는 떡
- 도병(搗餠) : 치는 떡
- 유병(油餠)과 전병(煎餠) : 기름에 지지는 떡으로 유전병(油煎餠)이라 한다.

7 떡의 노화를 지연시키는 방법으로 틀린 것은?

① 식이섬유소 첨가
② 설탕 첨가
③ 유화제 첨가
④ 색소 첨가

│해설│ 떡의 노화를 지연시키는 방법
- 식이섬유소 첨가, 설탕 첨가, 유화제 첨가와 수분함량이 15% 이하를 유지한다.
- 온도가 60℃ 이상이거나 -2℃일 때 노화가 지연된다.

8 떡을 만드는 도구에 대한 설명으로 틀린 것은?

① 조리는 쌀을 빻아 쌀가루를 내릴 때 사용한다.
② 맷돌은 곡식을 가루로 만들거나 곡류를 타개는 기구이다.
③ 맷방석은 멍석보다 작고 둥글며 곡식을 널 때 사용한다.
④ 어레미는 굵은 체를 말하며 지방에 따라 얼맹이, 얼레미 등으로 불린다.

정답 01. ③ 02. ② 03. ③ 04. ①

해설 조리는 물에 불린 쌀을 일어 돌을 골라내는 기구이다.

09 떡 조리과정의 특징으로 틀린 것은?
① 쌀의 수침시간이 증가할수록 쌀의 조직이 연화되어 습식제분을 할 때 전분 입자가 미세화 된다.
② 쌀가루는 너무 고운 것보다 어느 정도 입자가 있어야 자체 수분 보유율이 있어 떡을 만들 때 호화가 더 좋다.
③ 찌는 떡은 멥쌀가루보다 찹쌀가루를 사용할 때 물을 더 보충해야 한다.
④ 펀칭공정을 거치는 치는 떡은 시루에 찌는 떡보다 노화가 더디게 된다.

해설 찹쌀가루는 멥쌀가루보다 아밀로펙틴을 많이 함유하고 있어 수분을 적게 준다.

10 불용성 섬유소의 종류로 옳은 것은?
① 검
② 뮤실리지
③ 펙틴
④ 셀룰로오스

해설 불용성 섬유소(물에 녹지 않는 섬유소)
검, 펙틴, 셀룰로오스, 리그닌, 헤미셀룰로스 등이 있다.

11 찌는 떡이 아닌 것은?
① 느티떡
② 혼돈병
③ 골무떡
④ 신과병

해설 골무떡은 멥쌀로 만든 작은 절편으로 치는 떡이다.

12 떡의 주재료로 옳은 것은?
① 밤, 현미
② 흑미, 호두
③ 감, 차조
④ 찹쌀, 멥쌀

해설 떡의 재료
- **주재료**: 찹쌀, 멥쌀, 보리, 밀, 조, 수수
- **부재료**: 콩, 팥, 밤, 대추, 호두, 은행 등

13 쌀의 수침 시 수분흡수율에 영향을 주는 요인으로 틀린 것은?
① 쌀의 품종
② 쌀의 저장기간
③ 수침 시 물의 온도
④ 쌀의 비타민 함량

정답 05. ① 06. ② 07. ④ 08. ①   **정답** 09. ③ 10. ④ 11. ③ 12. ④ 13. ④

해설 쌀의 수침 시 수분흡수율에 영향을 주는 요인
쌀의 품종, 저장기간과 수침시의 물의 온도와 건조도 등이 있다.

14 빚은 떡 제조 시 쌀가루 반죽에 대한 설명으로 틀린 것은?
① 송편 등의 떡 반죽은 많이 치댈수록 부드러우면서 입의 감촉이 좋다.
② 반죽은 치는 횟수가 많아지면 반죽 중에 작은 기포가 함유되어 부드러워진다.
③ 쌀가루를 익반죽하면 전분의 일부가 호화되어 점성이 생겨 반죽이 잘 뭉친다.
④ 반죽할 때 물의 온도가 낮을수록 치대는 반죽이 매끄럽고 부드러워진다.

해설 날반죽(찬물반죽)은 많이 치대야 하기 때문에 쫄깃한 식감의 떡이 된다.

15 인절미나 절편을 칠 때 사용되는 도구로 옳은 것은?
① 안반, 맷방석
② 떡메, 쳇다리
③ 안반, 떡메
④ 쳇다리, 이남박

해설 나무로 만든 받침대를 안반 떡을 칠 때 쓰는 나무망치를 떡메라고 한다. 주로 치는 떡류를 만들때 쓰는 도구이다.

16 설기떡에 대한 설명으로 틀린 것은?
① 고물 없이 한 덩어리가 되도록 찌는 떡이다.
② 콩, 쑥, 밤, 대추, 과일 등 부재료가 들어가기도 한다.
③ 콩떡, 팥시루떡, 쑥떡, 호박떡, 무지개떡이 있다.
④ 무리병이라고도 한다.

해설 팥시루떡은 켜떡류이다.

17 찰떡류 제조에 대한 설명으로 옳은 것은?
① 불린 찹쌀을 여러 번 빻아 찹쌀가루를 곱게 준비한다.
② 쇠머리떡 제조 시 멥쌀가루를 소량 첨가할 경우 굳혀서 썰기에 좋다.
③ 찰떡은 메떡에 비해 찔 때 소요되는 시간이 짧다.
④ 팥은 1시간 정도 불려 설탕과 소금을 섞어 사용한다.

해설 쇠머리떡을 찹쌀로만 만들 경우 아밀로펙틴성분 때문에 처지기 쉬워 멥쌀을 섞으면 빨리 굳어 떡을 썰기가 좋다.

정답 14. ④ 15. ③ 16. ③ 17. ②

18 치는 떡이 아닌 것은?

① 꽃절편 ② 인절미
③ 개피떡 ④ 쑥개떡

|해설| • 치는떡은 가래떡, 절편, 인절미, 개피떡, 단자류 등
• 쑥개떡은 찌는 떡류이다.

19 떡의 노화를 지연시키는 보관방법으로 옳은 것은?

① 4℃ 냉장고에 보관한다. ② 2℃ 김치냉장고에 보관한다.
③ -18℃ 냉동고에 보관한다. ④ 실온에 보관한다.

|해설| 식품자체의 수분을 냉각(냉동)시켜 저장하는 방법이 떡의 노화를 지연시킨다.

20 떡류 포장 표시의 기준을 포함하며 소비자의 알 권리를 보장하고 건전한 거래질서를 확립함으로써 소비자 보호에 이바지함을 목적으로 하는 것은?

① 식품안전기본법 ② 식품안전관리인증기준
③ 식품 등의 표시 광고에 관한 법률 ④ 식품위생 분야 종사자의 건강진단 규칙

21 식품 등의 기구 또는 용기, 포장의 표시기준으로 틀린 것은?

① 재 질 ② 영업소 명칭 및 소재지
③ 소비자 안전을 위한 주의사항 ④ 섭취량, 섭취방법 및 섭취 시 주의사항

|해설| 떡류 포장 표시사항
• 제품명 • 식품의 유형 • 영업소 명칭 및 소재지 • 유통기한
• 원재료명 • 용기.포장재질 • 품목보고번호 • 성분명 및 함량
• 보관방법 • 주의사항

22 떡 반죽의 특징으로 틀린 것은?

① 많이 치댈수록 공기가 포함되어 부드러우면서 입 안에서의 감촉이 좋다.
② 많이 치댈수록 글루텐이 많이 형성되어 쫄깃해 진다.
③ 익반죽 할 때 물의 온도가 높으면 점성이 생겨 반죽이 용이하다.
④ 쑥이나 수리 취 등을 섞어 반죽할 때 노화속도가 지연된다.

|해설| 쌀에는 밀가루의 글루텐성분이 없어 점성이 생기지 않기 때문에 쌀가루를 익반죽을 하여 호화시킨다.

정답 18. ④ 19. ③ 20. ③ 21. ④ 22. ②

23 전통적인 약밥을 만드는 과정에 대한 설명으로 틀린 것은?

① 간장과 양념이 한쪽에 치우쳐서 얼룩지지 않도록 골고루 버무린다.
② 불린 찹쌀에 부재료와 간장, 설탕, 참기름 등을 한꺼번에 넣고 쪄낸다.
③ 찹쌀을 불려서 1차로 찔 때 충분히 쪄야 간과 색이 잘 베인다.
④ 양념한 밥을 오래 중탕하여 갈색이 나도록 한다.

▎해설▎ 전통적인 약밥 만드는 방법으로는 불린 찹쌀을 1차적으로 찐 뒤 부재료와 간장, 설탕, 참기름의 양념을 해서 다시 2차로 찐다.

24 저온 저장이 미생물 생육 및 효소 활성에 미치는 영향에 관한 설명으로 틀린 것은?

① 일부의 효모는 -10℃에서도 생존 가능하다.
② 곰팡이 포자는 저온에 대한 저항성이 강하다.
③ 부분 냉동 상태보다는 완전 동결 상태하에서 효소 활성이 촉진되어 식품이 변질되기 쉽다.
④ 리스테리아균이나 슈도모나스균은 냉장 온도에서도 증식 가능하여 식품의 부패나 식중독을 유발한다.

▎해설▎ 완전동결 상태에서는 효소활성이 저하되어 식품변질을 막을 수 있다.

25 백설기를 만드는 방법으로 틀린 것은?

① 멥쌀을 충분히 불려 물기를 빼고 소금을 넣어 곱게 빻는다.
② 쌀가루에 물을 주어 잘 비빈 후 중간체에 내려 설탕을 넣고 고루 섞는다.
③ 찜기에 시루밑을 깔고 체에 내린 쌀가루를 꾹꾹 눌러 안친다.
④ 물솥위에 찜기를 올리고 15~20분간 찐 후 약한 불에서 5분간 뜸을 들인다.

▎해설▎ 백설기를 안칠 때 꾹꾹 눌러 안치면 떡이 부드럽지 않고 딱딱하게 된다.

26 떡류의 보관관리에 대한 설명으로 틀린 것은?

① 당일 제조 및 판매 물량만 확보하여 사용한다.
② 오래 보관된 제품은 판매하지 않도록 한다.
③ 진열 전의 떡은 서늘하고 빛이 들지 않는 곳에서 보관한다.
④ 여름철에는 상온에서 24시간까지는 보관해도 된다.

27 인절미를 뜻하는 단어로 틀린 것은?

① 인 병
② 은절병
③ 절 병
④ 안절병

정답 23. ② 24. ③ 25. ③ 26. ④ 27. ③

해설 절병(切餠) : 떡살로 눌러 모나거나 둥글게 만든 절편떡이다.

28 설기 제조에 대한 일반적인 과정으로 옳은 것은?
① 멥쌀은 깨끗하게 씻어 8~12시간 정도 불려서 사용한다.
② 쌀가루는 물기가 있는 상태에서 굵은 체에 내린다.
③ 찜기에 준비된 재료를 올려 약한 불에서 바로 찐다.
④ 불을 끄고 20분 정도 뜸을 들인 후 그릇에 담는다.

해설 찜기는 김이 오른 상태에 올리며 뜸은 5~10분 정도 들인다.

29 인절미를 칠 때 사용되는 도구가 아닌 것은?
① 절 구
② 안 반
③ 떡 메
④ 떡 살

30 멥쌀가루에 요오드 용액을 떨어뜨렸을 때 변화되는 색은?
① 변화가 없음
② 녹 색
③ 청자색
④ 적갈색

해설 멥쌀가루에 요오드 용액을 떨어뜨리면 좋은 쌀(산도가 낮은쌀)은 청자색(진보라색)이 난다.

31 가래떡 제조과정의 순서로 옳은 것은?
① 쌀가루만들기 → 안쳐 찌기 → 용도에 맞게 자르기 → 성형하기
② 쌀가루만들기 → 소 만들어 넣기 → 안쳐 찌기 → 성형하기
③ 쌀가루만들기 → 익반죽하기 → 성형하기 → 안쳐 찌기
④ 쌀가루만들기 → 안쳐 찌기 → 성형하기 → 용도에 맞게 자르기

32 전통음식에서 약(藥)자가 들어가는 음식의 의미로 틀린 것은?
① 꿀과 참기름 등을 많이 넣은 음식에 약(藥)자를 붙였다.
② 몸에 이로운 음식이라는 개념을 함께 지니고 있다.
③ 꿀을 넣은 과자와 밥을 각각 약과(藥果)와 약식(藥食)이라 하였다.
④ 한약재를 넣어 몸에 이롭게 만든 음식만을 의미한다.

정답 28. ① 29. ④ 30. ③ 31. ④ 32. ④

해설 음식에 약(藥)자가 들어가는 의미로는 몸에 이롭다는 뜻을 포함하고 있어 주로 꿀과 참기름을 많이 넣은 음식에 붙였다.

33 약식의 양념(캐러멜 소스) 제조과정에 대한 설명으로 틀린 것은?

① 설탕과 물을 넣어 끓인다.
② 끓일 때 젓지 않는다.
③ 설탕이 갈색으로 변하면 불을 끄고 물엿을 혼합한다.
④ 캐러멜소스는 130℃에서 갈색이 된다.

해설 당을 180℃ 이상 가열하면 갈색물질인 캐러멜 색소를 형성식품의 색과 향미에 영향을 주며 간장, 소스, 청량음료, 양주, 약식 등의 착색료로 이용된다.

34 얼음 결정의 크기가 크고 식품의 텍스처 품질 손상 정도가 큰 저장방법은?

① 완만 냉동
② 급속 냉동
③ 빙온 냉장
④ 초급속 냉동

해설 수분이 많은 식품을 완만한 냉동을 할 때 동결 시 수분이 식품조직 내에서 냉동속도가 느림에 따라 세포와 세포 사이에 커다란 얼음결정을 만드는데 이로 인해 세포조직이 상처를 입게 되고 해동시 상처가 생긴 세포조직에 드립이 발생 상품의 맛과 품질, 색 영양을 떨어뜨리게 된다.

35 재료의 계량에 대한 설명으로 틀린 것은?

① 액체 재료 부피계량은 투명한 재질로 만들어진 계량컵을 사용하는 것이 좋다.
② 계량단위 1큰술의 부피는 15㎖ 정도이다.
③ 저울을 사용할 때 편평한 곳에서 0점(zero point)을 맞춘 후 사용한다.
④ 고체지방 재료 부피계량은 계량컵에 잘게 잘라 담아 계량한다.

해설 재료의 계량
- 고체식품(버터, 마가린) : 부피보다 무게(g)를 재는 것이 정확하다.
- 계량컵이나 계량스푼으로 계량 : 실온에 두어 부드럽게 한 후 빈공간이 없도록 채워서 평평하게 깎아서 계량한다.

36 화학물질의 취급 시 유의사항으로 틀린 것은?

① 작업장 내에 물질안전보건 자료를 비치한다.
② 고무장갑 등 보호복장을 착용하도록 한다.
③ 물 이외의 물질과 섞어서 사용한다.
④ 액체 상태인 물질을 덜어 쓴 경우 펌프기능이 있는 호스를 사용한다.

정답 33. ④ 34. ① 35. ④ 36. ③

37 식품영업장이 위치해야 할 장소의 구비조건이 아닌 것은?

① 식수로 적합한 물이 풍부하게 공급되는 곳
② 환경적 오염이 발생되지 않는 곳
③ 전력 공급 사정이 좋은 곳
④ 가축 사육 시설이 가까이 있는 곳

> **해설** 식품영업장의 위치는 식품에 나쁜 영향을 주는 가축시설, 화학물질 등 기타 오염물질 발생시설로부터 거리를 두어야 한다.

38 100℃에서 10분간 가열하여도 균에 의한 독소가 파괴되지 않아 식품을 섭취한 후 3시간 정도 만에 구토, 설사, 심한 복통 증상을 유발하는 미생물은?

① 노로바이러스　　② 황색포도상구균
③ 캠필로박터균　　④ 살모넬라균

> **해설** 식중독 균
> - **노로바이러스** : 겨울철에 주로 발생 사람의 분변에 오염된 물, 식품에 의해 발생되며 12~48시간 잠복기를 가지며 구토, 설사, 복통의 증상을 보인다.
> - **캠필로박터균** : 닭이나 돼지, 소 등 동물의 장에 있는 균으로 3~5일 잠복기를 가지며 복통, 설사, 두통, 발열증상을 보인다.
> - **살모넬라균** : 원인식품은 육류 및 그 가공식품과 어류, 우유 및 유제품 샐러드 등이며 발열, 두통, 복통, 설사, 구토증상을 보인다. 60℃ 온도에서 20분간 가열하면 예방할 수 있다.

39 다음과 같은 특성을 지닌 살균소독제는?

| • 가용성이며 냄새가 없다. • 자극성 및 부식이 없다. |
| • 유기물이 존재하면 살균 효과가 감소된다. • 작업자의 손이나 용기 및 기구 소독에 주로 사용한다. |

① 승 홍　　② 크레졸
③ 석탄산　　④ 역성비누

> **해설** 역성비누(양성비누)
> - 원액을 200~400배로 희석하여 손, 식품, 기구 등에 사용
> - 무독성이며 살균력이 강하나 보통비누와 섞어서 쓰거나 유기물(단백질)이 존재하면 효과가 떨어진다.

40 식품의 변질에 의한 생성물로 틀린 것은?

① 과산화물　　② 암모니아
③ 토코페롤　　④ 황화수소

> **해설** 토코페롤은 비타민 E로 지용성이며 항산화작용을 한다.

정답 37. ④　38. ②　39. ④　40. ③

41 썩거나 상하거나 설익어서 인체의 건강을 해칠 우려가 있는 위해식품을 판매한 영업자에게 부과되는 벌칙은?
(단, 해당 죄로 금고 이상의 형을 선고받거나 그 형이 확정된 적이 없는 자에 한한다.)

① 1년 이하 징역 또는 1천만원 이하 벌금
② 3년 이하 징역 또는 3천만원 이하 벌금
③ 5년 이하 징역 또는 5천만원 이하 벌금
④ 10년 이하 징역 또는 1억원 이하 벌금

42 물리적 살균 소독방법이 아닌 것은?

① 일광소독
② 화염멸균
③ 역성비누살균
④ 자외선 살균

해설 소독방법
- 물리적 방법 : 자외선살균법, 방사선 살균법, 일광소독법, 세균여과법, 소각멸균법, 화염멸균법, 건열멸균법, 유통증기멸균법, 간헐멸균법, 고압증기멸균법, 열탕소독법
- 화학적인 방법 : 염소, 치아염소산나트륨, 역성비누, 과산화수소, 머큐로크롬, 알코올, 승홍, 크레졸, 생석회, 포름알데하이드

43 떡 제조 시 작업자의 복장에 대한 설명으로 틀린 것은?

① 지나친 화장을 피하고 인조 속눈썹을 부착하지 않는다.
② 반지나 귀걸이 등 장신구를 착용하지 않는다.
③ 작업 변경 시마다 위생장갑을 교체할 필요는 없다.
④ 마스크를 착용하도록 한다.

해설 복 장
위생장갑은 작업을 변경할 때마다 교체하여 교차오염을 방지한다.

44 위생적이고 안전한 식품제조를 위해 적합한 기기·기구 및 용기가 아닌 것은?

① 스테인리스스틸 냄비
② 산성 식품에 사용하는 구리를 함유한 그릇
③ 소독과 살균이 가능한 내수성 재질의 작업대
④ 흡수성이 없는 단단한 단풍나무 재목의 도마

해설 구리를 함유한 그릇은 산과의 결합으로 구토, 오심, 호흡곤란 등의 증상이 일어날 수 있다.

정답 41. ④ 42. ③ 43. ③ 44. ②

45 오염된 곡물의 섭취를 통해 장애를 일으키는 곰팡이 독의 종류가 아닌 것은?

① 황변미독
② 맥각독
③ 아플라톡신
④ 베네루핀

해설 베네루핀은 모시조개, 바지락, 굴에 들어 있는 독소이다.

종 류	내 용
황변미 중독	독소를 생산하는 곰팡이에 오염되어 황색으로 변색된 쌀 • 신장독: 시트리닌　• 신경독: 시트레오비리딘　• 간장독: 아이스랜디톡신
재래식 된장, 곶감, 땅콩, 곡류	아플라톡신(aflatoxin) 간장독
보리, 밀, 호밀	맥각독: 에르고톡신(ergotaxine), 에르고타민(ergotamine)

46 각 지역의 향토 떡의 연결로 틀린 것은?

① 경기도 : 여주산병, 색떡
② 경상도 : 모싯잎송편, 만경떡
③ 제주도 : 오메기떡, 빙떡
④ 평안도 : 장떡, 수리취떡

해설 향토 떡
• 평안도 : 장떡, 조개송편, 찰부꾸미, 노티, 송기떡, 골미떡, 뽕떡, 꼬장떡, 무지개떡, 니도래미, 감자시루떡, 강냉이
• 수리취떡은 전라도의 향토떡이다.

47 약식의 유래를 기록하고 있으며 이를 통해 신라시대부터 약식을 먹어왔음을 알 수 있는 문헌은?

① 목은집
② 도문대작
③ 삼국사기
④ 삼국유사

해설 삼국유사에는 약식의 유래와 설병이라는 떡 이름이 나온다.

48 중양절에 대한 설명으로 틀린 것은?

① 추석에 햇곡식으로 제사를 올리지 못한 집안에서 뒤늦게 천신을 하였다.
② 빙떡과 국화전을 만들어 먹었다.
③ 시인과 묵객들은 야외로 나가 시를 읊거나 풍국놀이를 하였다.
④ 잡과병과 밀단고를 만들어 먹었다.

해설 중양절(중구절, 음력 9월 9일)
양수가 겹친다고 하여 명절로 삼았던 중양절에는 국화주를 마시고 화전인 국화전을 만들어 먹었고 조상께 제사도 지냈다.

49 음력 3월 3일에 먹는 시절 떡은?

① 수리취절편
② 약 식
③ 느티떡
④ 진달래화전

정답 45. ④　46. ④　47. ④　48. ④　49. ④

해설 시절 떡
- 음력 3월 3일(삼짇날) : 진달래화전, 절편, 쑥단자, 향애단
- 수리취절편(차륜병) : 단오
- 약식 : 정월보름
- 느티떡(유엽병) : 4월 초파일

50 봉치떡에 대한 설명으로 틀린 것은?

① 납폐 의례 절차 중에 차려지는 대표적인 혼례음식으로 함떡이라고도 한다.
② 떡을 두켜로 올리는 것은 부부 한 쌍을 상징하는 것이다.
③ 밤과 대추는 재물이 풍성하기를 기원하는 뜻이 담겨 있다.
④ 찹쌀가루를 쓰는 것은 부부의 금실이 찰떡처럼 화목하게 되라는 뜻이다.

해설 봉치떡(봉채떡)의 대추는 아들을 많이 낳으라고 7개나 9개를 올리며 가운데 밤은 풍요와 장수를 뜻한다.

51 약식의 유래와 관계가 없는 것은?

① 백결선생
② 금 갑
③ 까마귀
④ 소지왕

해설 유 래
- 삼국사기 : 백결선생이 세모에 가난하여 떡을 치지 못하는 아내의 마음을 달래 주기 위하여 거문고로 떡방아소리를 내었다.
- 삼국유사 : 신라 소지왕 10년 정월 15일에 왕이 행차를 하는데 까마귀 한마리가 안내하는 연못으로 가니 백발노인이 금갑을 향해 활을 쏘라고 알려 주어 황급히 궁궐로 돌아와 금갑을 향해 활을 쏘니 왕을 해치려고 하는 자를 처단해 위기를 모면하게 되었다. 이때부터 정월 15일을 오기일(烏忌日)로 정해 까마귀 색과 비슷한 찰밥을 지어 까마귀에게 제사를 지내게 되어 그 풍습이 전해져 오면서 약밥(약식)이 되었다.

52 돌상에 차리는 떡의 종류와 의미로 틀린 것은?

① 인절미 - 학문적 성장을 촉구하는 뜻을 담고 있다.
② 수수팥경단 - 아이의 생애에 있어 액을 미리 막아준다는 의미를 담고 있다.
③ 오색송편 - 우주만물과 조화를 이루며 살아가라는 의미를 담고 있다.
④ 백설기 - 신성함과 정결함을 뜻하며 순진무구하게 자라라는 기원이 담겨 있다.

해설 인절미
찰떡처럼 끈기 있는 사람이 되라는 기원

정답 50. ③ 51. ① 52. ①

53 다음은 떡의 어원에 관한 설명이다. 옳은 내용을 모두 선택한 것은?

> ㉠ 곤떡은 '색과 모양이 곱다'하여 처음에는 고운 떡으로 불리었다.
> ㉡ 구름떡은 썬 모양이 구름모양과 같다하여 붙여진 이름이다.
> ㉢ 오쟁이떡은 떡의 모양을 가운데 구멍을 내고 만들어 붙여진 이름이다.
> ㉣ 빙떡은 떡을 차갑게 식혀 만들어 붙여진 이름이다.
> ㉤ 해장떡은 '해장국과 함께 먹었다'하여 붙여진 이름이다.

① ㉠, ㉡, ㉤
② ㉠, ㉡, ㉢
③ ㉡, ㉢, ㉣
④ ㉢, ㉣, ㉤

해설 떡의 어원
- **오쟁이떡** : 찹쌀가루를 쪄서 안반에 놓고 쳐 인절미를 만든 뒤 붉은 팥소를 넣고 작은 고구마 크기로 빚어 콩고물을 묻힌 것으로 서민들의 식사대용으로 손색이 없는 떡
- **빙떡** : 메밀가루를 묽게 반죽하여 기름을 두른 번철에 얇게 펴 놓고 가운데에 삶아 양념한 무채를 볶아 소로 넣고 말아서 지져낸 떡이다.

54 떡과 관련된 내용을 담고 있는 조선시대에 출간된 서적이 아닌 것은?

① 도문대작
② 음식디미방
③ 임원십육지
④ 이조궁정요리통고

해설 이조궁정요리통고
1957년 한희순, 황혜성, 이혜경 등이 공동으로 저술한 궁중요리책으로 이 분야를 최초로 정리한 아주 의미가 있는 책이다.

55 아이의 장수복록을 축원하는 의미로 돌상에 올리는 떡으로 틀린 것은?

① 두텁떡
② 오색송편
③ 수수팥경단
④ 백설기

해설 돌 상차림
떡백설기, 붉은수수팥경단, 오색송편, 인절미, 무지개떡

56 삼짇날의 절기 떡이 아닌 것은?

① 진달래화전
② 향애단
③ 쑥 떡
④ 유엽병

해설 절기 떡
- **삼짇날(음력3월3일)** : 진달래화전, 절편, 쑥단자
- **향애단** : 찹쌀가루에 쑥을 이기어 넣고 반죽하여 만든 경단
- **4월초파일** : 유엽병(느티떡)

정답 53. ① 54. ④ 55. ① 56. ④

57 통과의례에 대한 설명으로 틀린 것은?

① 사람이 태어나 죽을 때까지 필연적으로 거치게 되는 중요한 의례를 말한다.
② 책례는 어려운 책을 한 권씩 뗄 때마다 이를 축하하고 더욱 학문에 정진하라는 격려의 의미로 행하는 의례이다.
③ 납일은 사람이 살아가는데 도움을 준 천지만물의 신령에게 음덕을 갚는 의미로 제사를 지내는 날이다.
④ 성년례는 어른으로부터 독립하여 자기의 삶은 자기가 갈무리하라는 책임과 의무를 일깨워 주는 의례이다.

해설 납일(臘日) 음력 12월
동지 뒤에 셋째 미일(未日)인데, 멥쌀가루를 시루에 쪄 쳐서 팥소를 넣고 골무모양의 떡을 만들어 먹었다.

58 떡의 어원에 대한 설명으로 틀린 것은?

① 차륜병은 수리취 절편에 수레바퀴 모양의 문양을 내어 붙여진 이름이다.
② 석탄병은 '맛이 삼키기 안타깝다'는 뜻에서 붙여진 이름이다.
③ 약편은 멥쌀가루에 계피, 천궁, 생강 등 약재를 넣어 붙여진 이름이다.
④ 첨세병은 떡국으로 먹음으로써 나이를 하나 더하게 된다는 뜻으로 붙여진 이름이다.

해설 약편(대추편)
충청도 지역의 향토떡으로 멥쌀가루에 대추, 막걸리, 석이, 밤 재료에 석이채, 대추채, 밤채를 위에 골고루 얹어 찐 떡이다.

59 삼복 중 먹는 절기 떡으로 틀린 것은?

① 증 편
② 주 악
③ 팥경단
④ 깨찰편

해설 7월 칠석(삼복)
깨찰편, 주악, 백설기, 증편

60 절기와 절식 떡의 연결이 틀린 것은?

① 정월대보름-약식
② 삼짇날-진달래 화전
③ 단오-차륜병
④ 추석-삭일송편

해설 추석(음력 8월 15일)
햅쌀로 시루떡, 송편을 빚어 조상께 제사를 지내며 추석송편은 올벼(햅쌀)로 빚은 오려송편은 차례상에 올리는 귀한 떡이다.

정답 57. ③ 58. ③ 59. ③ 60. ④

참고문헌

강인희·이경복, "한국식생활풍속", 삼영사, 1983.
김숙희·진양호, "식품조리과학", 지구문화사, 2012.
김용숙, "조선조 궁중풍속 연구", 일지사, 1987.
윤서석, "한국식품사연구", 신광출판사, 1974.
윤숙자, "떡이 있는 풍경", 도서출판 질시루
윤숙자, "한국의떡. 한과. 음청류", 지구문화사, 2010.
이성우, "고려이전 한국식생활사 연구", 향문사, 1978.
이춘자·김귀영·박혜원, "통과의례 음식", 대원사, 1997.
이효지, "조선왕조 궁중연회음식의 분석적 연구", 수학사, 1985.
정재홍, "한국의 떡", 형성출판사, 2003.
조후종, "세시풍속과 우리음식", 한림출판사, 2002.
최연배, "식품위생학", 석학당, 2010.
홍진숙·박혜원·박란숙·명춘옥·신미혜·최은정·정혜정, "식품재료학", 교문사, 2008.

한국떡류식품가공협회, "제병관리사", 2014.
한국식품과학회, "식품과학기술 대사전", 광일문화사, 2008.

실기

- 실기시험 안내
- 위생상태 및 안전관리 세부기준
- 콩설기떡
- 부꾸미
- 송편
- 쇠머리떡
- 무지개떡(삼색)
- 경단
- 백편
- 인절미
- 흑임자시루떡
- 개피떡(바람떡)
- 흰팥시루떡
- 대추단자

실기시험 안내

■ 수험자 지참도구

연번	내용	규격	수량	비 고
1	스크레이퍼	플라스틱	1개	
2	계량컵		1세트	
3	계량스푼		1세트	
4	기름솔		1개	
5	행주		1개	필요량만큼 준비
6	위생복		1벌	– 기관 및 성명 등의 표식이 없을 것 – 상의 : 흰색 위생 상의 – 소매 길이는 팔꿈치가 덮이는 길이 이상의 7부 · 9부 · 긴팔 착용 – 팔꿈치 길이보다 짧은 소매는 작업 안전상 금지, 부적합할 경우 위생점수 전체 0점 – 7부 · 9부 착용 시 수험자 필요에 따라 흰색 팔토시 사용 가능 – 하의 : 흰색 긴바지 위생복 또는 긴바지와 흰색 앞치마 – 흰색앞치마 착용 시, 앞치마 길이는 무릎 아래까지 덮이는 길이일 것, 바지의 색상 · 재질은 무관하나, '반바지 · 짧은치마 · 폭넓은 바지' 등 안전과 작업에 방해가 되는 경우는 위생점수 전체 0점
7	위생장갑	면	1개	– 면장갑 – 안전 · 화상 방지 용도
8	위생장갑	비닐	5set	– 일회용 비닐 위생장갑 – 니트릴, 라텍스 등 조리용 장갑 사용 가능
9	위생모	흰색	1개	– 기관 및 성명 등의 표식이 없을 것 – 흰색 머릿수건으로 대체가능 – 일반 떡제조 업체에서 통용되는 위생모(모자의 크기 및 길이, 면 또는 부직포, 나일론 등의 재질은 무관)
10	위생화 또는 작업화	작업화, 조리화, 운동화 등	1켤레	– 기관 및 성명 등의 표식이 없을 것 – 색상 무관 – 조리화, 위생화, 작업화, 발등이 덮이는 깨끗한 운동화 – 미끄러짐 및 화상의 위험이 있는 슬리퍼류, 작업에 방해가 되는 굽이 높은 구두, 속 굽 있는 운동화가 아닐 것

연번	내용	규격		수량	비고
11	칼	조리용		1개	
12	대나무젓가락	40~50cm 정도		1개	
13	나무주걱			1개	
14	뒤집개			1개	
15	면보	30×30cm 정도		1개	
16	가위			1개	
17	키친타올			1롤	
18	체	소		1개	- 경단 건지는 용도 - 직경 20cm 정도의 냄비에 들어갈 수 있는 소형 크기
19	비닐	50×50cm		2	- 재료 전처리 또는 떡을 덮는 용도 등 다용도용으로 필요량만큼 준비
20	저울	조리용		1개	- g단위. 공개문제의 요구사항(재료양)을 참고하여 재료계량에 사용할 수 있는 저울로 준비 - 미지참 시 시험장에 구비된 공용 저울 사용 가능
21	체	스테인리스 28cm×6.5cm	중간체	1개	- 재료 전처리 등 다용도 활용 - 공개문제를 참고하여 준비
			어레미	1개	
22	스테인리스볼	대·중·소		각 1개씩	- 대·중·소 선택하여 지참 가능(단, 공개문제의 지급재료 양을 감안하여 준비)
23	찜기	대나무 찜기 지름 25cm 높이 7cm 정도		2조	- 물솥, 시루망 및 시루 일체 포함 - 찜기를 1개만 지참하고 시험시간 내 세척하여 사용하는 것도 가능(단, 시험시간의 추가는 없음) - 재질은 대나무찜기이며, 단수(1단, 2단) 및 지름, 높이 등의 크기는 가감 가능(단, 공개문제의 지급재료 양을 감안하여 준비)
24	접시			2~3개	- 크기, 색상, 재질 등에는 제한사항 없음
25	절구			1개	- 크기, 색상, 재질 등에는 제한사항 없음
26	절굿공이			1개	- 나무밀대, 방망이(크기와 재질 무관, 공개문제 참고하여 준비)
27	원형틀	직경 5.5cm		1개	- 개피떡용
28	타이머			1개	- 디지털 타이머, 스톱워치 지참 가능
29	프라이팬			1개	- 시험장에 구비되어 있음. 필요 시 지참 가능

위생상태 및 안전관리 세부기준

순번	구 분	세 부 기 준	채점기준
1	위생복 상의	• 전체 흰색, 기관 및 성명 등의 표식이 없을 것 • 팔꿈치가 덮이는 길이 이상의 7부·9부·긴소매(수험 자 필요에 따라 흰색 팔토시 가능) • 상의 여밈은 위생복에 부착된 것이어야 하며 벨크로(일명 찍찍이), 단추 등의 크기, 색상, 모양, 재질은 제한하지 않음(단, 금속성 부착물·뱃지, 핀 등은 금지) • 팔꿈치 길이보다 짧은 소매는 작업 안전상 금지 • 부직포, 비닐 등 화재에 취약한 재질 금지	• 미착용, 평상복(흰티셔츠 등), 패션모자(흰털모자, 비니, 야구모자 등) → 실격 • 기준 부적합 → 위생 0점 　- 식품가공용이 아닌 경우 (화재에 취약한 재질 및 실험복 형태의 영양사·실험용 가운은 위생 0점) 　- (일부) 유색/표식이 가려지지 않은 경우 　- 반바지·치마 등 　- 위생모가 뚫려 있어 머리카락이 보이거나, 수건 등으로 감싸 바느질 마감처리가 되어 있지 않고 풀어지기 쉬워 일반 식품가공 작업용으로 부적합한 경우 등 　- 위생복의 개인 표식(이름, 소속)은 테이프로 가릴 것 　- 조리 도구에 이물질(예, 테이프) 부착 금지
2	위생복 하의 (앞치마)	• 「흰색 긴바지 위생복」 또는 「(색상 무관) 평상복 긴바지 + 흰색 앞치마」 　- 흰색 앞치마 착용 시, 앞치마 길이는 무릎 아래까지 덮이는 길이일 것 　- 평상복 긴바지의 색상·재질은 제한이 없으나, 부직 포·비닐 등 화재에 취약한 재질이 아닐 것 　- 반바지·치마·폭넓은 바지 등 안전과 작업에 방해가 되는 복장은 금지	
3	위생모	• 전체 흰색, 기관 및 성명 등의 표식이 없을 것 • 빈틈이 없고, 일반 식품가공 시 통용되는 위생모(크기, 길이, 재질은 제한 없음) 　- 흰색 머릿수건(손수건)은 머리카락 및 이물에 의한 오염 방지를 위해 착용 금지	
4	마스크	• 침액 오염 방지용으로, 종류는 제한하지 않음(단, 감염병 예방법에 따라 마스크 착용 의무화 기간에는 '투명 위생 플라스틱 입가리개'는 마스크 착용으로 인정하지 않음)	• 미착용 → 실격
5	위생화 (작업화)	• 색상 무관, 기관 및 성명 등의 표식 없을 것 • 조리화, 위생화, 작업화, 운동화 등 가능(단, 발가락, 발등, 발뒤꿈치가 모두 덮일 것) • 미끄러짐 및 화상의 위험이 있는 슬리퍼류, 작업에 방해가 되는 굽이 높은 구두, 속 굽 있는 운동화 금지	• 기준 부적합 → 위생 0점
6	장신구	• 일체의 개인용 장신구 착용 금지(단, 위생모 고정을 위한 머리핀은 허용) • 손목시계, 반지, 귀걸이, 목걸이, 팔찌 등 이물, 교차오염 등의 식품위생 위해 장신구는 착용하지 않을 것	• 기준 부적합 → 위생 0점
7	두발	• 단정하고 청결할 것, 머리카락이 길 경우 흘러내리지 않도록 머리망을 착용하거나 묶을 것	• 기준 부적합 → 위생 0점
8	손/손톱	• 손에 상처가 없어야 하나, 상처가 있을 경우 보이지 않도록 할 것(시험위원 확인 하에 추가 조치 가능) • 손톱은 길지 않고 청결하며 매니큐어, 인조손톱 등을 부착하지 않을 것	• 기준 부적합 → 위생 0점
9	위생관리	• 재료, 조리기구 등 조리에 사용되는 모든 것은 위생적으로 처리하여야 하며, 식품가공용으로 적합한 것일 것	• 기준 부적합 → 위생 0점
10	안전사고 발생 처리	• 칼 사용(손 빔) 등으로 안전사고 발생 시 응급조치를 하여야 하며, 응급조치에도 지혈이 되지 않을 경우 시험 진행 불가	—

※ 일반적인 개인위생, 식품위생, 작업장 위생, 안전관리를 준수하지 않을 경우 감점 처리될 수 있습니다.

[위생복, 위생모 착용 대한 채점기준]
※ 위생복, 위생모 중 한 가지라도 미착용일 경우 ➡ 실격(채점대상 제외)
※ 평상복(흰티셔츠), 패션모자(흰털모자, 비니, 야구모자 등)를 착용한 경우 ➡ 실격(채점대상 제외)
※ 유색의 위생복, 위생모, 팔토시 착용한 경우 ➡ 전체 위생 항목 배점 0점
※ 테두리, 가장자리 등 일부 유색인 위생복 착용한 경우(청테이프 등으로 표식이 가려지지 않는 경우) ➡ 전체 위생 항목 배점 0점
※ 떡제조용·식품가공용 위생복이 아니며, 위의 위생복 기준에 적합하지 않은 위생복장인 경우 ➡ 전체 위생 항목 배점 0점
* 반드시 특수 표식이나 무늬, 그림이 없는 흰색 위생복 착용

※ 시험장내 모든 개인물품에는 기관 및 성명 등의 표시가 없어야 합니다.

■ 주요 시험장 시설(참고)

연번	내용	규격	수량	비 고
1	조리대		1대	1인용
2	씽크대		1대	1인용
3	제품 제출대		1대	공용
4	냉장고		1대	공용
5	찜기(물솥, 시루망 및 시루 포함) (수험자 지참도구로 변경)	대나무 찜기	2조	1인용
6	가스레인지		1대	1인용(2구)
7	저울		1대	공용
8	체 (수험자 지참도구로 변경)	스테인리스	1개	1인용
9	도마		1개	1인용
10	스테인리스 볼 (수험자 지참도구로 변경)		각 1개씩	1인용
11	접시		2개	1인용
12	냄비		1개	1인용

【시험장 시설 안내】
※ 위의 주요 시험장 시설은 참고사항이며, 표기된 규격(크기 등)은 시험장 시설에 따라 상이할 수 있음을 양지하시기 바랍니다.

콩설기떡

과제명 콩설기떡, 경단
시험시간 2시간

콩설기는 쌀가루에 콩 종류를 넣고 찌는 떡으로 서리태를 많이 이용한다. 서리태는 안토시안, 이소플라본, 레시틴이 풍부하여 노화 방지, 탈모, 혈관 건강, 치매예방, 여성 갱년기에 좋은 식품이다.

지급재료 목록

- 멥쌀가루 770g (멥쌀을 5시간 정도 불려 빻은 것)
- 설탕 (정백당) 100g
- 소금 (정제염) 10g
- 서리태 170g [하룻밤 불린 서리태 (겨울 10시간, 여름 6시간 이상)] [1인용(건서리태 80g 정도 기준)]

요구사항

① 떡 제조 시 물의 양은 적정량으로 혼합하여 제조하시오(단, 쌀가루는 물에 불려 소금간 하지 않고 2회 빻은 쌀가루이다).

② 불린 서리태를 삶거나 쪄서 사용하시오.

③ 서리태의 1/2 정도는 바닥에 골고루 펴 넣으시오.

④ 서리태의 나머지 1/2 정도는 바닥에 골고루 펴 넣으시오.

⑤ 찜기에 안친 쌀가루 반죽을 물솥에 얹어 찌시오.

⑥ 서리태를 바닥에 골고루 펴 넣은 면이 위로 오도록 그릇에 담고, 썰지 않은 상태로 전량 제출하시오.

조리포인트

1. 멥쌀에 물을 넣을 때 물 양은 농도를 보면서 잘 맞춘다.
2. 찔 때 김이 옆으로 새면 떡이 잘 익지 않으므로 키친타월을 적셔서 돌려주면 김이 새는 것을 막을 수 있다.
3. 서리태는 겨울에는 10시간, 여름에는 6시간 이상 불린다.
4. 서리태는 10분 이상 삶거나 20분 정도 찐다.

만드는 법

재료명	비율(%)	무게(g)
멥쌀가루	100	700
설탕	10	70
소금	1	7
물	–	적정량
불린 서리태	–	160

1 저울에 용기를 얹고 0이 되게 한 다음 재료를 배합표에 맞게 계량하여 준비한다.

2 냄비에 물 2C 정도와 서리태를 넣어 끓으면 소금을 넣고 콩이 익으면 체에 내려 면포에 펴서 수분을 제거한다.

3 멥쌀가루 700g에 물 7T 정도+소금 7g을 넣고 비벼가며 섞어 살짝 쥐어서 흔들어 깨지지 않으면 중간체에 2~3번 내린다(수분이 부족할 경우 쌀가루에 따라 물 1~6T까지 추가로 더 넣을 수 있다).

4 멥쌀가루에 설탕 70g 정도를 넣고 가볍게 섞어 준다.

5 찜기에 시루 밑을 펴 놓고 삶은 서리태 1/2을 고루 편 다음 서리태 1/2을 4에 넣어 가볍게 섞는다.

6 찜기에 재료를 담고 스크래퍼를 이용하여 수평으로 안친다.

7 물솥에 물을 1/2 정도 넣고 끓으면 떡을 안치고 김이 오르면 20분간 찐 다음 5분 정도 뜸 들인다.

8 찜기를 기울여 돌려가면서 찜기에서 떡이 떨어졌는지 확인하고 접시에 엎어 서리태를 바닥에 골고루 펴 넣은 면이 위로 오도록 담는다.

부꾸미

전병의 일종으로 익반죽한 찹쌀가루 반죽을 둥글납작하게 빚어 지지다가 팥, 밤, 꿀, 계핏가루로 만든 소를 넣고 반으로 접어서 반달 모양으로 만든 떡이다. 부꾸미의 모양과 크기가 여러 종류가 있다. 〈조선무쌍신식요리제법〉 (북꼬미)에 소개되어 있는데, 안에 소를 넣고 개피떡처럼 반달로 떠서 꿀을 찍어 먹는다고 기록한 것으로 미루어, 부꾸미와 전병을 만드는 법이 유사해 보인다.

지급재료 목록

- 찹쌀가루(찹쌀을 5시간 정도 불려 빻은 것) 220g
- 설탕(정백당) 40g
- 소금(정제염) 10g
- 팥앙금(고운 적팥앙금) 110g
- 대추 [(중) 마른 것] 3개
- 쑥갓 20g
- 식용유 20ml

요구 사항

① 떡 제조 시 물의 양을 적정량으로 혼합하여 반죽을 하시오(단, 쌀가루는 물에 불려 소금간 하지 않고 1회 빻은 쌀가루이다).
② 찹쌀가루는 익반죽하시오.
③ 떡반죽은 직경 6cm로 지져 팥앙금을 소로 넣어 반으로 접으시오(   ).
④ 대추와 쑥갓을 고명으로 사용하고 설탕을 뿌린 접시에 부꾸미를 담으시오.
⑤ 부꾸미는 12개 이상으로 제조하여 전량 제출하시오.

조리포인트

- 반죽이 익으면 커지므로 조금 작게 만들고 약간 타원형으로 만들어야 예쁘게 된다.
- 팬에 식용유를 적게 사용하여야 만들기 편하다.

만드는 법

재료명	비율(%)	무게(g)
찹쌀가루	100	200
백설탕	10	30
소금	1	2
물	–	적정량
팥앙금	–	100
대추	–	3(개)
쑥갓	–	20
식용유	–	20ml

1 저울에 용기를 얹고 0이 되게 한 다음 재료를 배합표에 맞게 계량하여 준비한다.

2 쑥갓은 찬물에 담가 놓는다.

4 팥앙금은 7~8g씩 떼어 타원형으로 만든다.

3 찹쌀가루 200g에 소금 2g을 넣고 잘 섞어서 중간체에 내려 끓는 물 3.5~4.5T을 넣어 약반죽하여 비닐봉지에 넣어 숙성시킨다.

* 찹쌀가루 수분 상태에 따라 끓는 물 양이 다르다.

5 대추를 돌려 깎아 돌돌 말아 꽃모양으로 썰고 쑥갓은 잎을 1cm 크기로 떼여 준비한다.

6 반죽을 18~20g씩 등분하여 직경 5cm 정도 타원형으로 12개 이상 만든다.

7 달군 팬에 식용유를 넣고 6을 앞뒤로 익힌 다음 팥앙금을 넣고 반달 모양으로 접어 대추와 쑥갓 잎을 고명으로 얹어 익힌다.

8 접시에 설탕을 뿌리고 담아낸다.

과제명
송편, 쇠머리떡
⏱ 시험시간 2시간

송편

송편은 빚어서 찌는 떡 종류로 멥쌀가루를 익반죽하여 소를 넣고 오므려 반달 모양으로 빚어 솔잎을 넣고 찌는 떡이다. 소 종류에 따라 녹두송편, 팥송편, 콩송편, 깨송편, 밤송편 등이 있다. 솔잎을 넣고 찌면 솔잎 향이 있고 항균 작용을 하여 천연 방부 효과가 있다.

지급재료 목록

- 멥쌀가루(멥쌀을 5시간 정도 불려 빻은 것) 220g
- 소금(정제염) 5g
- 서리태 [하룻밤 불린 서리태 80g (겨울 10시간, 여름 6시간 이상)] [1인용(건서리태 40g 정도 기준)]
- 참기름 15mL

요구 사항

① 떡 제조 시 물의 양은 적정량으로 혼합하여 제조하시오(단, 쌀가루는 물에 불려 소금간 하지 않고 2회 빻은 멥쌀가루이다).
② 불린 서리태는 삶아서 송편소로 사용하시오.
③ 떡반죽과 송편소는 4:1~3:1 정도의 비율로 제조하시오(송편소가 1/4~1/3 정도 포함되어야 함).
④ 쌀가루는 익반죽하시오.
⑤ 송편은 완성된 상태가 길이 5cm, 높이 3cm 정도의 반달송편모양(◯)이 되도록 오므려 집어 송편 모양을 만들고, 12개 이상으로 제조하여 전량 제출하시오.
⑥ 송편을 찜기에 쪄서 참기름을 발라 제출하시오.

조리포인트

- 송편은 오래 반죽할수록 맛이 있다.
- 콩은 보관기간 상태에 따라 다르므로 끓는 상태에서 10~15분 정도 익힌다.

만드는 법

재료명	비율(%)	무게(g)
멥쌀가루	100	200
소금	1	2
물	–	적정량
불린 서리태	–	70
참기름	–	적정량

1 저울에 용기를 얹고 0이 되게 한 다음 재료를 배합표에 맞게 계량하여 준비한다.

2 멥쌀가루 200g에 소금 2g을 넣고 체에 내려 끓는 물 4~5T을 넣어 익반죽하여 비닐봉지에 싸서 숙성시킨다.

* 멥쌀가루가 찹쌀가루보다 끓는 물이 더 들어가고 쌀가루의 수분 상태에 따라 끓는 물 양이 다르다.

3 불린 서리태에 물을 1~2C 정도 넣고 끓으면 소금을 넣어 익으면 체에 건져 수분을 제거한다.

4 반죽을 18~19g 정도씩 일정한 크기로 등분하여 둥글게 만든 다음 중앙에 구멍을 내어 콩을 6~7알 정도 넣고 길이 5cm 높이 3cm 반달 모양으로 오므려 송편을 빚는다.

5 찜기에 시루밑을 깔고 빚은 송편을 담아 김이 오르는 물솥에 얹어 20분 정도 찌고 약한 불에서 5분 정도 뜸들인다.

 * 찜기에 송편을 담을 때 닿지 않게 간격을 띄어 담는다.

6 익으면 찬물을 뿌려 씻어 참기름을 발라 12개 이상 그릇에 담아낸다.

쇠머리떡

쇠머리떡은 찌는 찰떡류로 찹쌀가루에 밤, 대추, 콩, 호박고지 이외에 여러 가지 견과류를 넣고 만들면 맛도 좋고 영양도 좋다. 썰어 놓은 모양이 쇠머리편육과 비슷하여 부쳐진 이름이다.

지급재료 목록

- 찹쌀가루(찹쌀을 5시간 정도 불려 빻은 것) 550g
- 설탕(정백당) 60g
- 서리태 [하룻밤 불린 서리태 110g (겨울 10시간, 여름 6시간 이상)] [1인용(건서리태 60g 정도 기준)]
- 대추 5개
- 밤(겉껍질, 속껍질 제거한 밤) 5개
- 마른 호박고지 25g [늙은 호박(또는 단호박)을 썰어서 말린 것]
- 소금(정제염) 7g
- 식용유 15ml

요구 사항

① 떡 제조 시 물의 양은 적정량을 혼합하여 제조하시오(단, 쌀가루는 물에 불려 소금간 하지 않고 1회 빻은 찹쌀가루이다).
② 불린 서리태는 삶거나 쪄서 사용하고, 호박고지는 물에 불려서 사용하시오.
③ 밤, 대추, 호박고지는 적당한 크기로 잘라서 사용하시오.
④ 부재료를 쌀가루와 잘 섞어 혼합한 후 찜기에 안치시오.
⑤ 떡 반죽을 넣은 찜기를 물솥에 얹어 찌시오.
⑥ 완성된 쇠머리떡은 15×15cm 정도의 사각형 모양으로 만들어 자르지 말고 전량 제출하시오.
⑦ 찌는 찰떡류로 제조하며, 지나치게 물을 많이 넣어 치지 않도록 주의하여 제조하시오.

조리포인트

- 찹쌀은 찜기에 담을 때 꼭꼭 누르거나 많이 담으면 잘 안 익는다.
- 떡이 안 익으면 젓가락으로 구멍을 내 김이 오르게 하고 마른 가루가 보이면 물을 조금 뿌려 익힌다.
- 가루에 물을 많이 넣거나 오래 찌면 성형할 때 늘어져서 크게 되고 크다고 접으면 치는 떡이 되어 안 된다.
- 식지 않은 떡을 완성 그릇에 담으면 떡이 커진다.

만드는 법

재료명	비율(%)	무게(g)
찹쌀가루	100	500
설탕	10	50
소금	1	5
물	–	적정량
불린 서리태	–	100
대추	–	5(개)
깐밤	–	5(개)
마른 호박고지	–	20
식용유	–	적정량

1 저울에 용기를 얹고 0이 되게 한 다음 재료를 배합표에 맞게 계량하여 준비한다.

2 찹쌀가루 500g에 소금 5g+물 1~2T를 넣고 비벼 섞은 다음 설탕 3T를 넣어 잘 섞어 굵은 체에 내린다.

3 불린 서리태에 물을 2C을 넣고 끓으면 소금을 넣어 익으면 체에 받혀 수분을 제거한다.

4 대추는 씻어 물기를 제거하여 돌려 깎아 4~6등분한다.

5 밤은 4~6등분하여 썰어 놓는다.

6 마른 호박고지는 씻어 따뜻한 물에 불려 2cm 크기로 자른 후 설탕 1/2T를 넣고 재운다.

7 찜기에 젖은 면포를 펴 놓고 설탕을 뿌린 다음 밤, 호박꼬지, 대추, 서리태, 순서로 1/3을 보기 좋게 15×15cm 넓이로 펴놓는다.

8 찹쌀가루에 나머지 3~6을 잘 섞어 손으로 가볍게 쥐어 7에 안친다.

9 물솥에 물 1/2를 넣고 끓으면 찜기를 얹어 25~30분간 찐다.

10 비닐팩에 식용유를 바르고 쇠머리떡을 스크래퍼를 이용하여 떼어낸다.

11 떡을 15×15cm로 만들어 찬 면포로 갈아주면서 식힌 다음 그릇에 담는다.

과제명
무지개떡(삼색), 부꾸미
⏱ 시험시간 2시간

무지개떡(삼색)

첫돌상의 무지개떡의 의미는 오색 빛의 아름다운 무지개 색처럼 아름답게 자라고 예쁜 꿈을 꾸고 그 꿈을 이루며 만물의 조화를 기원하는 의미가 있다.

지급재료 목록

- 멥쌀가루(멥쌀을 5시간 정도 불려 빻은 것) 800g
- 설탕(정백당) 100g
- 소금(정제염) 10g
- 치자(말린 것) 1개
- 쑥가루(말려 빻은 것) 3g
- 대추 [(중) 마른 것] 3개
- 잣 [약 20개 정도(속껍질 벗긴 통잣)] 2g

요구 사항

① 떡 제조 시 물의 양은 적정량으로 혼합하여 제조하시오(단, 쌀가루는 물에 불려 소금간 하지 않고 2회 빻은 멥쌀가루이다).
② 삼색의 구분이 뚜렷하고 두께가 같도록 떡을 안치고 8등분으로 칼금을 넣으시오.

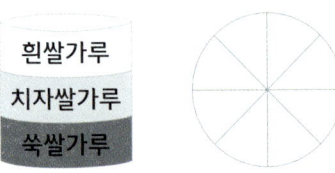

〈삼색 구분, 두께 균등〉 〈8등분 칼금〉

③ 대추와 잣을 흰쌀가루에 고명으로 올려 찌시오(잣은 반으로 쪼개어 비늘잣으로 만들어 사용하시오).
④ 고명이 위로 올라오게 담아 전량 제출하시오.

조리포인트

- 멥쌀에 물을 넣을 때 물 양은 농도를 보면서 맞춘다.
- 찔 때 김이 옆으로 세면 떡이 안 익으므로 키친타월을 적셔서 돌려주면 김이 세는 것을 막을 수 있다.

만드는 법

재료명	비율(%)	무게(g)
멥쌀가루	100	750
설탕	10	75
소금	1	8
물	–	적정량
치자	–	1(개)
쑥가루	–	3
대추	–	3(개)
잣	–	2

1 저울에 용기를 얹고 0이 되게 한 다음 재료를 배합표에 맞게 계량하여 준비한다.

2 치자는 씻어 쪼개어 따뜻한 물 1/3C에 불리고 멥쌀가루 750g을 250g씩 3등분한다.

3 치자가 색이 우러나면 체에 내린다.

4 멥쌀가루 250g에 물 3T, 소금 2.5g 정도를 넣고 골고루 비벼 섞어 살짝 쥐어 흔들어 깨지지 않으면 체에 2~3번씩 내려 설탕을 넣어 살짝 섞는다.

5 멥쌀가루 250g에 치자물 3T, 소금 2.5g 정도를 넣고 농도를 맞추어 체에 2~3번 내린 다음 설탕을 넣어 살짝 섞는다.

6 멥쌀가루 250g에 쑥가루와 물 4T, 소금 2.5g 정도를 넣고 농도를 맞추어 체에 2~3번 내린 다음 설탕을 넣어 살짝 섞는다.

7 찜기에 시루 밑을 펴 놓고 쑥, 쌀가루를 넣고 편 편하게 하고 치자, 쌀가루 넣어 편편하게 하고, 흰쌀가루 순서로 넣고 스크레퍼로 수평으로 만 든 다음 8등분 칼금을 넣는다.

8 대추를 돌려 깎아 돌돌 말아 꽃모양으로 썰고 잣을 반으로 쪼개 비늘잣을 만든다.

9 대추 꽃과 잣을 고명으로 얹는다.

10 물솥에 물을 1/2 정도 넣고 끓으면 떡을 안치고 김이 오르면 20분간 찐 다음 5분간 뜸들인다.

11 찜기를 기울여 돌려가면서 찜기에서 떡이 떨어졌는지 확인하고 접시에 엎어 담고 다시 접시에 엎어 흰색이 위로 오도록 담아낸다.

경단

조선시대로 오면서 새롭게 등장한 떡 종류로서 1680년대 문헌인 《요록》에 '경단 병'이란 이름으로 처음 기록되었다. 경단은 빚는 떡의 일종으로 찹쌀가루를 익반죽하여 동그랗게 빚어 끓는 물에 삶아 고물을 묻힌 떡을 말한다. 경단은 평소에도 만들어 먹지만 특히 경사스러운 날에 여러 가지 고물을 묻혀 만든다.

지급재료 목록

- 찹쌀가루(찹쌀을 5시간 정도 불려 빻은 것) 220g
- 소금(정제염) 10g
- 볶은 콩가루 (방앗간 인절미용 구매) 60g

요구 사항

① 떡 제조 시 물의 양을 적정량으로 혼합하여 반죽을 하시오(단, 쌀가루는 물에 불려 소금간 하지 않고 1회 빻은 찹쌀가루이다).
② 찹쌀가루는 익반죽하시오.
③ 반죽은 직경 2.5~3cm 정도의 일정한 크기로 20개 이상 만드시오.
④ 경단은 삶은 후 고물로 콩가루를 묻히시오.
⑤ 완성된 경단은 전량 제출하시오.

조리포인트

- 경단을 끓는 물에 넣어 떠오르면 1분 30초 정도 익혀 건져도 된다.
- 경단 삶을 때 물을 넉넉하게 넣고 삶는다.
- 경단을 차게 식혀서 콩고물을 묻혀야 늘어지지 않는다.

만드는 법

재료명	비율(%)	무게(g)
찹쌀가루	100	200
소금	1	2
물	–	적정량
볶은 콩가루	–	50

1 저울에 용기를 얹고 0이 되게 한 다음 재료를 배합표에 맞게 계량하여 준비한다.

2 찹쌀가루 200g에 소금 2g을 넣고 체에 내려 끓는 물 3.5~4.5T 넣어 되직하게 익반죽하여 비닐봉지에 싸서 숙성시킨다.

3 반죽을 지름이 2.5~3cm 정도 되게 일정한 크기로 둥글게 20개 이상 만든다.

4 끓는 물에 소금을 넣고 빚은 경단을 넣어 떠오르면 찬물을 붓고 다시 떠오르면 30초 정도 익혀 건져서 찬물에 여러 번 헹군다.

5 경단에 수분을 뺀 다음 콩가루 고물을 묻혀 완성 그릇에 보기 좋게 담는다.

과제명
백편, 인절미

🍎 시험시간 2시간

백편

백편은 혼례, 회갑연, 제례 등 잔치 때에 만드는 고급스러운 떡의 하나이다. 주재료는 멥쌀가루와 설탕이다. 고명으로는 석이, 생률, 대추, 실백, 청매, 파래 등이다. 백편은 단독으로 만들지 않고 꿀편, 승검초편과 함께 각색 편으로 만들어 경사로운 잔치에 쓰이는 고급 떡으로 서울, 경기지방의 떡이다.

지급재료 목록

- 멥쌀가루(멥쌀을 5시간 정도 불려 빻은 것) 550g
- 설탕(정백당) 60g
- 소금(정제염) 10g
- 밤(겉껍질, 속껍질 벗긴 밤) 3개
- 대추 [(중) 마른 것] 5개
- 잣 [약 20개 정도(속껍질 벗긴 통잣)] 2g

요구 사항

① 떡 제조 시 물의 양은 적정량으로 혼합하여 제조하시오(단, 쌀가루는 물에 불려 소금간 하지 않고 2회 빻은 멥쌀가루이다).
② 밤, 대추는 곱게 채 썰어 사용하고 잣은 반으로 쪼개어 비늘잣으로 만들어 사용하시오.
③ 쌀가루를 찜기에 안치고 윗면에만 밤, 대추, 잣을 고물로 올려 찌시오.
④ 고물을 올린 면이 위로 오도록 그릇에 담고 썰지 않은 상태로 전량 제출하시오.

조리포인트

- 멥쌀에 물을 넣을 때 물 양은 농도를 보면서 맞춘다.
- 찔 때 김이 옆으로 새면 떡이 안 익으므로 키친타월을 적셔서 둘러주면 김이 새는 것을 막을 수 있다.
- 밤은 물에 담갔다가 채 썰면 밤 채가 부서진다.

만드는 법

재료명	비율(%)	무게(g)
멥쌀가루	100	500
설탕	10	50
소금	1	5
물	–	적정량
깐밤	–	3(개)
대추	–	5(개)
잣	–	2

1 저울에 용기를 얹고 0이 되게 한 다음 재료를 배합표에 맞게 계량하여 준비한다.

2 멥쌀가루 500g에 물 5T 정도+소금 5g을 넣고 비벼가며 섞어 살짝 쥐어서 흔들어 깨지지 않으면 중간 체에 2~3번 내린다(수분이 부족할 경우 쌀가루에 따라 물 1~3T까지 추가로 더 넣을 수 있다).

3 멥쌀가루에 설탕 50g을 넣고 가볍게 섞어준다.

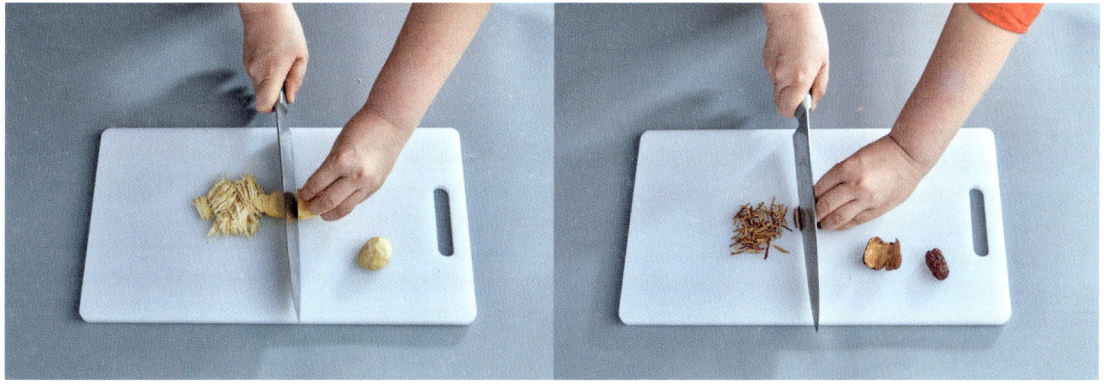

4 밤은 곱게 채를 썰고 대추는 돌려깎아 방망이로 얇게 밀어 곱게 채 썬다.

5 찜기에 시루 밑을 펴 놓고 **3**을 넣어 스크레퍼로 편평하게 고루 편다.

6 잣은 반으로 쪼개어 **5**에 밤채, 대추채와 같이 고명으로 얹는다.

7 물솥에 물을 1/2 정도 넣고 끓으면 떡을 안치고 김이 오르면 20분간 찐 다음 5분간 뜸들인다.

8 찜기를 기울여 돌려가면서 찜기에서 떡이 떨어졌는지 확인하고 접시에 엎어 고명 올린 면이 위로 오도록 담아낸다.

인절미

조선시대 1624년 인조대왕이 이괄의 난을 피해 충남 공주 공산성으로 피난을 갔을 때 이 콩고물에 무친 떡을 맛을 보시고 떡 이름이 뭔지 물어 봤는데 떡 이름은 모르고 임씨 댁에서 진상한 떡이라고 대답하여 인조가 '그것 참 절미로구나'하여 "임절미"라고 부르게 되었다고 한다. 세월이 흐르면서 발음하기 편한 인절미로 바뀌었다는 설이 있고 다른 설은 인절병(引絶餠: 잡아당겨 썬 떡) 하는 설이 있다.

지급재료 목록

- 찹쌀가루 550g (찹쌀을 5시간 정도 불려 빻은 것)
- 설탕 (정백당) 60g
- 소금 (정제염) 10g
- 콩가루 70g [볶은 콩가루(방앗간 인절미용 구매)]
- 식용유 (비닐에 바르는 용도) 15mL
- 세척제 (30인 공용, 500g) 1개

요구 사항

① 떡 제조 시 물의 양을 적정량으로 혼합하여 제조하시오(단, 쌀가루는 물에 불려 소금간 하지 않고 1회 빻은 찹쌀가루이다).
② 익힌 찹쌀반죽은 스테인리스볼과 절굿공이(밀대)를 이용하여 소금물을 묻혀 치시오.
③ 친 인절미는 기름 바른 비닐에 넣어 두께 2cm 이상으로 성형하여 식히시오.
④ 4×2×2cm 크기로 인절미를 24개 이상 제조하여 콩가루를 고물로 묻혀 전량 제출하시오.

조리포인트

- 젖은 면포에 설탕을 뿌리면 떡이 면포에서 잘 떨어진다.
- 떡을 미리 쪄서 2cm 높이로 만들어 식은 다음 썰어서 콩고물을 묻히면 4×2×2cm 크기로 만들기가 편하다.

만드는 법

재료명	비율(%)	무게(g)
찹쌀가루	100	500
설탕	10	50
소금	1	5
물	–	적정량
볶은 콩가루	12	60
식용유	–	5
소금물용 소금	–	5

1 저울에 용기를 얹고 0이 되게 한 다음 재료를 배합표에 맞게 계량하여 준비한다.

2 찹쌀가루 500g에 소금 5g, 설탕 30g, 물 1~2T 정도 넣어 골고루 잘 섞는다.

3 찜기에 젖은 면포를 깔고 설탕을 뿌리고 **2**를 덩어리지게 안친다.

4 물솥에 물을 1/2 정도 넣고 끓으면 떡을 안치고 김이 오른 후 25분 정도 찐다.

5 물 1c에 소금 5g(1t) 넣어 소금물을 만들어 쌀가루가 익으면 스테인리스 볼에 소금물을 바르고 담아 절굿공이로 소금물을 묻혀 가며 골고루 친다.

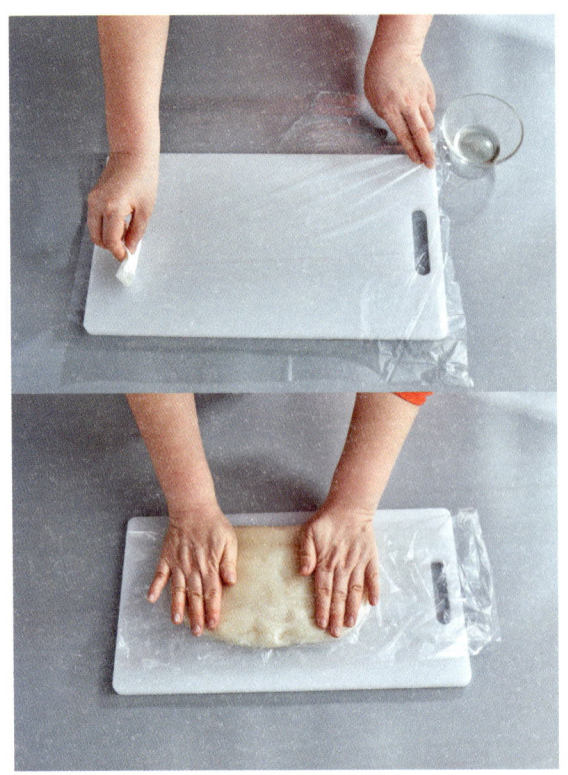

6 기름 바른 비닐에 찐 떡을 넣고 두께 2cm 정도로 밀어 편다.

7 6에 콩가루를 무쳐 굳혀 4×2×2cm 썰어 다시 콩가루 고물을 묻혀 완성 그릇에 보기 좋게 담는다.

흑임자시루떡

과제명
흑임자시루떡, 개피떡
시험시간 2시간

소금, 설탕, 물이 들어간 찹쌀가루에 흑임자(검은깨) 고물을 안쳐 찐 시루떡이다.
흑임자는 감마 토코페롤, 안토시아닌, 세사몰, 세사미놀, 리놀산, 오메가3, 레시틴 등을 함유하고 있어 활성산소를 중화시키며 신진대사를 원활하게 하여 혈액순환을 촉진시키고 노화 억제, 콜레스테롤 저하, 치매 예방, 탈모 예방, 항암, 성인병 예방, 두뇌 발달에 도움이 된다.

지급재료 목록

- 찹쌀가루(찹쌀을 5시간 정도 불려 빻은 것) 440g
- 설탕(정백당) 50g
- 소금(정제염) 10g
- 흑임자(볶지 않은 상태) 120g

요구 사항

① 떡 제조 시 물의 양은 적정량으로 혼합하여 제조하시오(단, 쌀가루는 물에 불려 소금간 하지 않고 1회 빻은 찹쌀가루이다.).

② 흑임자는 씻어 일어 이물이 없게 하고 타지 않게 볶아 소금간 하여 빻아서 고물로 사용하시오.

③ 찹쌀가루 위·아래에 흑임자 고물을 이용하여 찜기에 한켜로 안치시오.

④ 찜기에 안쳐 물솥에 얹어 찌시오.

⑤ 썰지 않은 상태로 전량 제출하시오.

조리포인트

- 흑임자는 잘 볶아서 한 김 나간 후 빻아야 잘 빻아진다.
- 빻은 흑임자는 고운체에 내려야 곱다.
- 마른 면포로 덮고 뚜껑을 덮어주면 떡 가장자리에 물이 덜 생긴다.
- 키친타월을 적셔서 물 솥과 찜기 사이에 돌려주면 김이 빠지는 것을 막을 수 있다.

만드는 법

재료명	비율(%)	무게(g)
찹쌀가루	100	400
설탕	10	40
소금(쌀가루 반죽)	1	4
소금(고물)		적정량
물	–	적정량
흑임자	27.5	110

1 저울에 용기를 얹고 0이 되게 한 다음 재료를 배합표에 맞게 계량하여 준비한다.

2 흑임자는 깨끗하게 씻어 일어 돌이나 모래를 제거하여 수분을 뺀 후 타지 않게 볶는다.

3 절구와 밀대를 이용하여 흑임자에 소금 약간을 넣고 빻아 체에 내린 후 설탕 10g을 넣어 고물을 만든다.

4 계량한 찹쌀가루에 소금 4g, 물 2T를 넣어 비벼 체에 한번 내려 주고 설탕 30g을 골고루 섞어 준다.

5 찜기에 시루 밑을 깔고 찜기 맨 아래에 흑임자 고물 1/2을 편편하게 깔아준다.

6 5에 찹쌀가루를 넣고 스크래퍼로 편편하게 한 후 남은 흑임자 고물 전량을 올려 준다.

7 물김이 오른 물 솥에 찜기를 올려 25분 정도를 쪄 준다.

8 완성된 흑임자 시루떡을 접시에 엎어 담고 완성 접시에 다시 엎어 담아 전량 제출한다.

개피떡(바람떡)

설기를 쪄서 절구에 찧어 만든 떡을 얇게 밀어 녹두 소나 팥소를 둥글게 빚어 넣고 속에 공기가 가득 차도록 하여 반달 모양으로 만든 떡이다. 일명 갑피병, 갑피떡, 바람떡이라고도 한다.

지급재료 목록

- 멥쌀가루 330g (멥쌀을 5시간 정도 불려 빻은 것)
- 소금 (정제염) 10g
- 팥앙금 (고운 적팥앙금) 220g
- 고체유 (밀납) 7g
  (마가린 대체 가능)
- 설탕 15g
- 참기름 10g
- 세척제(500g, 30인 공용) 1개

요구 사항

① 떡 제조 시 물의 양을 적정량으로 혼합하여 반죽을 하시오(단, 쌀가루는 물에 불려 소금간 하지 않고 2회 빻은 멥쌀가루이다).

② 익힌 멥쌀반죽은 치대어 떡반죽을 만들고 떡이 붙지 않게 고체유를 바르면서 제조하시오.

③ 떡반죽은 두께 4~5mm 정도로 밀어 팥앙금을 소로 넣어 원형틀(직경 5.5cm 정도)을 이용하여 반달모양으로 찍어 모양을 만드시오(　　).

④ 개피떡은 12개 이상으로 제조하여 참기름을 발라 제출하시오.

조리포인트

- 가루에 물 주기는 가루에 따라 다르므로 농도를 봐가면서 조절한다.
- 젖은 면포에 설탕을 뿌리고 쌀가루를 안치면 익은 다음 떡이 면포에서 잘 떨어진다.

만드는 법

재료명	비율(%)	무게(g)
멥쌀가루	100	300
소금	1	3
물	–	적정량
팥앙금	66	200
참기름	–	적정량
고체유	–	5
설탕	–	10 (찔 때 필요시 사용)

1️⃣ 저울에 용기를 얹고 0이 되게 한 다음 재료를 배합표에 맞게 계량하여 준비한다.

2️⃣ 계량한 멥쌀가루에 소금 3g 넣어 잘 섞어 체에 내린다.

3️⃣ 쌀가루에 물 8T 정도를 넣고 잘 섞어 준다.
   * 쌀가루 수분 상태에 따라 물 양을 조절한다.

4️⃣ 찜기에 젖은 면포를 깔고 설탕 10g을 뿌려준 후 물주기를 한 멥쌀가루를 앉히고 끓는 물솥에 찜기를 올려 센 불에서 20분 찌고 약한 불에서 5분 정도 뜸들인다.

5 떡을 찌는 동안 팥앙금을 15g씩 소분하여 12개 이상 대추 모양으로 만들어 접시에 담아 마르지 않게 비닐을 덮어 놓는다.

6 멥쌀가루가 익으면 물기 있는 그릇에 넣고 절굿공이에 소금물을 묻혀 가면서 찧은 후 치대어 떡 반죽을 12개로 나눈다.

7 비닐에 고체유를 바른 후 떡 반죽을 4~5mm 두께로 밀대로 밀어 팥앙금 소를 넣고 원형 틀을 이용해 반달 모양으로 만든다.

8 개피떡이 마르지 않게 참기름을 발라 전량 제출한다.

과제명
흰팥시루떡, 대추단자
🍎 시험시간 2시간

흰팥시루떡

멥쌀가루에 소금, 설탕, 물을 섞어 흰 팥을 고물로 안쳐 시루에 찐 떡이다.
동부는 단백질, 칼슘, 철분, 식이섬유, 비타민B1 등 영양소가 풍부하며 혈당 조절, 콜레스테롤 감소, 면역력 강화에 효과가 있다.

지급재료 목록

- 멥쌀가루 550g (멥쌀을 5시간 정도 불려 빻은 것)
- 설탕 (정백당) 60g
- 소금 (정제염) 10g
- 거피팥 (동부) 350g
  [하룻밤 불린 거피팥(겨울 6시간, 여름 3시간 이상), 전날 불려 냉장 보관 후 지급]
  1인용[건거피팥(동부) 170g 정도 기준]

요구 사항

① 떡 제조 시 물의 양은 적정량으로 혼합하여 제조하시오(단, 쌀가루는 물에 불려 소금간 하지 않고 2회 빻은 멥쌀가루이다).

② 불린 흰팥(동부)은 거피하여 쪄서 소금간 하고 빻아 체에 내려 고물로 사용하시오. (중간체 또는 어레미 사용 가능)

③ 멥쌀가루 위·아래에 흰팥고물을 이용하여 찜기에 한켜로 안치시오.

④ 찜기에 안쳐 물솥에 얹어 찌시오.

⑤ 썰지 않은 상태로 전량 제출하시오.

조리포인트

- 쌀가루에 물을 잘 맞추어야 떡이 잘 익고 맛있는 떡을 만들 수 있다.
- 쌀가루의 물 주는 양은 기후(습도)에 따라 다르고 쌀가루에 따라 다르므로 수분 농도를 보면서 잘 맞춘다.
- 흰팥(동부) 물을 빼서 익혀야 보슬보슬하게 고물을 만들 수 있다.
- 흰팥(동부)은 잘 익혀야 체에 잘 내려간다.
- 마른 면포로 덮고 뚜껑을 덮어주면 떡 가장자리에 물이 덜 생긴다.
- 불린 팥이나 녹두는 불린 물(제물)에 계속 체에 받쳐 씻어야 사포닌 성분인 거품에 의의해 껍질이 잘 벗겨진다.

만드는 법

재료명	비율(%)	무게(g)
멥쌀가루	100	500
설탕	10	50
소금(쌀가루 반죽)	1	5
소금(고물)	0.6	3(적정량)
물	–	적정량
불린 흰팥(동부)		320

1 저울에 용기를 얹고 0이 되게 한 다음 재료를 배합표에 맞게 계량하여 준비한다.

2 흰팥(동부)은 껍질을 제거한 후 일어서 돌을 제거하고 10분 정도 수분을 뺀다.

3 찜기에 면포를 깔고 손질한 흰팥(동부)을 넣어 끓는 물솥에 찜기를 올려 30~40분 정도 쪄준다.

4 흰팥(동부)이 익으면 소금 3g을 넣고 빻아 체에 내려 설탕 20g을 섞어 고물을 만든다.

6 쌀가루에 설탕 30g 정도를 가볍게 섞어 준다.

5 멥쌀가루 500g에 물 5T + 소금 5g을 넣고 비벼 가며 잘 섞어 살짝 쥐어서 흔들어 깨지지 않으면 체에 2~3회 내린다. (수분이 부족할 경우 쌀가루에 따라 물 1~4T까지 추가로 더 넣을 수 있다)

7 찜기에 면포(실리콘 시루 밑)를 깔고 고물 1/2량을 고르게 깔아 준다.

8 멥쌀가루를 고물 위에 얹어 스크래퍼로 편편하게 해준 뒤 나머지 고물을 얹어 스크래퍼로 편편하게 한다.

10 접시에 떡을 엎은 후 다시 완성접시를 놓고 뒤집어 완성된 흰팥시루떡의 윗 부분 고물이 위로 올라오도록 접시에 담아 제출한다.

9 끓는 물솥에 찜기를 올려 20분 쪄주고 5분 정도 뜸을 들여 준다.

흰팥시루떡 • 329

대추단자

단자는 인절미와 달리 크기가 작으며 원래 단독으로 쓰는 떡이 아니라 각색 편의 웃기로 쓰였다. 경단보다 부재료를 여러 가지 쓰면서 고물도 매우 호화롭다.

대추단자는 1854년 「음식법」에 '대조 편'으로 처음 나오며 1938년 「조선요리법」에서 재료로 대추, 찹쌀가루, 실백, 꿀을 이용 "대추를 곱게 다져 찹쌀가루와 섞어 쪄 설탕이나 꿀을 달게 섞어서 도마에 과히 얇지 않게 펴 사방 닷분 가량으로 썰어서 잣가루를 묻혀 놓는다."라고 하였다.

지급재료 목록

- 찹쌀가루 220g (찹쌀을 5시간 정도 불려 빻은 것)
- 소금 (정제염) 5g
- 밤 (겉껍질, 속껍질 벗긴 밤) 6개
- 대추 (20~30개 정도) 90g
  [(중)마른 것, 크기 및 수분량에 따라 개수는 변경될 수 있음]
- 꿀 30g
- 식용유 10g
- 설탕 10g
- 세척제 (500g, 30인 공용) 1개

요구 사항

① 떡 제조 시 물의 양을 적정량으로 혼합하여 반죽을 하시오(단, 쌀가루는 물에 불려 소금간 하지 않고 1회 빻은 찹쌀가루이다).
② 대추의 40% 정도는 떡 반죽용으로, 60% 정도는 고물용으로 사용하시오.
③ 떡 반죽용 대추는 다져서 쌀가루와 함께 익혀 쓰시오.
④ 고물용 대추, 밤은 곱게 채 썰어 사용하시오.
  (단, 밤은 채 썰 때 전량 사용하지 않아도 됨)
⑤ 대추를 넣고 익힌 찹쌀 반죽은 소금물을 묻혀 치시오.
⑥ 친 대추단자는 기름(식용유) 바른 비닐에 넣어 성형하여 식히시오.
⑦ 친 떡에 꿀을 바른 후 3×2.5×1.5cm 크기로 잘라 밤채, 대추채 고물을 묻히시오.
⑧ 16개 이상 제조하여 전량 제출하시오.

조리포인트

- 대추는 얇게 돌려 깎아 방망이로 밀어 껍질이 서로 등을 지게 놓고 썰면 달라붙지 않고 가늘게 채 썰 수 있다.
- 떡 속에 들어가는 대추는 곱게 다진다.
- 밤은 가늘게 채 썬다.
- 젖은 면포에 설탕을 뿌리고 쌀가루를 안치면 익은 다음 떡이 면포에서 잘 떨어진다.

만드는 법

재료명	비율(%)	무게(g)
찹쌀가루	100	200
소금	1	2
물	–	적정량
밤	–	6(개)
대추	–	80
꿀	–	20
식용유	–	10
설탕(찔 때 필요시 사용)	–	10
소금물용 소금	–	5

1 저울에 용기를 얹고 0이 되게 한 다음 재료를 배합표에 맞게 계량하여 준비한다.

2 찹쌀가루에 소금 2g, 물 1/2T을 넣어 잘 섞어 체에 1회 내린다.

3 대추 40%는 곱게 다져서 **2**의 찹쌀가루에 넣어 잘 섞어 준다.

4 찜기 위에 젖은 면포를 깔고 설탕 10g을 뿌려 준다.

5 찹쌀가루를 살짝 쥐어 찜기 위에 넣고 끓는 물솥에 찜기를 올려 25분 쪄 준다.

7 소금물을 만들어 놓고 익힌 찹쌀 반죽을 물기 있는 스테인리스볼에 넣어 절굿공이를 이용하여 소금물을 묻혀 가면서 찹쌀 반죽을 쳐 준다.

6 떡이 쪄질 동안에 대추와 밤을 가늘게 채 썬다.

8 친 대추단자는 기름을 바른 비닐에 넣고 두께는 1.5cm로 성형하여 식힌다.

9 식힌 떡에 꿀을 바른 후 3×2.5×1.5㎝ 크기로 잘라 밤채, 대추채를 섞은 고물을 묻혀 16개 이상 만들어 전량 제출한다.

저자소개

· 임인숙 ·

조리과학 석사
한국음식명인 (사)글로벌K푸드협회 전통 한식
한식 대가 (사)대한민국 한식포럼

[자격증]
조리기능장 외 다수

[경력]
(현) 중부여성발전센터 조리과 강사
　　　조리기능장, 조리산업기사 시험 감독위원
　　　한식, 양식, 중식, 일식. 복어 조리기능사 시험 감독위원
　　　떡제조기능사 시험감독위원
　　　조리기능장 한식 메뉴 139가지 인터넷 강의 (경록쿡)
　　　조리기능장 중식 메뉴 60가지 인터넷 강의 (경록쿡)
　　　조리기능장 복어 메뉴 8가지 인터넷 강의 (경록쿡)
(전) 백석문화대학 외래교수
　　　성신여자대학 외래교수
SBS, KBS, EBS 방송 다수 출연

[수상이력]
2017년 국회의장상
2018년 농림축산식품부 장관상 외 다수

[저서]
조리기능장 한식 실기 (경록)
한국전통음식의맛 (경록)
한식, 양식, 중식, (일식, 복어) 기능사 실기, 필기 각각 1권 (경록)
한식조리산업기사 실기 (경록)
떡제조기능사 필기. 실기(경록)
(양식, 중식, 일식 복어) 조리산업기사 (경록)
천연조미료와 스마트 저염식으로 만드는 어린이 식단(크라운 출판사)
한식, 양식, (중식, 일식, 복어) 기능사 실기, 필기, 문제집 각각 1권
(한국고시회 출판사)

저자소개

• 김경희 •

[수상이력]

춘천향토음식 전국요리대회 금상
강원민속음식 개발경연대회 퓨전부분 대상
한국음식관관광박람회 식품의약품안전처장상

[자격증]

한식조리산업기사
양식조리산업기사
복어조리기능사
떡제조기능사
한식, 양식, 일식, 중식, 제과, 제빵기능사 외 8개 자격증 보유

[사진촬영] 강혜정

시험장에서
눈을 의심할 만큼,
진가를 합격으로 확인하세요

대한민국필독서!!

저자협의인지생략

· 고객감동브랜드대상 1위(중앙일보, 2년 연속)
· 서비스고객만족대상(교육부, 산자부 등)
· 고객만족브랜드대상 1위(조선일보)
· 한국브랜드선호도 1위(한국경제)
· 고객감동경영대상 온라인교육부분(한국경제, 2년 연속)

경록 떡 제조기능사 필기·실기

정가 22,000원

2025 ~ 2026 출제기준

발 행	2025년 2월 20일
인 쇄	2025년 2월 12일
EBS	2019년 ~ 2020년 교재
저 자	임인숙 · 김경희
발 행 자	이 성 태 / 李 星 兌
발 행 처	경록 / 景鹿
주 소	서울시 강남구 영동대로 114길 7 (삼성동 91-24) 경록메인홀
문 의	02)3453-3993 / 02)3453-3546
홈페이지	www.kyungrok.com
팩 스	02)556-7008
등 록	제16-496호
I S B N	979-11-94560-15-9 13590

개정법령 및 정오사항 등은 경록 홈페이지에서 서비스됩니다.

대표전화 1544-3589

이 책의 무단전재·복제를 금함

이 책은 저작권법에 의해 저작권이 보호됩니다. 무단전재 및 복제행위는 이 법 제136조에 의해 5년 이하의 징역 또는 5,000만원 이하의 벌금에 처하거나 병과(倂科)할 수 있습니다.

kyungrok

kyungrok